应用写作

主编
姜飞 周毅

副主编（按姓氏笔画排列）
王万洪 王春梅 帅泽兵 叶琦
刘宏梁 郑辉 姜振宇 徐涛
曹雪萌 蒋林欣 粟斌 廖秀花

丛书总主编 王本朝

新文科·中国语言文学系列教材

西南大学出版社
国家一级出版社 全国百佳图书出版单位

图书在版编目(CIP)数据

应用写作 / 姜飞, 周毅主编. -- 重庆 : 西南大学出版社, 2024.5
新文科 : 中国语言文学系列教材
ISBN 978-7-5697-1992-5

Ⅰ. ①应… Ⅱ. ①姜… ②周… Ⅲ. ①汉语—应用文—写作—高等学校—教材 Ⅳ. ①H152.3

中国国家版本馆CIP数据核字(2023)第196110号

应用写作

YINGYONG XIEZUO

主编◎姜 飞 周 毅

总 策 划:杨 毅 杨景罡
执行策划:钟小族 鲁 艺
责任编辑:鲁 艺
责任校对:周明琼
整体设计:魏显锋
排 版:李 燕
出版发行:西南大学出版社(原西南师范大学出版社)
重庆·北碚 邮编:400715
印 刷:重庆亘鑫印刷有限公司
幅面尺寸:185mm×260mm
印 张:20.25
字 数:440千字
版 次:2024年5月第1版
印 次:2024年5月第1次
书 号:ISBN 978-7-5697-1992-5
定 价:59.80元

本书教学资源

联系电话:023-68252455

总序

“新文科·中国语言文学系列教材”是由西南大学文学院和西南大学出版社合作出版的一套教材。在工作开展过程中，确立的编写目标，就是贯彻落实新文科理念。新文科建设勃兴于新时代，是对传统文科的革故鼎新。新文科新在哪里？它要求围绕培养堪当民族复兴大任的德智体美劳全面发展的时代新人，构建展现中国实践、凝练中国经验、体现中国智慧、发出中国声音的文科学派，形成交叉、融合、守正、创新的文科形态和目标。新文科之新，体现在多个方面。从学科维度，它主要体现在人文精神的主题变化、多学科交叉融合、信息技术的渗透和影响等；从历史维度，它是人文精神随历史发展而不断演变的必然结果；从时代维度，它是教育领域应对“百年未有之大变局”和“人文学科危机”的产物；从中国维度，它是构建中国学科体系、话语体系、学术体系的必然要求，突出人才培养立德树人的中心地位。新文科之“新”不仅是新旧之“新”，更是创新之“新”。唯其如此，方能体现新文科的本质和核心要义。创新之意重在价值重塑和交叉融合。相对于自然科学，人文学科具有以“人”为中心的价值理性，带有鲜明的主观性、民族性、理念性和意识形态特征。

新文科建设带来了一场革命，谈得最多的则是突破小文科思维，构建大文科视野，注重与其他学科的交叉融合。学科交叉和科际整合，已经成为推动学科建设的重要手段。新文科的最大特点是文理交叉。在方法论上，传统人文社科的方法，转向了运用现代科技、信息技术和人工智能，特别是运用算法，将文科的定性方法与定量方法相统一，彰显了新文科的科学性。如何建设新文科，则需要在理论体系、学科体系、教学体系、评价体系上积极探索，强化价值引领、打造数字人文、彰显文科质性。建构新文科理论体系，应把握过去，面向未来，扎根中国大地，厚植中华文明，坚定文化自信，着力阐释中国精神、中国价值、中国力量，提升中国学术的话语权，同时借鉴汲取人类文明中一切有价值、有意义的思想成果，坚持守正创新，贡献学术新知和学理创见，不断扩展人类的知识疆域和理论边界。要深刻解读历史性变革中蕴藏的内在逻辑，运用中国理论解读中国实践，为新时代社会发展提供强大精神动力和理论支撑。

建构新文科教学体系，就要持续做好现有专业、方向、课程的更新、优化、改造、提升和赋能，同时加快对新专业或新方向、新课程的探索与拓展。对现代大学而言，学科是引领，专业是方向，课程就是基础。我们主持编写的"新文科·中国语言文学系列教材"，主要针对汉语言文学、中文国际教育相关专业。汉语言文学是中国大学最早开设的专业之一，最早出现于19世纪末，1980年代以后，得到了快速发展，对中国人文科学做出了重大贡献。它的课程一般分为三类，除必修的公共课程外，还有专业必修课程和选修课程。专业必修课程，即所谓的老八门，"文学类"有"文学概论""中国古代文学史""中国现当代文学史""外国文学史"，"语言类"有"语言学概论""古代汉语""现代汉语"，再加上"写作学"。虽名称有差异，如"文学概论"，也称为"文学原理""文学基本理论"，"写作学"也有称"文学写作""创意写作"的。无论怎样，中文专业的基本课程总是脚踩在两条船——语言和文学上。学好基础课程，才会转身灵活。至于专业选修课，那是五花八门，多种多样，不同学校根据教师治学专长开设不同课程。围绕中外经典作家作品，可开设如杜甫、李白、苏轼、李清照、鲁迅、莎士比亚等作家专题课程，以及《诗经》《楚辞》《战国策》《红楼梦》《野草》等专书课程，还有某种文体及流派研究等课程。

这是中国语言文学专业的基本课程，因存在不同区域、不同层次、不同类型的差异，在统一课程名称下面，主要还是通过教材和教法来体现。编写"新文科·中国语言文学系列教材"，就意在向上接通新文科理念，向下立足专业差异，特别是区域和层次差异，对中国语言文学专业课程进一步优化和完善，保证课程、教材、教学和学生的无缝对接，体现学生、学术、学科一体化发展。积极贯彻新文科理念，坚持以文化人、以文培元之宗旨，真切体验文学之"道"，感悟语言之“教”，倡导新语文思维，坚守语言文学的工具性与存在性、概念性与审美性、人文性与生态性相统一，真正践行新文科人才培养的特色、全面、综合之路，不断提高人才培养质量。

我们相信，一时代有一时代的学科，新时代呼唤新文科。从传统文科到新文科，显然不是对传统文科的否定和颠覆，而是进一步推动传统文科与时俱进、自我转型、自我变革。这套教材的编写就是在原有教材和教学实践基础上，以原创性、可读性、可操作性为原则，着重培养中国语言文学的应用型、复合型人才，同时坚持体例统一、各有侧重、区分主次的编写原则。我们的倡议，很快就得到了国内兄弟院校的积极响应，一批知名专家、教授担任主编、副主编或直接参与编写，负责总撰和统稿，既保证了坚实的学术质量，又融入了丰富的教学实践。可以说，这是一套具有前沿性、学术性、科学性和实用性的专业教材。

2023年孟冬

目录

CONTENTS

第一章　公文基础

本章概要

本章主要讲解公文的分类、公文的特性、法定文种适用情况、文种选择的标准、易混文种辨析、公文语体特征等知识。

学习目标

1.了解公文的分类、公文的特性、法定文种适用情况。
2.理解文种选择的标准。
3.掌握公文语体的特征。

学习重难点

学习重点

1.准确辨别法定文种的适用情况。
2.掌握公文语体的特征。

学习难点

易混文种辨析。

思维导图

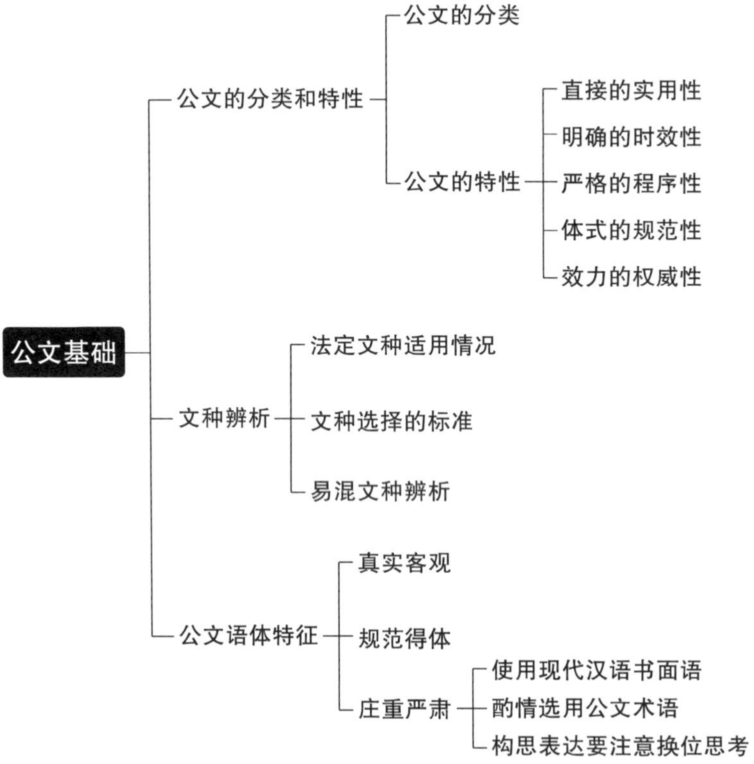

公文就是公务文书，也称公务文件。公文古已有之，中外皆然，但是其概念的外延和内涵都在不断演变。

在我国，狭义的公文是指党政机关公文。《党政机关公文处理工作条例》（中办发〔2012〕14号，以下简称《条例》）规定："党政机关公文是党政机关实施领导、履行职能、处理公务的具有特定效力和规范体式的文书，是传达贯彻党和国家的方针政策，公布法规和规章，指导、布置和商洽工作，请示和答复问题，报告、通报和交流情况等的重要工具。"其中列举了15种法定公文，分别是决议、决定、命令（令）、公报、公告、通告、意见、通知、通报、报告、请示、批复、议案、函和纪要。

广义的公文是指党政机关、企事业单位及社会组织在处理公务的过程中形成并使用的具有特定效力和规范体式的文书，包括全部通用公文和专用公文。这就不仅包括上述15种法定公文，还应该包括机关、单位、团体及组织在处理日常事务性工作中形成并普遍使用的各类事务文书、专用礼仪文书、商务贸易文书、经济财务文书和法律文书、外交公文等。由此可见，公文的用途非常广泛，应用价值非常显著，至少具有领导管理与指挥部署、规范约束与稳定秩序、联系沟通与知照传达、宣传倡导与告诫警示、工作依据与查考凭证等方面的重要作用。

本书定名为《应用写作》，实际上主要是指广义的公文写作。但因为广义的公文文种涉及范围非常广泛，限于篇幅，我们着重选择了实施领导、履行职能和处理公务等实际工作中运用频率最高的文种进行详细讲解，并附范例及点评供研习参考。

第一节 公文的分类和特性

一、公文的分类

按照不同分类标准，公文可以分为不同类型。按公文的性质，可以分为法定性公文和普通性公文；按公文的行文关系和运行方向，可以分为上行文、平行文、下行文；按公文的内在属性和功能作用，可以分为知照类、商洽类、指挥类、会议类、规范类、事务类、礼仪类等；按公文的处理方式，可以分为办件、阅件；按公文的来源，可以分为发文、收文和内部公文；按公文的适用范围，可以分为通用公文与专用公文；按公文的载体，可以分为纸质公文与电子公文；按公文的紧急程度、承办时限要求，可以分为紧急公文与常规公文。其中，根据紧急程度，紧急公文应当分别标注“特急”“加急”。按公文的机密程度和阅读范围，可以分为公布公文、内部公文、涉密公文三大类。其中，涉密公文应当根据涉密程度分别标注“绝密”“机密”“秘密”和保密期限。

二、公文的特性

（一）直接的实用性

实用性是公文的本质特征。公文的制发、传递、执行都应以党政管理、工作需要、人民幸福为目的，一定是针对具体情况和实际问题的。从根本上讲，公文是实施领导、履行职能、处理公务、沟通信息、协调关系、规范行为的重要工具，其文种选择、内容组织、语言表述都必须坚持问题导向，务求有补于世，产生实用价值。

（二）明确的时效性

公文对受文机关在指挥、协调、约束、凭证等方面的作用都是有具体时效的，不存在一直有效的公文。如果现实问题已经解决、工作任务已经完成，等到时过境迁，客观情况已经变化，为此制发的公文也就失效了，不再具有此前在指挥、协调、约束、凭证等方面的作用了。但要注意的是，每份公文的时效长短并不是一致的。

一般而言，规划类公文、法规性文件、契约性文件的时效性要长一些，而通知、通报、请示、函等公文的时效性相对较短。

（三）严格的程序性

《党政机关公文处理工作条例》的第五章、第六章对公文拟制、公文办理的程序有严格的规定和准确的阐释。公文拟制包括公文的起草、审核、签发等程序。经审核不宜发文的公文文稿，应当退回起草单位并说明理由；符合发文条件但内容需作进一步研究和修改的，由起草单位修改后重新报送。公文办理包括收文办理、发文办理和整理归档。收文办理主要程序包括签收、登记、初审、承办、传阅、催办、答复。发文办理主要程序包括复核、登记、印制、核发。需要归档的公文及有关材料，应当根据有关档案法律法规以及机关档案管理规定，及时收集齐全、整理归档。凡是未经法定程序与审批手续办理、制发的公文就是非法的、无效的。

（四）体式的规范性

如果说文学创作讲求“文无定法”，鼓励创新，鼓励打破文法方面的一切陈规和套路，那么，公文写作则更加讲求“体有定式”，务必规范统一，杜绝标新立异。公文的文体、结构和格式最初来自长期公文写作实践中约定俗成的经验，但最终还必须符合最高统治机关的规定和要求。规范的公文体式便于准确传达发文机关的意图，也便于高效地制作与处理，同时其标准化、规范化的体式也体现出制发单位的职权地位和文件内容的权威性。为方便读者规范地拟制公文，本书教学资源中专门附了中共中央办公厅、国务院办公厅联合下发的《党政机关公文处理工作条例》（中办发〔2012〕14号，2012年4月）和国家质量监督检验检疫总局、国家标准化管理委员会发布的《党政机关公文格式》（GB/T9704—2012）。《党政机关公文格式》规定了党政机关公文通用的纸张要求、排版和印制装订要求、公文格式各要素的编排规则，并给出了公文的式样。这个标准适用于各级党政机关制发的公文。其他机关和单位的公文可以参照执行。

（五）效力的权威性

公文只能由法定作者制发，其效力具有法定的权威性。法定作者是指依法成立并能以自己的名义行使职权、承担义务的国家机关、企事业单位和人民团体及其领导人。除办公厅（室）可根据授权代表机关、单位行文外，不具有法人资格的下设机构对外不能充当公文的法定作者。任何法定作者按照法定程序制发的与其法定职能、身份相称的公文，在其职权范围内都有效力和权威，其指挥、协调、约束、凭证等作用也就带有强制性，受文机关必须按照法定程序进行办理，按照规定回复、落实或者归档。

此外，公文因为忠实地反映了公务处理进程，所以具有原始记录性，能够转变为历史档案和法律证据；因为传达了党和国家的要求和规定，具有鲜明的政治性；有些公文涉及党政机关的机密信息，具有不同程度的机密性。

第二节　文种辨析

一、法定文种适用情况

目前法定公文文种以2012年《党政机关公文处理工作条例》（中办发〔2012〕14号）为准，包括决议、决定、命令（令）、公报、公告、通告、意见、通知、通报、报告、请示、批复、议案、函、纪要，共计15种。每类文种的适用情况如下：

表1-1　法定文种适用情况简表

法定文种	适用情况
决议	会议讨论通过的重大决策事项
决定	对重要事项作出决策和部署、奖惩有关单位和人员、变更或者撤销下级机关不适当的决定事项
命令（令）	公布行政法规和规章、宣布施行重大强制性措施、批准授予和晋升衔级、嘉奖有关单位和人员
公报	公布重要决定或者重大事项
公告	向国内外宣布重要事项或者法定事项
通告	在一定范围内公布应当遵守或者周知的事项
意见	对重要问题提出见解和处理办法
通知	发布、传达要求下级机关执行和有关单位周知或者执行的事项，批转、转发公文
通报	表彰先进、批评错误、传达重要精神和告知重要情况
报告	向上级机关汇报工作、反映情况，回复上级机关的询问
请示	向上级机关请求指示、批准
批复	答复下级机关请示事项
议案	各级人民政府按照法律程序向同级人民代表大会或者人民代表大会常务委员会提请审议事项。注意，党委机关不用议案
函	不相隶属机关之间商洽工作、询问和答复问题、请求批准和答复审批事项
纪要	记载会议主要情况和议定事项

二、文种选择的标准

正如表1-1显示的那样，每一文种都有其特定的适用情况。但是实际拟制公文时，如果仅仅依据上述简要的表述，撰写者还是很难准确判断选择哪一个文种才合适。所以，我们需要从多个方面综合考虑，比如拟制公文的目的是什么、收发文单位之间是什么样的关系、行文的方向是哪种情况、本机构的职权范围是什么等。从操作层面讲，文种的选用有以下几个标准供参考：一是严格执行有关规定；二是与发文目的相一致；三是依据发文机关的职权范围；四是考虑隶属关系和公文去向；五是考虑发文机关的工作性质。①

三、易混文种辨析

一些公文文种从名称、适用范围看都很相近，仅仅从上述标准的某一项、某两项来看，也有许多联系，甚至相同，但是如果选错文种，不仅影响办文流程和工作效率，还可能造成更大的政治影响、经济损失，或者导致不必要的舆情风险。下面选取了在实际工作中选错频率最高的十一组易混文种进行详细讲解。

（一）决议与决定

决议分为部署指挥性决议、批准性决议、专门问题决议。决定分为部署性决定、事项决定、表彰处分决定。决议与决定既有一定联系，又有显著区别。

1.联系

（1）内容属性上，均属指挥性公文；均为重要事项的决策性意见、重要工作的指导性安排；均具有规范、制约、指挥、指导作用。

（2）行文方向上，均属于下行文。

（3）行文目的上，均要求下级机关贯彻执行。

（4）写作方法上，均不在正文前写主送机关，只在文尾抄送栏注明即可；都包括行文依据、行文事项和结语等部分。

2.区别

（1）制发单位不同。决议是党委机关常用文种，而国家行政机关一般不用；但各级领导机关以及机关、单位的领导机构均可制发决定。

（2）成文程序不同。决议必须经过全体会议或代表大会讨论并按法定程序表决通过才能形成；但决定既可以经大型会议集体讨论通过，也可由上级领导机关或机关领导人审定签发。

（3）表述方式不同：决议一般针对全局性、原则性的重大问题作出决策，内容多

① 夏海波.公文写作与处理（第三版）[M].北京：北京大学出版社，2018：70-71.

为原则指导；议论性语句较多，便于领会。决定一般针对具体领域重要事项、重大行动、具体问题进行明确安排；表述更加具体明确，方便执行。

（4）适用范围不同。决定适用于对重要事项作出决策和部署、奖惩有关单位和人员、变更或者撤销下级机关不适当的决定事项，大都带指令性，主要起领导、指导作用。决议适用于会议讨论通过的重大决策事项，其作用更为广泛，既有指令性的领导、指导作用，也有评价、说理、号召、批准等多种用途。

（二）公告与公报

1.联系

（1）二者均为领导机关用来公开宣布、告知重要事项的文种。

（2）二者均为非常庄重、严肃的文种，措辞非常考究，容不得闪失和差错。

2.区别

（1）适用范围有大小之别。公告用来向国内外宣布重要事项或者法定事项，适用范围更广。公报一般只用于公布党的重要会议内容、外交工作重要议定项，以及公众关心的公共信息。

（2）内容表述有详略之差。公告简要明确。公报具体详尽。

（3）行文主体不一样。公告的发文机关主要是各级人民代表大会、行政机关、人民法院等国家机关以及公共管理部门。公报的发文机关主要是党的高层机关、高级行政机构。党委机关一般不用公告，但是，党委机关和行政机关都可以使用公报。

（三）公告与通告

1.联系

（1）均为常用的告知性文种，都具有知照性。

（2）内容均不涉及秘密。

（3）均可通过新闻媒介及张贴方式公开发布。

（4）写法上也有相似之处。

（5）都多用于行政机关，党委机关很少使用。

2.区别

（1）告知范围不同：公告向国内外公布，范围非常广泛；相较而言，通告则只面向“一定范围内的”的机关单位和相关人员。

（2）制发单位不同：只有级别较高的国家机关、人大机关以及法律、法规指定的机关才可以制发公告；但是任何行政机关、企事业单位、社会团体均可发布周知性通告，不过，规定性通告一般由政府机关或机关单位领导机构发布。

(3)作用效力不同:公告具有权威性,其法律效力、行政效力较强;至于通告这类文种,规定性通告对于其涉及的单位、机关、群众具有一定约束力,周知性通告则主要起告知作用。

(4)内容属性不同:公告的内容均为“重要事项或者法定事项”,兼有消息性;通告的内容侧重于“一定范围内应当遵守或是周知的事项”,兼有执行性。

(四)通报与通告

1.适用情况不同。表彰先进、批评错误、传达重要精神和告知重要情况时用通报;需要有关方面周知或遵守时用通告。

2.行文时间不同。通报是在事后或进程中行文,方便学习领会或者引以为戒;通告需在事前行文,有关单位和人员才能及早知晓并配合执行。

3.行文目的不同。制发通报是为了用典型实例进行激励、教育或者警醒,所以其目的在于宣传、倡导、鼓励或警示。制发通告是为了及时告知一定范围内的单位及个人有关事项,让其知晓或者遵守,所以其目的在于告知和规范。

4.行文方式不同。通报是面向所属单位或部门的下行文,需要标注主送机关逐级行文;通告常省略主送机关,采用定向发文、媒体发布或者张贴告知等灵活方式。

5.作用效力不同:通告具有政策性、法规性和权威性;通报具有指导性、示范性、教育性。

(五)通报与通知

1.联系

(1)均属告知性文种。

(2)均是下行文。

(3)均要求行文对象了解和配合。

2.区别

(1)行文时间不同。通报往往是某项工作进展到一定阶段或者结束之后,针对出现的正面典型或反面代表,以及可资借鉴的经验教训、需要告知的重要情况等而制发。通知则必须事前发文,以确保告知对象及早明白如何执行与配合。

(2)行文目的不同。通报是将某项工作进展过程中的重要情况、正面典型、错误做法、经验教训告知收文机关,要求收文机关及相关人员学习借鉴或者引以为戒,所以更多是为了宣传倡导或者警示教育,内容重在说明、介绍,不一定提出非常具体的要求或安排。通知是为了将相关事项的时间、地点、注意事项等告知下属部门、有关单位及个人,用于指导如何开展工作或有效配合。

(3)事项重要程度不同。通报的事项大都比较重要,具有典型性和代表性。通知的事项可以是重要工作,也可以是具体的、日常的工作。

(4)行文对象不同。通报要兼顾密切相关或者间接相关的单位和个人,以供发文对象参考借鉴、知晓情况或引起重视。通知则只发给与事项密切相关的单位或个人。

(六)通告与通知

1.联系

(1)通告与通知均有告知、沟通的作用。

(2)均需事前行文。

(3)均可用于传达上级机关旨意,并要求下级机关或有关单位、人员了解、遵守、配合、执行。

2.区别

(1)告知范围有大有小。通告要告知的对象较为广泛、普遍。通知只需要告知与事项联系非常紧密的特定单位及受众。

(2)主送机关是否明确。通告的受众比较广泛,往往是一定范围内的全部组织和群众,所以没法标注主送机关、抄送机关。通知的对象一定要十分明确,所以主送机关必不可少,有些通知还需要抄送相关单位。

(3)行文渠道内外有别。通告面向社会公众,一般通过张贴方式或新闻媒体发布。通知只用于内部行文,一般选择公文交流渠道,精准发送,定向传播。

(4)行文目的不同。通告旨在规范、约束;通知旨在安排具体工作。

(七)意见与通知

1.行文方向上,通知是下行的,而意见则有上行的,也有下行的,请求上级批转的事项都应写成意见。

2.适用范围方面,通知主要针对局部性、具体性的事项作布置安排。意见是对重要问题提出见解和处理办法,主要是对全局性的重大事项或者关键领域进行部署,重在阐明原则、方法,提出要求。

(八)请示与报告

1.联系

(1)均是上行文种。

(2)行文对象大都是直接上级领导机关或者指导单位。

2.区别

(1)行文时间不同。这是二者最明显的差别。请示必须在事前行文,切忌“先斩后奏”。只有事情进展到一定阶段,领导机关和指导单位才需要知道工作开展的相关情况,所以报告都在事中或事后。

(2)行文目的不同。这是二者最根本的差别。制发请示是为了请求指示或批准。制发报告是为了汇报工作、反映情况或答复询问。

(3)主送机关不同。任何时候的请示都只能写一个主送机关,并且一般需要逐级上报。但是,特殊情况下,报告可以有多个主送机关。

(4)内容能否有交叉。请示的开头需要报告目前该事项的基本情况及请示原因,所以请示中必然包括一定成分的报告内容。如果为了让上级清楚地了解请示事项涉及的详细背景,可以将需要详细报告的内容单独成文,作为请示的附件,或者另行制发一份报告。但是,报告中不得夹带请示事项,上级机关一般会以为报告是阅件,不会回复,就容易导致工作延误,而这种情况下,责任由下级机关承担。

(5)写作逻辑不同。请示先说清请示原因,接着说明请示事项,最后加结束语。而报告,一般是先概述基本情况,接着汇报主要成绩、重要经验、不足及反思,最后谈下一步打算。

(6)正文繁简不同。请示只能是专题性的,必须是一文一事,所以内容简洁明了。但是,报告有专题报告,也有综合性报告。其中,综合性报告就会涉及多方面情况甚至多项事情,相对来说更为复杂。

(7)结束语不同。请示的结束语常用“请批示”“请批准”“请批复”等。报告可以不用结束语,如果要用,一般常用“谨此报告”“专此报告”“特此报告”等。

(8)上级机关处理方式不同。请示都属于办件,下级机关、单位无权、无力解决或者遇到按照规定需要经上级机关批准、认定的事项才会制发请示,因此下级有请示,上级必须答复。报告属于阅件,下级机关制发报告主要是为了呈报情况或者回复上级机关询问,并不需要答复,所以,针对报告,上级机关可以选择表态或者不表态。

(九)议案与提案

1.适用范围不同。议案适用于人民代表大会。提案适用于各级政协会议、企事业单位的职工代表大会。

2.提出时间不同。议案必须在人民代表大会或常务委员会会议期间提出。提案时间限制不严格,会中、会后均可提出。

3.涉及内容不同。议案的内容必须是属于人民代表大会及其常委会职权范围内的有关事项。相对而言,提案的内容范围较为宽泛。

4.作用效力不同。议案是有关国家机关或者人民代表行使法定职权的一种形式，议案一经审议通过就具有法律效力。提案不具有法律约束力，仅供有关单位根据实际情况研究处理。

（十）函与请示、批复

1.收发文机关的工作关系不同。函的收发文机关不受级别层次高低的限制，双方可不相隶属。请示是同一组织系统中的下级机关向上级主管机关发文。批复是上级主管机关回复下级机关的请求事项，收发文双方具有领导与被领导或者指导与被指导的工作关系。

2.行文方向不同。函是平行文，请示是上行文，批复是下行文。

3.文种类型不同。函属于商洽类公文，请示属于报请类公文，批复属于领导、指导类公文。

4.内容范围不同。请求批准函用于请求批准涉及主管业务部门职权范围内的事项；审批函主要用于审批涉及业务主管部门职权范围内的事项。请示既可以用于请求批准，又可以用于请求指示。批复则既可用于作出批准，又可用于作出指示。

5.受文机关复文方式不同。请求批准函的受文机关只能用审批函表明自己是否批准或作出答复。请示的受文机关则应该以批复表明自己是否批准或作出指示。

（十一）纪要与决议

1.联系

（1）都是下行文。

（2）均用于记录会议成果、传达会议精神。

（3）均要求与会单位和人员共同遵守执行。

2.区别

（1）发文机关不同。党委机关可以制发纪要与决议。行政机关只能制发纪要，不能制发决议。

（2）重要程度不同。纪要涉及事项可轻可重、可大可小，但是决议的事项务必是原则性的重大问题。

（3）成文过程不同。纪要经机关领导人审核签发后即可定稿。决议则须经正式会议、法定程序表决通过后才能定稿。

（4）作用效力不同。纪要虽然具有一定的权威性，可作为办事依据，但相对于决议而言，其指令性较弱。决议则必须严格贯彻执行，具有很强的指令性和约束力。

(5)多种观点能否并列。决议只能写某个方面某个问题的最新结论,纪要可以同时写出不同方面互不关联的几项决定。纪要可以反映会议上不同的观点或几种同时存在的意见,而决议只能反映多数人通过的统一的观点或意见。

第三节　公文语体特征

绝大部分公文都是问题导向型的。例如,有问题才请示,有情况才汇报,有需要才发函。公文写作务必针对具体存在的问题,围绕新近的、真实的、具体的情况来判断要不要草拟,要不要制发。可以说,制发公文无不以实际应用为目的,无不需要快速、准确、得体地传达法定作者的真实意图,这就使其与追求审美趣味的文学作品具有迥异的语体风格。公文语体最显著、最重要的风格特征是真实客观、规范得体、庄重严肃。

一、真实客观

一是要通过可靠渠道搜集有用信息。不能采用道听途说的材料,不能采用未经鉴别的网络信息。

二是要通过多种方式开展调查研究。必须深入群众,最后走进现场,认真核实新近情况,研判问题根源。

三是要确保数据经得起推敲,经得起核查。这不但要求对所有拟写入文件的数据都务必向相关机构和工作人员确认,并且还要有扎实的专业知识和缜密的逻辑思维能力,以防数据提供方本身疏忽大意或者虚报瞒报,导致数据失实或不合逻辑。

四是不能掺杂个人感情,更不能自我表现。这一点主要是针对法定公文文种而言的。决议、决定、命令(令)、公报、公告、通告、意见、通知、通报、请示、批复、议案、函、纪要都必须是有事说事,有一说一,直接鲜明地表达观点和态度。从表达方式上讲,公文写作叙述和议论用得较多,抒情和描写尽量少用。但是也有例外,比如报告,狭义的报告是指工作报告,即《条例》中的报告,是法定文种之一,也的确是以叙述为主,应该概要地讲清工作内容、基本情况、经验做法及不足与反思或者事情的起因、经过和结果。但是,述职报告作为广义的报告的一种,本身不属于法定公文,则可以在材料真实、自评客观的前提下,融入对组织、对支持者的感谢,融入个人的真实感受。至于不属于法定公文的礼仪文书,如邀请函、欢迎辞、答谢辞、贺信、贺电、请柬、悼词等,则必须有感情色彩,而且要诚挚恳切,但要注意度的把握。

二、规范得体

一是规范使用专业术语。公文要少用专业术语，但是如果论及事项确实涉及专业领域，那就需要解释。当然前提是撰写者本人要准确理解专业术语。这时，如果自己只是一知半解，那就一定要尽快通过向专业人士请教、研习专业文章和书籍等方式进行自我充电，务必准确理解相关理论术语和行业术语，确保准确使用。

二是正确使用数字。首先，《党政机关公文格式》对成文日期的表述规范做了要求。按要求，现在公文的成文日期一律用阿拉伯数字将年、月、日标全，年份应标全称，月、日不编虚位（例如1不编为01）。其次，要注意倍数、番数的准确使用。倍数、番数都只能用来表示数量增加，不能用来表示数量减少。再次，正确选用数字增、减的表达方法。着重区分表示增、减的动词后面用“至”“到”“为”与用“了”或不带“至”“到”“为”的差异。最后，注意何时使用、怎么使用确数、约数。请示批准的事项、核准上报统计资料大都只能用确数。而说明情况、预判动态、估计趋势时一般用约数。

三是语气基调要不卑不亢。公文的语气基调要综合考虑文种性质、发文方向、工作关系等要素。请示、报告、上行的意见等上行文的语气要恭敬、诚恳、自重，但又不要对上级机关和领导阿谀奉承，也不要对本单位和个人妄自菲薄。命令（令）、决定、通知、通报、批复等下行文的语气要果断、坚决、有力，但是又不能盛气凌人、妄自尊大、刚愎自用，尽量做到严而不酷。函这类平行文的语气要友好、客气、谦逊，但是，要注意谦而有度，以免显得自卑，要热情有度，以免有讨好之嫌，要客气有度，以免显得疏远不和。

三、庄重严肃

一是使用现代汉语书面语。决议、决定、命令（令）、公报、公告、通告、意见、通知、通报、请示、报告、批复、议案、函、纪要这15种法定公文原则上都不得使用口语、俗语、方言，否则会显得表态过于随意，让受文机关和相关人员在解读该文件时容易觉得，发文机关对该事项的认识不够深刻，或者没有经过法定程序研究、讨论和表决。如果产生这种误会，势必影响受文机关和相关人员对该公文的重视程度和执行决心，从而容易延误工作。但是，欢迎辞这种不属于法定公文的礼仪文书，如果通篇全是书面语，就会让受众觉得致辞的人只是讲讲场面话，没有诚意，没有温度，从而显得不够亲切，不够热情。

二是酌情选用公文术语。各类文种都有自己的表达惯例。各类文种经过长期、大量的实践，针对文章的起首与收束、语意的过渡与衔接、观点的引叙与表态、事项的商洽与期请、言说对象的称谓和事态程度的把握都有约定俗成的表述，如果选用得当，文章就显得更庄重，更正式。

三是构思表达要注意换位思考。一方面要站在发文机关的角度看事情、想问题、谋对策，要集中笔力去揣摩、传达机关集体意志和主要领导的意图，反复斟酌到底怎样阐释才更加精准，更加透彻，更加符合法定作者的身份。另一方面，要设想假如自己是该文件受文机关相关人员，对该文件的表达方式、语言风格、语气态度能否领会、能否接受、能否执行。

除了上述真实客观、规范得体、庄重严肃三点最重要、最显著的风格特征之外，公文还务必简明扼要，所以谋篇布局时要开门见山，要几句话就说到点子上。

本章小结

公文的特性在于直接的实用性、明确的时效性、严格的程序性、体式的规范性与效力的权威性。每一文种都有其特定的适用情况。实际拟制公文时，需要从多个方面综合考虑，才能准确选择文种。绝大部分公文都是问题导向型的。制发公文无不以实际应用为目的。公文语体最显著、最重要的风格特征是真实客观、规范得体、庄重严肃。

学习评价

请根据以下评价维度、项目、内容和标准，对自己的学习情况进行评价。

维度	项目	内容	标准(满分:100分)		
			不太了解	基本了解	完全了解
知识与技能	准确记住法定公文文种的名称	识记15种法定公文文种	4	7	10
	了解公文的分类标准	了解不同标准之下，各个公文文种的归属	4	7	10
	准确选用公文文种	准确区分易混文种	4	7	10
过程与方法	酌情选用公文术语	正确理解公文术语的意思及用法	9	15	20
	构思表达要注意换位思考	准确理解领导指示和会议精神	9	15	20
情感态度与价值观	公文作者要考虑接受效果	设想受文机关相关人员的接受效果	4	7	10

续表

维度	项目	内容	标准(满分:100分)		
			不太了解	基本了解	完全了解
情感态度与价值观	核实公文拟采用的数据信息	密切联系群众,理论联系实际,精准判断数据来源是否可靠	4	7	10
	理解公文语体的规范得体	正确把握不同文种的语气基调和规范写法	4	7	10
自评得分					

推荐阅读

1. 杨霞.公文写作规范与例文解析(第二版)[M].北京:北京大学出版社,2013.
2. 夏海波.公文写作与处理(第三版)[M].北京:北京大学出版社,2018.

本章自测

1.填空题

《党政机关公文处理工作条例》(中办发〔2012〕14号)列举的15种法定公文分别是:______、______、______、______、______、______、______、______、______、______、______、______、______、______、______。

2.简答题

(1)如何区分通告与通知?

(2)怎样才能做到公文写作的真实客观?

3.论述题

谈谈你对公文语体风格特征的认识。

4.实践题

搜集整理并正确理解30个常用的公文术语。

参考文献

1. 杨霞.公文写作规范与例文解析(第二版)[M].北京:北京大学出版社,2013.
2. 夏海波.公文写作与处理(第三版)[M].北京:北京大学出版社,2018.

3. 姬瑞环. 公文写作与处理(第五版)[M]. 北京:中国人民大学出版社,2019.

4. 岳海翔. 公文写作教程(第三版)[M]. 北京:高等教育出版社,2021.

5. 侯波,闫建华,常智慧. 公文写作[M]. 北京:中国人事出版社,2019.

6.《党政机关公文处理与写作实用手册》编写组. 党政机关公文处理与写作实用手册[M]. 北京:中国文史出版社,2012.

第二章　知照类公文

本章概要

本章主要讲解公报、公告、通告的适用范围、文种特征、分类、写法及其注意事项。在讲解写法的过程中，用规范性公文作示范，帮助理解每部分的写作要领。认真学习本章内容，将有助于全面了解公报、公告与通告的相关知识及文种写作的要领。

学习目标

1. 了解公报、公告、通告的分类、文种特征及基本格式。

2. 理解公报、公告、通告的适用范围，能正确地选用文种。

3. 掌握公报、公告、通告的主体结构和写作要领，培养语言表达的准确性、庄重性，培养文体写作的规范意识。

学习重难点

学习重点

1. 理解公报、公告、通告的文体特征。

2. 掌握公报、公告、通告写作的要领。

学习难点

形成规范的文体意识，能正确选用文种，抓住要领写作规范的公文。

思维导图

- 知照类公文
  - 公报
    - 适用范围
    - 文种特征
      - 新闻性、权威性、庄严性
      - 发布渠道的多样性
    - 分类
      - 会议公报
      - 会谈公报
      - 事项公报
    - 写法——首部、正文、尾部
    - 注意事项
  - 公告
    - 适用范围
    - 文种特征
      - 发文机关级别高、告知事项重大
      - 告知范围广泛、发布渠道多种
      - 新闻性
    - 分类
      - 国家重要事项公告
      - 法定事项公告
    - 写法——标题、发文编号、主送机关正文、落款
    - 注意事项
  - 通告
    - 适用范围
    - 文种特征——通告的文种特征
      - 区域性
      - 广泛性
      - 行业性
    - 分类
      - 制约性通知
      - 知照性通知
    - 写法——标题、主送机关正文、落款
    - 注意事项

本章是在“公文基础”的理论知识基础上的首次实践运用，通过具体的文种知识介绍和写作方法的传授来深化对公文特性、文种辨析与语体风格的理解与把握，同时为后面文种的学习与写作奠基。

第一节　公报

一、公报适用范围

《条例》规定:公报适用于公布重要决定或者重大事项。公报属于下行文。

从“公布”一词看,公报属于周知性公文,往往在报刊、广播、电视、网络等媒体上发布,被看作是党或政府正式发布的“官方”报道。它能将党和政府以及人民团体的重要决定或重大事项迅速广泛地传递到国内外。[①]

二、公报的文种特征

一是新闻性。公报也称新闻公报。由于公报公布的是重要决定或重大事项,代表着党和国家、人民团体的意志和指导思想,需要及时、准确、快速地向全社会发布,因此具有很强的新闻性。

二是权威性。公报作为党政机关公文,其制作程序严格遵守公文办理要求,因此具有很强的权威性。一经发布,国家党政机关、企事业单位、社会团体和全社会成员都必须遵守并执行。

三是庄严性。这是由公报的内容决定的。从公报文种的适用范围来看,它所涉及的内容是重要决定或重大事项,其使用主体又是党和国家高级领导机关,因而其发布形式、语言和行文风格必须严谨、严肃和庄重。

四是发布渠道的多样性。由于公报的新闻性特征,公报不以文件的形式逐级下发,而是通过报刊、电视、广播、网络等大众媒体发布。

三、公报的分类

按内容性质公报可分为会议公报、会谈公报、事项公报三类。

一是会议公报。通常用于向社会公布重要会议的概况、主要精神和议决事项。如《中国共产党第十九届中央委员会第六次全体会议公报》《中国共产党四川省第十一届纪律检查委员会第六次全体会议公报》。

二是会谈公报。又称联合公报,通常用于公布国家、政党间会谈的结果,记载双方或多方达成的协议,往往具有条约的性质。[②]如《中华人民共和国和尼加拉瓜共和国关于恢复外交关系的联合公报》。

① 李芳.应用文写作[M].北京:北京理工大学出版社,2016:9.

② 徐涛,母忠华,唐建强.应用文写作教程[M].北京:高等教育出版社,2015:52.

三是事项公报。通常在党和国家的高级领导机关发布重大情况、重要事项或重大措施时使用。如《第七次全国人口普查公报》《2021年度人力资源和社会保障事业发展统计公报》。

四、公报的写法

公报的结构由首部、正文和尾部构成。

(一)首部

首部包括标题和成文日期。

1.标题。公报的标题主要有完全式标题和省略式标题两种。

(1)完全式标题:由发文机关+事由+公报(文种)构成。如《中国共产党第十九届中央纪律检查委员会第六次全体会议公报》《北京市第七次全国人口普查公报》《中华人民共和国2021年国民经济和社会发展统计公报》等。

(2)省略式标题:可以省略发文机关或事由。省发文机关,如《2021年中国国土绿化状况公报》;省事由,如《上海公报》《中国水资源公报》;有时省发文机关和事由,直接用文种作标题,如《公报》《新闻公报》。

2.成文日期。

公报的成文日期通常用圆括号形式标注在标题正下方,写明其成文日期或会议通过的日期。

(二)正文

正文内容由前言、主体、结尾三部分构成。

1.会议公报正文的写法

会议公报的前言主要介绍会议概况,包括会议名称、开会时间和地点,出席者、列席者和主持者,会议议程等。如《中国共产党第十九届中央委员会第六次全体会议公报》的前言:

中国共产党第十九届中央委员会第六次全体会议,于2021年11月8日至11日在北京举行。

出席这次全会的有,中央委员197人,候补中央委员151人。中央纪律检查委员会常务委员会委员和有关方面负责同志列席会议。党的十九大代表中部分基层同志和专家学者也列席会议。

全会由中央政治局主持。中央委员会总书记习近平作了重要讲话。

会议公报的主体主要介绍议定事项,包括会议提出的任务及要求、会议通过的决议或决定、会议取得的成果、对会议的评价等。主体在写法上常使用“全会听取和讨论了”“全会充分肯定”“全会认为”“全会提出”“全会强调”“全会决定”等段首语。

会议公报的结尾主要是提出要求或发出号召，如《中国共产党第十九届中央委员会第六次全体会议公报》的结尾：

党中央号召，全党全军全国各族人民要更加紧密地团结在以习近平同志为核心的党中央周围，全面贯彻习近平新时代中国特色社会主义思想，大力弘扬伟大建党精神，勿忘昨天的苦难辉煌，无愧今天的使命担当，不负明天的伟大梦想，以史为鉴、开创未来，埋头苦干、勇毅前行，为实现第二个百年奋斗目标、实现中华民族伟大复兴的中国梦而不懈奋斗。我们坚信，在过去一百年赢得了伟大胜利和荣光的中国共产党和中国人民，必将在新时代新征程上赢得更加伟大的胜利和荣光！

2.会谈公报正文的写法

会谈公报的正文通常由前言和主体两部分构成，不一定有结尾。

(1)会谈公报前言的写法。

会谈公报的前言通常为互访或会谈概况，包括会谈双方代表、会谈时间、地点、会谈内容等，如《中华人民共和国和尼加拉瓜共和国关于恢复外交关系的联合公报》的前言：

中华人民共和国和尼加拉瓜共和国，根据两国人民的利益和愿望，兹决定自公报签署之日起相互承认并恢复大使级外交关系。

会谈公报的主体主要叙述会谈要点，包括双方或多方共同关心的问题、彼此的原则立场、取得的共识或达成的协议、各方对会谈的评价及表达的愿望等内容。如《中华人民共和国和尼加拉瓜共和国关于恢复外交关系的联合公报》的主体：

两国政府同意在互相尊重主权和领土完整、互不侵犯、互不干涉内政、平等互利、和平共处的原则基础上发展两国友好关系。

尼加拉瓜共和国政府承认世界上只有一个中国，中华人民共和国政府是代表全中国的唯一合法政府，台湾是中国领土不可分割的一部分。尼加拉瓜共和国政府即日断绝同台湾的“外交关系”，并承诺不再同台湾发生任何官方关系，不进行任何官方往来。中华人民共和国政府对尼加拉瓜共和国政府的上述立场表示赞赏。

3.事项公报正文的写法

事项公报通常由前言和公报事项两部分组成。公报事项是重点，多用条列式结构，一般不用专门的结束语。如《第七次全国人口普查公报(第二号)——全国人口情况》的前言：

根据第七次全国人口普查结果，现将2020年11月1日零时我国人口的基本情况公布如下：

该前言先写公报发布的依据，然后用“现将……公布如下：”过渡。

事项公报的主体多用条列式，如《第七次全国人口普查公报（第二号）——全国人口情况》的主体从“一、总人口”“二、人口增长”“三、户别人口”“四、民族人口”等四个方面对该次人口普查进行介绍。

（三）尾部

会议公报和事项公报一般没有尾部；会谈公报（联合公报）尾部应写明双方签署人的身份、姓名，签署日期和地点。[①]

五、写作公报的注意事项

（一）注意内容选择

从公报的适用范围来看，它所涉及的内容有两项，一是重要决定，二是重大事项。由于其制发主体是党和国家的高级领导机关，而且内容重大，是确需公众知晓的事项，因此，包括时间、地点、事件、人物（或组织）、原因、结果、数据等要素必须准确可靠。

（二）抓住重点，突出主旨

公报反映的内容是重要决定、重大事项，撰写时必须抓住重点，突出行文的主旨，紧扣全文的核心内容，把写作重点放在对事件的陈述和观点的阐述上。

（三）注意语言的准确性和概括性

公报是党和国家高级领导机关使用的公文，用以公布重要决定或重大事项，必须注意语言使用的准确性与概括性，用较少的文字表达丰富的内容，做到言简意赅，确保思想传达的准确无误。

① 徐涛，母忠华，唐建强．应用文写作教程[M]．北京：高等教育出版社，2015：53.

六、范文解析

中国共产党第十九届中央纪律检查委员会第六次全体会议公报(节选)

（2022年1月20日中国共产党第十九届中央纪律检查委员会第六次全体会议通过）

中国共产党第十九届中央纪律检查委员会第六次全体会议，于2022年1月18日至20日在北京举行。出席这次全会的有中央纪委委员125人，列席242人。

中共中央总书记、国家主席、中央军委主席习近平出席全会并发表重要讲话。李克强、栗战书、汪洋、王沪宁、赵乐际、韩正等党和国家领导人出席会议。

全会由中央纪律检查委员会常务委员会主持。全会以习近平新时代中国特色社会主义思想为指导，全面贯彻落实党的十九大和十九届历次全会精神，总结2021年纪检监察工作，部署2022年任务，审议通过了赵乐际同志代表中央纪委常委会所作的《运用党的百年奋斗历史经验推动纪检监察工作高质量发展，迎接党的二十大胜利召开》工作报告。

全会认真学习、深刻领会习近平总书记重要讲话。一致认为，讲话深刻总结新时代党的自我革命的成功实践，深刻阐述全面从严治党取得的历史性、开创性成就，产生的全方位、深层次影响，对坚持不懈把全面从严治党向纵深推进、迎接党的二十大胜利召开作出战略部署……

全会提出，2022年将召开党的二十大，这是党和国家政治生活中的一件大事。做好纪检监察工作，要以习近平新时代中国特色社会主义思想为指导，全面贯彻落实党的十九大和十九届历次全会精神，增强“四个意识”、坚定“四个自信”、做到“两个维护”，坚持稳中求进工作总基调……

全会强调，勇于自我革命是我们党区别于其他政党的显著标志，是党跳出治乱兴衰历史周期率、历经百年沧桑更加充满活力的成功秘诀。各级纪检监察机关要坚持用马克思主义中国化最新成果武装头脑，提高政治站位……

全会号召，要更加紧密地团结在以习近平同志为核心的党中央周围，大力弘扬伟大建党精神和自我革命精神，忠诚履职、团结奋斗，坚定信心、勇毅前行，推动全面从严治党、党风廉政建设和反腐败斗争向纵深发展，坚定不移走中国特色反腐败之路，以实际行动迎接党的二十大胜利召开！

点评

这是典型的会议公报，标题下用圆括号注明会议通过的日期。开头三段写明会议时间、地点、出席人员、主持人、领导人的重要讲话及会议的主要议题和主要内容，然后主体部分传达会议的主要精神，最后以号召性段落收束。

第二节 公告

一、公告的适用范围

《条例》规定:公告适用于向国内外宣布重要事项或者法定事项。公告是下行文,它和公报都属于发布范围广泛的晓谕性公文。

二、公告的文种特征

1.发文机关级别很高。一般要求省部级或者经过授权的职能机关或者是执法机关才可以使用公告文种,如国务院、全国人民代表大会及其他国家机关。

2.告知的范围十分广泛。《条例》规定,公告面向国内外宣布重要事项或法定事项,所以告知范围十分广泛。公告一般没有特定的受文对象,故在写作时不标注主送机关。

3.告知的事项十分重大。《条例》规定,公告宣布的是"重要事项或者法定事项",所以工作中的一般事项不能用公告予以发布。如大街小巷张贴的"招聘公告""迁址公告"等是错误的用法,用通告或者启事告知即可。

4.发布的渠道多样。公告通常以电视、报刊、广播、网络等大众媒体发布,也可以张贴,但一般不采用红头文件的方式逐级传达。

5.内容的新闻性。公告具有一定的新闻性特征。所谓新闻,是对新近发生的、人民群众关心的、应知而未知的事实的报道。公告的内容,都是新近的、群众应知而未知的事项,因此一定程度上具有新闻性。此外,公告的发布形式也具有新闻性特征,它是通过大众传媒发布的。①

三、公告的种类

1.按内容、性质和发布机关的不同,一般可分为国家重要事项公告和法定事项公告。②

国家重要事项公告,是宣布有关国家的政治、军事、经济等方面的重要事项的公告,如《国家税务总局关于进一步便利出口退税办理 促进外贸平稳发展有关事项的公告》《财政部 税务总局关于进一步持续加快增值税期末留抵退税政策实施进度的公告》《关于对增值税小规模纳税人免征增值税的公告》等。

---

① 李芳.应用文写作[M].北京:北京理工大学出版社,2016:43.

② 赵凤荣.应用文写作[M].北京:北京理工大学出版社,2016:46.

法定事项公告，是国家公布有关法律法令、行政法规和由司法机关依照法律有关规定发布重要事项的公告。它可以分为法定专门事项公告和法院公告，如《××省高级人民法院公告》《中华人民共和国全国人民代表大会公告》《政协第五届忻州市委员会第一次会议公告》等。

2. 按宣布对象的不同，可以分为对国内读者的公告和对国外读者的公告。①

四、公告的写法

（一）标题

公告标题的写法有两种形式：

1. 完全式标题。由“发文机关+事由+公告（文种）”构成，如《国家铁路局　公安部关于公布〈铁路旅客禁止、限制携带和托运物品目录〉的公告》。

2. 省略式标题。一是省发文机关，如《关于遏制“天价”月饼、促进行业健康发展的公告》。一是省事由，如《××市人民政府公告》《××县人民法院公告》。一是省机关和事由，只用文种（公告）作标题。这种直接用文种作标题的形式在法定公文里很少，一般只在不十分重要和正规的场合使用。除公告以外，通告和通知也可这样使用，但一般要慎用。

（二）发文编号

这一项是选择项目，编号是指就同一或关联事项发出系列公告时，应于标题下居中标明其编号，也可以将公告发出的日期，用圆括号标在标题下方。②

（三）主送机关

公告一般不用主送机关。由于公告是向国内外公开发布，受文对象不能确切指称，所以一般不标注主送机关。不能用“有关部门”“相关人士”等模糊不清的受文对象，因此像这类公开发布的公文都不用标注主送机关，除公告外，公报、令、通告等也不用标注主送机关。

（四）正文

公告的正文由前言、主体、结语三个部分构成。

第一部分：前言。前言通常包括发公告的缘由、目的、依据和过渡句。即公告开头常常用“为了……”“由于……”“根据……”“遵照……”等词领起，要求简略概

① 沈邦兵，宋婷，王静. 应用文写作[M]. 成都：电子科技大学出版社，2015：39.

② 徐涛，母忠华，唐建强. 应用文写作教程[M]. 北京：高等教育出版社，2015：59.

括地说明原因、目的、依据等,在这一部分的最后用过渡句如“现将有关事宜公告如下”或“特作如下公告”承启下文,引出公告事项。如《重庆市人民政府关于重庆市河道采砂禁采区和禁采期的公告》的前言:

为加强我市河道采砂管理,维护河势稳定,保障防洪和通航安全,根据《长江河道采砂管理条例》《长江上游干流宜宾以下河道采砂管理规划(2020—2025年)》《重庆市重要河道采砂管理规划(2021—2025年)》有关规定,现将我市河道管理范围内开采砂石(以下简称采砂)的禁采区和禁采期有关事项公告如下:

第二部分:主体。公告的主体是需要具体告知或要求的事项。这一部分是全文的重点,一般用条目式分条列出,每一段最好设置首括句或者中心句,并围绕这一中心展开叙述或者议论,做到条理清楚、用语准确、简明庄重。

如果告知或要求的事项比较单一,则用一段式来写,将公告的缘由和事项综合在一起表达清楚即可。如《海关总署公告2019年第43号(关于已取消行政审批事项相关事宜的公告)》:

《国务院关于取消和下放一批行政许可事项的决定》(国发〔2019〕6号)取消了“小型船舶往来香港、澳门进行货物运输备案”、“长江驳运船舶转运海关监管的进出口货物审批”、“承运境内海关监管货物的运输企业、车辆注册”等三项海关行政审批事项。上述行政审批事项取消后,企业需要开展有关业务的,应当通过海关相关信息化系统办理有关手续。

这则公告就是以一段式的方式写作的,将依据、内容和要求融在一段中表达出来。

第三部分:结语。公告一般不用专门的结语,有的也可以单独用一个自然段来写执行的要求,或用“特此公告”等约定俗成的用语作结。

一般来讲,若要求或告知的事项比较详细,并且用分条列项表述的,可省略强调执行的要求或用“特此公告”等约定俗成的用语作结。若公告要求或告知的事项比较单一,用一段式表述的,则在公告的结尾用“特此公告”四字作结束语,因为这样才能显示事情已经告知完毕,否则,可能给受文对象一种没有告知完全的印象。

(五)落款

在正文的右下方署发文机关的全称(或规范化简称)和成文日期,并盖上印章。如果是特定发文机关的普发性公文,也可以不加盖印章,直接署名即可。

五、公告写作的注意事项

一是发文机关级别较高，一般的机关不能使用，注意与通告、启事等文种区别开来。公告的发文机关往往是国家行政机关或权力机关，如国务院，国务院各部委，各省、自治区、直辖市人民政府以及法定的有关职能部门（司法机关、税务机关、海关总署、公证机关），全国人民代表大会，各省、区、市人民代表大会等。一般企事业单位、社会团体不能使用公告发布事项。[①]

二是公告告知的事项要求单一，应做到一文一事。

三是语言要准确、通俗、简明。公告是面向社会大众发布的，语言必须做到通俗，但要避免口语。

六、范文解析

国家烟草专卖局公告

2022年第1号

为进一步加强电子烟等新型烟草制品监管，规范市场秩序，保障人民健康安全，促进产业治理法治化、规范化，根据《中华人民共和国烟草专卖法》、《中华人民共和国未成年人保护法》、《中华人民共和国烟草专卖法实施条例》，国家烟草专卖局制定了《电子烟管理办法》，现予公告，自2022年5月1日起施行。

烟草局

2022年3月11日

点评

这是一则重大事项公告，由国家烟草专卖局发布，标题采用“发文机关+公告（文种）”的省略式结构。标题下方是公告编号。正文采用一段式，将发公告的目的、依据、事项以及结语、施行时间融为一体。内容精练，语言庄重，目的明确，依据清晰，事项清楚。

① 陈建生.应用文写作[M].成都：电子科技大学出版社，2019：30.

第三节　通告

一、通告的适用范围

《条例》规定:通告,适用于在一定范围内公布应当遵守或周知的事项。通告是下行文,它和公告、公报都属于告知范围较广泛的晓喻性公文,有的通告需要遵守,有的通告需要周知。

二、通告的文种特征

1.区域性。《条例》规定,通告只在一定范围内公布应当遵守或周知的事项,有别于公告向国内外宣布的广泛性。

2.广泛性。一是使用单位的广泛性。与公告使用的机关级别较高不同,通告可以由各级党政机关、人民团体、企事业单位发布。二是告知内容的广泛性。凡是需要公众遵守或周知的事项都可以,其内容涉及社会生活的方方面面,大到国家事项,小到停水停电,均可用通告发布。三是发布方式的广泛性。通告可通过张贴也可通过报刊、电视、广播、网络等大众传媒来发布,还可通过红头文件的形式逐级下发。①

3.行业性。一般情况下,通告都具有鲜明的行业性特点,如税务局关于征税的通告、机动车管理部门关于机动车辆年度检验的通告、房产管理局关于对商品房销售面积进行检查的通告、城市管理部门关于禁止噪声污染的通告等,都是针对其所负责的那一部分的业务或技术事务发出的。因此,通告行文中要时常引用本行业的法规、规章,使用本行业的术语、行话。②

三、通告的分类

根据通告的适用范围,可以将通告分成两大类:

1.制约性通告。这类通告就是《条例》规定的“应当遵守”事项的通告,有明确的要求和规定性。这类通告一般是从反面要求别人不能做什么,事由部分的动词一般由“严禁……”“禁止……”等动宾词组组成,如《市应急管理局　市公安局　市交通运输局　市市场监管局　市城管和综合执法局关于在深圳市范围内禁止销售

① 沈邦兵,宋婷,王静.应用文写作[M].成都:电子科技大学出版社,2015:41.

② 李芳.应用文写作[M].北京:北京理工大学出版社,2016:45.

燃放烟花爆竹的通告》。[①]

2. 知照性通告。这类通告就是《条例》规定的"应当周知"事项的通告，有明确的告知性、晓谕性。知照性通告适用于党政机关、企事业单位或社会团体。知照性通告发布的目的，只是让人们知晓某一事项，并不要求人们去遵守或执行，不具有强制性，如苏州市信访局《关于开展"我为'最美窗口'献一策"人民建议专题征集通告》。[②]

四、通告的写法

1. 标题的写法

通告标题的写法有完全式标题和省略式标题两类：

(1)完全式标题。由"发文机关+事由+文种(通告)"构成。如《重庆市公安局交通管理局关于优化调整部分载货汽车限行措施的通告》《苏州市人民政府关于调整市区禁止使用高排放非道路移动机械有关规定的通告》。

(2)省略式标题。省略式标题又可分为省略发文机关、省略事由以及省略发文机关和事由三种。

第一种，省略发文机关，由"关于+事由+文种"构成。如《关于加强×××监督管理的通告》。

第二种，省略事由，由"发文机关+文种"构成。如《××市交通委员会通告》。

第三种，省略发文机关和事由，只用文种通告作标题。这种直接用文种作标题的情况在法定公文里很少，一般只在不十分重要、不太正规的场合使用。除通告以外，公告、通知和通报也可这样使用，但一般要慎用。

2. 主送机关

通告属于普发性公文，其受文对象不能确切指称，所以一般不标注主送机关。不能使用"有关部门""有关单位""相关人员"等指称模糊的受文对象。

3. 正文的写法

通告正文的写法与公告差不多，一般由前言、主体和结语三个部分构成。

第一部分：前言。通告的前言由发文缘由、目的、依据和过渡句组成。通告的前言模式常常用"为了……""由于……""根据……""按照……"等词领起，简略概括地说明原因、目的、依据，然后在最后一句设置一个过渡句，如"现将有关事宜通告如下""特作如下通告""通告如下"等引出下文。如《××市人民政府关于对国Ⅲ及以下柴油车提前淘汰实施补助的通告》的前言：

---

① 徐涛，母忠华，唐建强．应用文写作教程[M].北京：高等教育出版社，2015：62.

② 徐涛，母忠华，唐建强．应用文写作教程[M].北京：高等教育出版社，2015：62.

为改善环境空气质量，保障人民身体健康，加快我市高排放机动车淘汰更新，根据《中华人民共和国大气污染防治法》《××省大气污染防治条例》《××省机动车排气污染防治条例》等有关规定，按照省、市大气污染防治工作计划要求，决定对2023年12月31日前提前淘汰（不含转出）的柴油车实施补助。通告如下：

第二部分：主体。写具体通告的事项。这一层是全文的重点，应做到条理清楚，层次分明，表达具体准确，语言通俗易懂，便于理解和执行。一般用条目式分条列出，每一段设置首括句或者中心句，并围绕这一中心展开叙述或者议论，每一段写一件事情。如果通告的事项比较单一，可采用一段式。如××市《关于暂停网办、平台社保业务申办的通告》的主体：

一、关闭时间：从2023年3月28日零时起，单位网上经办平台将暂停提供对外服务。期间仅保留单位办件进度查询功能。

二、恢复时间：预计在2023年4月7日9时，正式恢复单位网办平台对外服务功能。网办平台在改造升级后将通过“渝快办”法人用户方式登录，不再支持原有证书登录。

三、温馨提醒：在系统改造升级期间，参保单位如需要申报人员增加等社保业务的，请及时到社保经办机构前台办理。如有任何疑问，请拨打12333电话咨询。

第三部分：结语。通告一般不用单独结语，当然也可以简明扼要地强调执行日期和要求，或用“特此通告”等模式化结语。

4.落款

在正文的右下方空二行位置署上发文机关全称（或规范化简称）和成文日期，并盖上印章。如果是特定发文机关的普发性公文，也可以不加盖印章，直接署名即可。

五、通告写作的注意事项

（一）注意区分文种

在实际工作中，通告与公告、通告与通知常常出现误用现象，特别是通告与公告的误用现象较为严重。在某些政府信息公开网上，都常有误用情况，如《关于敦煌路施工结束涉及公交线路恢复的公告》《关于公交128、176路调整营运时间的公告》等；在报纸杂志中或公共场所的招贴栏上，这种现象更为严重，如《道路施工公告》《招聘公告》《搬迁公告》《开业公告》《停水公告》等，这些虽然不属于规范性文件，但会影响这几种具有法定效力的文件的权威性和约束力。这种现象值得引起各级党政机关和企事业单位的重视。[①]

（二）语言通俗简洁

通告是面向公众发布的，其读者是广大人民群众，即使是行业性通告，也应该力求做到语言通俗易懂，简洁明了。

（三）内容真实

真实性是公文写作的基本要求。通告公布的是应该遵守或周知的事项，其政策性和法令性很强，在撰写时对所涉及的政策、法律法规要掌握准确，公布的事项内容要真实具体，否则会影响其法律效力。

六、范文解析

关于对××大道×××街交叉口、右岸街采取临时交通管理措施的通告

因××轨道交通8号线时代广场站站点建设施工需要，为保障工程建设期间交通安全和施工安全，根据《中华人民共和国道路交通安全法》的有关规定，决定自2022年9月27日至2022年12月31日，对×××街交叉口、右岸街采取临时交通管理措施，具体如下：

一、××街交叉口采取机动车禁止左转临时交通管理措施，由东向南左转机动车可从××街、××路绕行；由南向西左转机动车可从××街、××街绕行。

二、××街（××大道东—××路）实行机动车由南向北单向通行，由北向南机动车可从××街绕行。

道路施工期间，请过往车辆、行人遵守交通标志提示及禁行标志规定，提前择道行驶，注意交通安全，服从值勤人员现场指挥。

特此通告。

×××公安局交警支队

2022年9月22日

点评

这是一则制约性通告，全文由前言、主体和结尾三部分构成。前言写明了发通告的原因、目的、根据，以及交通管制的时间、位置，最后以“具体如下”承启下文。主体采用条列式，分条列出通告的内容，结尾提出执行要求。全文内容清楚，语言简洁。

---

① 李芳.应用文写作[M].北京：北京理工大学出版社，2016：47.

本章小结

本章主要介绍公报、公告与通告三个文种的适用范围、特征、分类及其写法和注意事项。公报、公告与通告都是下行文，都具有告知性，都可通过报纸杂志、广播、电视、网络等媒体发布，都具有新闻性特征。但相较而言，公报、公告的发文机关级别高，一般是省部级以上的机关才能发布，所发布的都是重大事项、重要决定或法定事项。在发布渠道方面，通告除通过大众传媒发布外，还可以红头文件形式逐级下发。在写法上，公报、公告与通告的结构都包括首都、正文和尾部三部分。与公告、通告不同的是，公报在标题下方要用圆括号形式标注成文日期或会议通过的日期。

学习评价

请根据以下评价维度、项目、内容和标准，对自己的学习情况进行评价。

维度	项目	内容	标准(满分:100分)		
			不太了解	基本了解	完全了解
知识与技能	了解公报、公告、通告的适用范围	公报适用于公布重要决定或者重大事项 公告适用于向国内外宣布重要事项或者法定事项 通告适用于在一定范围内公布应当遵守或周知的事项	1	3	5
	了解公报、公告、通告的分类	公报按内容性质可分为会议公报、会谈公报和事项公报 公告按内容性质和发布机关可分为国家重要事项公告和法定事项公告 通告按适用范围可分为制约性通告和知照性通告	1	3	5
	了解公报、公告、通告写作的注意事项	公报：注意内容选择、抓住重点，突出主旨、语言的准确性和概括性 公告：发文机关级别高、告知的事项单一、语言准确、通俗、简明 通告：注意区分文种、语言通俗简洁、内容真实	3	6	10

续表

维度	项目	内容	标准(满分:100分)		
			不太了解	基本了解	完全了解
知识与技能	了解公报、公告、通告的写作格式	三者的写作格式基本相同,一般由首部、正文、尾部三部分构成但公报在标题下方要用圆括号标明成文日期或会议通过的日期	3	6	10
过程与方法	掌握公报、公告、通告的写作要领	文种选择要正确、标题拟制要准确、材料选择要新颖、语言表达要简洁	3	6	10
	理解公报的文种特征	公报具有新闻性、权威性、庄严性、发布渠道多样性的特征	3	6	10
	理解公告的文种特征	公告具有发文机关级别高、告知事项重大、告知范围广泛、发布渠道多样和新闻性等特征	3	6	10
	理解通告的文种特征	通告具有区域性、广泛性、行业性等文种特征	3	6	10
情感态度与价值观	树立公文语体意识	注重公文语言的准确性、庄重性、平实性、得体性	3	6	10
	养成正确的政治意识	注重公文的政治性、政策性、执行性	3	6	10
	养成规范的文体意识	明确相关文体之间的细微差异,尽量体现公报、公告、通告的文体特征	3	6	10
自评得分					

推荐阅读

1. 吕发成. 公文写作二十讲[M]. 北京:研究出版社,2019.

2. 蔡振康. 党政机关公文写作处理病例分析[M]. 南京:江苏人民出版社,2018.

3. 王群. 品味公文:公文写作大手笔练就之道[M]. 北京:北京联合出版公司,2016.

本章自测

1. 填空题

(1)《条例》规定,(　　)适用于公布重要决定或者重大事项。

(2)公告与通告都属于普发性公文,受文对象不明确,因此不必标注(　　)。

(3)公告发布的方式一般是以电视、报纸等大众传媒为主,也可以张贴,但一般不用(　　)方式予以传达。

(4)某省税务局要开展年度税务登记验证和一般纳税人年审工作,要将此事告知公众,宜用(　　)文种。

(5)《条例》规定,通告适用于在(　　)公布应当遵守或周知的事项。

(6)某市司法局向社会宣布有关法律规定的事项,应选(　　)文种行文。

2. 简答题。

(1)简述公告与通告的异同。

(2)公告的文种特征有哪些?

3. 论述题。

论述公报、公告和通告三者之间的联系与区别。

4. 实践题。

根据下列材料,自选文种,撰写一篇规范的公文。

文化职业技术学院经常受到社会上某些单位和个人的侵扰;有人随意到学校寻衅滋事、聚众斗殴、酗酒、赌博,进行流氓活动,还蓄意侮辱、欺凌和殴打师生员工;有商贩任意出入校园,高声叫卖;有单位和个人随意到校内挖土、种植粮菜;有单位长期侵占学校校舍和操场、校办工厂、农场等;还有人甚至将易燃易爆品带入学校。

以上种种,不但侵犯了学校的权益,而且影响了学校的正常教学秩序,威胁着师生员工的人身安全和财产安全。市教委、市公安局为此联合制发了一份公文,规定了一些禁止事项,并声明凡违反规定者,要根据《中华人民共和国刑法》和《中华人民共和国治安管理处罚法》等有关法律予以处罚。

参考文献

[1]李芳.应用文写作[M].北京:北京理工大学出版社,2016.

[2]徐涛,母忠华,唐建强.应用文写作教程[M].北京:高等教育出版社,2015.

[3]赵荣凤.应用文写作[M].北京:北京理工大学出版社,2016.
[4] 沈邦兵,宋婷,王静.应用文写作[M].成都:电子科技大学出版社,2015.
[5]陈建生.应用文写作[M].成都:电子科技大学出版社,2019.

第三章　商洽类公文

本章概要

本章主要讲授请示、报告、函的适用范围、特点、种类，以及三类文种的写法和写作注意事项，用例文和病文点评进行案例教学，用学习评价和自测题评测教学效果。

学习目标

1. 理解请示、报告、函的适用范围、特点、种类。
2. 掌握请示、报告、函的写法，了解写作注意事项。
3. 培养例文赏析和病文解析的意识和能力。

学习重难点

学习重点

1. 理解请示、报告、函的适用范围、特点、种类。
2. 掌握请示、报告、函的写法。

学习难点

能辨析相近文种，形成规范的文体意识。

思维导图

- 商洽类公文
  - 请示
    - 适用范围
    - 特点
      - 预先性
      - 求复性
      - 单一性
    - 种类——请求指示的请示、请求批准的请示
    - 写法——按标题、主送机关、正文、落款的顺序写作
    - 写作注意事项——事前请示、一文一事、单一主送、一般不越级、不抄送下级
  - 报告
    - 适用范围
    - 特点
      - 陈述性
      - 汇报性
      - 单向性
    - 种类——工作报告、情况报告、答复报告、报送报告
    - 报告与上行性意见的异同
    - 写法——四类报告写法不同
    - 写作注意事项——如实上报、点面结合、提炼精当、不夹带请示事项
  - 函
    - 适用范围
    - 特点
      - 沟通性
      - 简便性
      - 双向性
    - 种类——行文方向分内容、用途分
    - 请批函与请示、请批答复函和批复的异同
    - 写法——去函写法、复函写法
    - 写作注意事项——内容单一、文种分明、格式规范、简明谦和

第一节　请示

一、请示的适用范围

请示是上行文。《条例》规定:请示适用于向上级机关请求指示、批准事项。

请示的适用范围十分广泛,大体有以下几个方面。

1.下级机关对上级机关有关法规、规章、方针、政策或指示有疑问,需要上级机关予以解答时。

2.下级机关之间在执行上级机关指示或处理重要问题上出现意见分歧,需要上级机关予以协调或仲裁时。

3.下级机关遇到新情况、新问题,因无章可循需要上级机关予以指示时。

4.下级机关遇到特殊情况,难以执行上级机关的统一规定,请求变通处理,需要上级机关予以解答时。

5.下级机关根据工作需要制定某些规划、方案,但没有权力去实施,需要上级机关予以帮助时。

6.下级机关遇到较重要问题,虽然有解决办法,但没有条件去实施,需要上级机关予以帮助时。

请示适用于下级机关无权处理、无力解决以及按规定应经上级机关批准认定的事项。凡属下级机关职权范围内或经过努力能处理和解决的问题,都应自行解决,不必请示。

二、请示的特点

1.预先性。请示所涉及的事情一般来说是即将发生或将要遇到的,请示必须是事前行文,而且只有得到上级机关批复后才能处理问题,不得“先斩后奏”。

2.求复性。请示是下级向上级请求指示、批准的公文,具有鲜明的求复性。其行文目的是请求上级机关对本机关的请示事项作出明确的批复。上级机关在收到下级机关的请示后,不论同意与否,都必须尽快予以回复,以免贻误下级机关的工作。

3.单一性。行文规则要求,请示必须“一文一事”,即一份请示只能涉及一件事情或一个问题,切忌一文数事,而且应该单一主送,即只能主送给一个上级机关,切忌多头主送。

三、请示的种类

根据请示目的、内容的不同，请示可分为两类：

1.请求指示的请示

这类请示多涉及认识、办法上的指示，其行文目的是请求上级解决“应当怎么做”的问题。

2.请求批准的请示

这类请示多涉及方案、人、财、物等方面的审批，其行文目的是请求上级解决“能否这样做”的问题。

四、请示的写法

请示由标题、主送机关、正文、落款四部分组成。

1.标题

请示的标题一般有两种形式：一是由“发文机关+事由+文种”组成，如《××市安全生产监督管理局关于划转煤矿事故伤亡指标的请示》；二是由“事由+文种”组成，如《关于增加办公用房的请示》。

注意：请示的事由部分不能出现诸如“请求”“希望”等祈请性词语，因为文种名称“请示”即“请求指示”之意。请示的文种部分不可写成“请示报告”，因为请示和报告属于两种独立的文种，不能杂糅。例如《××区高级中学关于请求增拨教育经费的请示报告》这一标题不妥，应删去“请求”和“报告”两词。

2.主送机关

请示的主送机关只能写一个，即直接上级机关，不能多头主送，以确保事权清晰，以利及时得到上级批复。受双重领导的机关在报送请示时，必要时抄送另一个领导机关。请示的主送机关名称一般写全称。

3.正文

请示的正文一般由缘由、事项和结语三部分构成。

(1)缘由。请示是请求上级机关指示、批准的公文，开头的缘由部分应明确、充分，语气恳切得体，以利于上级理解、审批。请示缘由宜写明请求的原因、目的和根据，有时还需要说明背景。请示缘由部分常见用语有“由于”“为了”“根据”等。写完缘由之后，一般用“为此，特请求……”或“为此，现就……问题请示如下”等语句过渡，引出请示事项。

(2)事项。即针对具体问题提出的意见或方案，是请求上级指示或批准的具体内容。请示事项是请示正文的主体和关键，要合乎法规和实际，具有可操作性。因此，请示事项必须内容单一，只能请求一件事，而且应当写得明确、具体，语气平实、恳切，忌讳笼统、生硬。如果请示内容较多，可以分条写。

(3)结语。结语是请示必不可少的部分，应另起段落，文辞要简明得体，谦和有礼。请示的结语一般使用祈请性惯常用语，如“当否，请指示(批示)”“特此请示，请批复”“以上请示如无不妥，请批准”等，不可用逻辑混乱的用语作结，不可用“速答复”类命令口吻的词，不能出现“报告”一词。

4.落款

在落款处写明发文机关名、成文日期，并加盖公章。

五、请示写作注意事项

1.事前请示

请示必须在拟办事项进行之前行文，切不可“先斩后奏”。

2.一文一事

《条例》规定，请示应当一文一事。不得在报告等非请示性公文中夹带请示事项。如果一文数事，可能导致上级机关无法批复，影响请示事项的及时解决。注意，“一文一事”不能理解为请示事项只能写成一条或一项。事实上，任何事情都包含若干方面、层面、侧面，都可以在“一文”中分述为若干条事项。

3.单一主送

根据行文规则，受双重领导的机关报送请示，只能主送一个上级机关，根据需要同时抄送另一个上级机关和同级机关。切不可多头主送，以免贻误工作。

4.一般不越级

一般情况下，请示应逐级行文，非特殊情况不可越级请示。如确属特殊情况，必须越级请示，则应抄报越过的机关。

5.不抄送下级

请示是上行文，行文时不抄送下级机关，以免造成工作秩序混乱。

六、范文解析

【例文】

××镇人民政府关于寺庙聚会合法标准的请示

××区人民政府：

××市人民政府颁发的《摒弃陋习移风易俗规定》(×府〔××××〕×号)倡导移风易俗，抵制、举报封建迷信、非法宗教、邪教等违法行为。我镇历史遗留的各类宗教建筑众多，许多年老村民常年参加寺庙聚会。在落实规定的过程中，工作人员在判定寺庙聚会的合法性上遇到难题。

我们认为宜以规章的方式明确一般寺庙聚会和非法宗教活动的标准，并进行张贴和宣讲，但无章可循，无例可依。

特此请示，请批复。

××镇人民政府

××××年×月×日

点评

这是一篇请求指示的请示。这篇请示简明交代了在具体执行《摒弃陋习移风易俗规定》中遇到的新问题，请求上级给予认识、办法上的指示。请示缘由交代清晰，事项表达明确，结语谦和得体。

【病文】

龙泉镇人民政府关于建设龙泉镇龙泉山旅游景区的用地请示

龙泉县委、县政府：

为振兴乡村，落实《龙泉镇乡村振兴实施方案》，加快龙泉镇文化旅游建设，促进龙泉镇乡村振兴，龙泉镇与凤鸣乡经过充分讨论研究，终于决定共同建设龙凤山旅游景区。属我镇范围内的景区由我镇建设（龙泉镇景区需占用耕地2000亩，非耕地5000亩）。你乡景区你们负责。

在建设龙凤山风景区的同时，我镇计划开发景区周边1200米纵深的土地为工业、商业用地。面积为700亩。其中，占用水田200亩，山坡地500亩。

以上请示报告，请批准。谢谢！

镇政府

二〇二〇年五月十日

点评

这是一篇请求批准的请示，其主要问题如下：

1. 标题有误。标题中的"龙泉镇"一词重复。文种词"请示"不能用"用地"修饰。标题中的"龙泉山旅游景区"与正文中的"龙凤山旅游景区"不符。

2. 主送机关有误。主送机关"龙泉县委、县政府"，违背了请示只能主送一个上级机关、写全主送机关名称和顶格书写的行文规则。

3. 缘由部分有误。请示目的交代啰唆重复，如"振兴乡村"与"促进龙泉镇乡村振兴”意思重复，其中“决定”一词有先斩后奏之嫌。对于应该说明的土地占用情况仅用圆括号进行注释，反而将“属我镇范围内的景区由我镇建设”“你乡景区你们负责”等多余意思作表达重点。违背了请示应一文一事的规则。

4. 事项部分有误。对“用地”的具体意见没有明确表达。

5. 结语有误。请示的结语不能出现“报告”一词。“请批准”“谢谢”等用语不妥。

6. 发文机关署名有误，一般应该写全称或规范化简称。

7. 成文日期书写有误，应该使用阿拉伯数字表示。

改作

龙泉镇人民政府
关于建设龙凤山旅游景区占用土地的请示

龙泉县人民政府：

为振兴乡村，我镇与凤鸣乡共同建设龙凤山旅游景区，需占用耕地2000亩，非耕地5000亩。特请求批准我镇占用镇内土地7000亩，其中，耕地2000亩，非耕地5000亩。

妥否，请批示。

龙泉镇人民政府
2020年5月10日

第二节　报告

一、报告的适用范围

报告是上行文。《条例》规定：报告“适用于向上级机关汇报工作、反映情况，回复上级机关的询问”。

报告的适用范围很广，常用于向上级汇报工作进展情况、上级交办工作的完成情况、有关行政法规和政策的贯彻情况，反映某一时期或某一方面的情况，答复上级提出的问题，报送文件和物件。报告在汇报工作、提供信息、辅助决策、反馈结果、凭证备查等多方面发挥着重要作用。

二、报告的特点

1. 陈述性。这是报告在内容和形式上的特点。报告的主要内容是具体事实，其主要表达方式是陈述。

2.汇报性。这是报告在行文目的上的特点。报告向上级汇报工作、反映情况，回复上级询问，都是为了让上级机关了解情况、掌握信息，旨在下情上报。报告行文只作汇报而“不得夹带请示事项”。汇报性是报告区别于请示的一大特点。

3.单向性。这是报告在行文方向上的特点。报告属于阅件，是向上级机关使用的单向性上行文，不需要上级批复。这和需要上级批复的请示有明显的不同。

三、报告的种类

根据报告内容、作用的不同，报告可分为四类：

1.工作报告

这是汇报工作的报告，用于向上级汇报工作进程、工作问题、经验教训等。根据内容的繁简和范围的广狭，工作报告又可分为综合报告和专题报告两种。

综合报告是全面汇报本机关工作情况的报告，具有综合性，一般数事一报，如《××××年××县政府工作报告》。

专题报告是只报告某项工作、某个问题或某一方面的情况，具有专项性，一事一报，如《关于××××年春季××疫情防控工作的报告》。

2.情况报告

这是反映情况的报告，用于向上级反映调查了解到的事件、现象和问题，特别是重大情况、特殊情况、新情况，如《关于××市××商场重大火灾事故的报告》。与工作报告相比，情况报告信息性更强。

3.答复报告

这是回复上级机关询问的报告，以答复的方式汇报某项指示的执行结果或反映了解到的社情民意，如《关于××××校大学生演讲比赛××区决赛结果有关情况的报告》。从内容上看，回复报告也属于工作报告和情况报告，但它是一种被动行文的报告，不能避而不答，答复内容要有针对性，不能答非所问。

4.报送报告

这是用于向上级报送文件、物件的报告，如《关于报送××区××单位机构设置情况的报告》。

一般而言，情况报告、答复报告和报送报告要写成专题报告。

四、报告与上行性意见的异同

1.相同点

一是行文方向相同，都属于上行文。二是行文内容相近，都是在陈述情况的基础上提出相应的见解和处理办法。

2. 不同点

(1)行文目的不同。报告旨在汇报工作、反映情况，提出见解和处理办法不是关键。上行性意见旨在提出见解和处理办法，陈述情况仅作铺垫。

(2)行文要求不同。报告不要求上级批示。上行性意见要求上级批示或批转。

(3)内容指向不同。同样是陈述情况，报告偏向对工作情况的综合与归纳，而上行性意见偏向对工作中某一重要问题进行分析。同样是提出见解和办法，报告一般不涉及今后具体工作，多针对工作中已经存在的普遍性问题，上行性意见则针对下一步工作(尤其是某项新工作)中的特定问题。

此外，标题中带有"报告"二字的行业文书，如"调查报告""审计报告""评估报告"等，是行业部门从事业务活动的常用文书，不属于党政公文范畴，注意不要与作为公文的报告混淆。

五、报告的写法

报告由标题、主送机关、正文、落款四部分组成。

1. 标题

报告的标题一般有两种形式：一是由"发文机关名称+事由+文种"组成，如《××省环境保护厅关于××××年开展×××试点工作情况的报告》；二是由"事由+文种"组成，如《关于抢险抗灾工作及灾后重建安排的报告》。有的报告内容紧急，还要在文种前加"紧急"二字。

2. 主送机关

报告的主送机关只能写一个，即直接上级机关，不能多头主送。受双重领导的机关在呈送报告时，根据需要同时抄送另一个领导机关。

3. 正文

报告的正文一般由缘由、事项和结语三部分构成。

(1)缘由。概括说明报告的原因、目的和根据，有时还需要交代背景。段末常用"现将有关情况报告如下"等过渡语引出报告事项。

(2)事项。这是正文的主体、核心。其基本构成大致为：基本情况、成绩与经验、问题与教训、今后的设想。一般宜采用条列式结构，分条列项安排内容，务求条理清晰，层次井然。

(3)结语。结语通常以"特此报告""特此报告，请审阅""以上报告如有不妥，请指正"等惯用尾语作结。

不同类型的报告，因内容各异而在正文写法上有所不同：

(1)工作报告。工作报告是向上级汇报工作的报告，其写作关键在于写清"做什么、怎么做"。开头先交代工作背景和总体情况。主体部分陈述具体情况：基本做法、成绩与经验、问题与教训、改进措施。结尾常以"特此报告""特此报告，请审阅”等语作结。

(2)情况报告。情况报告是向上级反映情况的报告，其写作关键在于写清情况及其处理。正文部分一般包括：陈述情况或问题，进行原因分析，提出基本看法（有时可提出处理意见或建议）。比如，写反映事故的报告，其具体内容为：交代事故发生的时间、地点、单位，概述事故经过，进行伤亡人数、直接经济损失的初步估计，说明采取的措施及事故控制情况，对事故起因进行初步分析、判断，表明本单位基本看法，提出处理意见或建议。

(3)答复报告。答复报告是回复上级询问的报告，其写作关键在于写清答复依据和内容。答复依据，即上级要求回答的问题，要写得简要，说明即可。答复内容，即针对上级询问的问题进行回答的具体内容。正文写法较灵活，可先总写依据，后一并答复；也可分写依据，逐一作答。

(4)报送报告。报送报告是向上级报送文件、物件的报告，其写作关键在于说明报送文件、物件情况。其正文极为简短。一般写清楚报送的目的、根据和报送文件、物件的名称、数量，以“请收阅”作结即可。它的附件不可少。

4.落款

在落款处写明发文机关署名、成文日期，并加盖公章。

六、报告写作注意事项

1.如实上报

报告是为了让上级机关了解下情，从而作出正确的决策。因此，报告必须如实反映情况，报告不实将导致上级决策失误，影响大局。汇报成绩不能夸大虚报，反映问题不能文过饰非，均应据实上报。

2.点面结合

“点”是典型的具体事例，“面”指概括的基本情况。写作报告，不能简单地罗列或堆砌具体事例，也不能仅作基本情况的概述，而应将“点”和“面”结合起来，以典型事例突出重点，以情况概述展示全貌，兼具深度和广度。

3.提炼精当

报告反映情况，既要提供大量实际材料，更要本着“去粗存精、去伪存真、由此及彼、由表及里”的态度和方法分析事实、情况，进而提炼出反映事物本质、规律的观点和切实可行的处理办法。提炼要精确恰当，表述要简明扼要。

4.不夹带请示事项

《条例》规定，不得在报告等非请示性公文中夹带请示事项。请示要求上级批复，报告不要求上级答复。

七、范文解析

【例文】

××县人民政府关于××××年安全生产工作情况的报告

××市人民政府：

××××年，我县安全生产工作在市委、市政府的正确领导下，各部门认真贯彻落实安全生产"党政同责、一岗双责"的规定，认真履行职责，全面开展安全生产大检查和隐患排查治理，深化"打非治违"和专项整治工作，强化安全生产教育培训，严格行政执法检查，促进我县安全生产形势持续稳定。根据市政府要求，现将有关情况报告如下：

一、安全生产指标控制情况

……

二、主要工作情况

(一)强化责任担当，狠抓责任落实

……

(二)强化源头治理，筑牢安全防线

……

(三)强化监管执法，全面遏制事故

……

(四)强化安全生产宣传教育培训，营造安全生产良好氛围

……

(五)强化应急管理，严格事故查处

……

三、存在的主要问题

……

四、下阶段安全生产工作重点

……

特此报告，请审阅。

××县人民政府

××××年×月×日

点评

这是一份工作报告。正文开头交代了工作背景和总体情况，并用过渡语"现将有关情况报告如下"引出报告事项。主体部分先概述工作成效，即"安全生产指标

控制情况”,再重点陈述“主要工作情况”,尤其是基本做法,接着指出“存在的主要问题”,进而通过“下阶段安全生产工作重点”述说改进措施。结尾以“特此报告,请审阅”的惯用语作结。内容安排采用条列式结构,条理清晰,层次分明。

【病文】

××区防汛指挥部
关于××江堤溃决事故情况的请示报告

市防部:

××××年8月7日凌晨3时40分,我区××江堤上游段4-5号闸口发生溃决。经过5个小时的抢险,堵住决口,并修复了堤坝。

经查明,此次事故发生的原因有两方面:其一是××江堤上游段工程包工头经段长默许,以铁丝代替钢筋进行江堤维修,导致堤坝脆弱不堪,无法承受洪水冲击,这是造成此次决堤事故的直接原因;其二是区××江堤领导对防汛抗洪工作极不重视,内部管理混乱,安全制度不健全,违章作业现象严重,是造成此次决堤的间接原因。

决堤发生后,市政府 、市防汛指挥部十分重视,市长亲赴××江堤一线视察,市防汛指挥部紧急调派人员堵口抢险,事后派遣调查组到事故现场进行勘查,并对事故进行了认真处理,责令区××江堤上游段段长张××停职检查,包工头李××罚款×××元,拟作进一步处理。

这次决堤事故损失惨重,教训十分深刻。区多个乡镇受灾,直接经济损失达××××多万元。

今后,我们要吸取教训,切实加强对防汛抗洪工作的领导,尤其是加强对江堤决口修复工程的管理,及时消除各种不安全的因素和隐患,为广大人民创造良好的生存环境。

妥否,请批示。

××区防汛指挥部
××××年九月十日

点评

这是一份情况报告,其主要问题如下:

1. 标题有误。标题中的“请示报告”混淆了请示与报告。

2. 主送机关有误。主送机关“市防部”不是全称或规范化简称。

3.主体部分有误。开头一般在概述事故经过后说明事故损失，而不应将事故损失放到提出意见处。事故处理与原因分析顺序颠倒，不合事理逻辑和行文规范。

4.结语有误。报告不要求上级批复，不能使用请示的结语。

5.成文日期书写有误。应该使用阿拉伯数字。

改作

××区防汛指挥部

关于××江堤溃决事故情况的报告

××市防汛指挥部：

××××年8月7日凌晨3时40分，我区××江堤上游段4-5号闸口发生溃决。经过5个小时的抢险，堵住决口，并修复了堤坝。区内多个乡镇受灾，直接经济损失达×××多万元。

决堤发生后，市政府、市防汛指挥部十分重视，市长亲赴××江堤一线视察，市防汛指挥部紧急调派人员堵口抢险。事后派遣调查组到事故现场进行勘查，并对事故进行认真处理，责令区××江堤上游段段长张××停职检查，包工头李××罚款×××元，拟作进一步处理。

经查明，此次事故发生的原因有两方面：其一是××江堤上游段工程包工头经段长默许，以铁丝代替钢筋进行江堤维修，导致堤坝脆弱不堪，无法承受洪水冲击，这是造成此次决堤的直接原因；其二是区××江堤领导对防汛抗洪工作极不重视，内部管理混乱，安全制度不健全，违章作业现象严重，这是造成此次事故的间接原因。

这次决堤事故损失惨重，教训十分深刻。今后，我们要吸取教训，切实加强对防汛抗洪工作的领导，尤其是加强对江堤决口修复工程的管理，及时消除各种不安全的因素和隐患，为广大人民创造良好的生存环境。

特此报告。

××区防汛指挥部

××××年9月10日

第三节　函

一、函的适用范围

函是平行文。《条例》规定：函适用于不相隶属机关之间商洽工作、询问和答复问题、请求批准和答复审批事项。

函的适用范围广，使用频率高。在行文的组织关系上，函可以在不同组织系统的任何机关之间行文，可以在同一组织系统内的平行机关（部门）之间行文，还可以在上级机关和下级机关之间行文。在适用的内容上，函主要用于不相隶属机关协商公务、洽谈工作、询问事情、征求意见和答复询问，还可以向上级机关或其他组织机关的业务主管部门请求批准，并由该机关部门答复有关审批事项。

二、函的特点

1. 沟通性。这是函作用上的特点。函用于不相隶属机关之间商洽工作、询问和答复问题、请求批准和答复审批事项，其根本作用是在平等主体之间发挥协调沟通功能。

2. 简便性。这是函写法上的特点。函可以向多种组织机关行文，适用于不同类型的事项，但写作内容均需简明直白，就事论事，一函一事，行文采用的“信函格式”与通用公文格式相比，更为简便灵活。

3. 双向性。这是函行文方向上的特点，函作为平行文，用于不相隶属机关之间，起沟通作用，具有双向性，既有去函，也有复函。

三、函的种类

根据行文方向，函可分为去函和复函。

根据内容和用途，去函可分为以下三类。

1. 商洽函：用于不相隶属机关之间联系、商谈、协调某一问题或某项工作，请求支援。

2. 询问函：用于不相隶属机关之间询问有关事项、征求意见、核查问题。

3. 请批函：用于无隶属关系的机关向业务主管机关请求批准有关事项。

相应地，复函可分为商洽答复函、询问答复函和请批答复函。

四、请批函与请示、请批答复函与批复的异同

（一）请批函与请示的异同

1. 相同点

请批函和请示都可用于请求批准事项。

2. 不同点

（1）行文方向不同。请批函是平行文，请示是上行文。

（2）主送机关不同。请批函的主送机关是没有隶属关系的业务主管部门，请示则向有直接隶属关系的上级机关行文。

（3）行文内容不同。在内容涉及事项的重要程度上，请批函大多涉及一般性事项，请示一般针对重要事项。在内容范围上，请批函仅用于请求批准，请示除了请求批准外，还用于请求指示。

（4）复文方式不同。请批函只能用请批答复函回复。请示用批复作复文。

（二）请批答复函与批复的异同

请批答复函和批复都是被动行文，均对所请求批准的事项进行回复，但有明显的区别：

（1）行文方向不同。请批答复函是平行文，批复是下行文。

（2）主送机关不同。请批答复函向不相隶属机关行文，批复向下级机关行文。

（3）行文内容不同。在内容涉及事项的重要程度上，请批答复函用于答复具体业务事项，批复用于回复重要事项。在内容范围上，请批答复函仅涉及业务主管部门职权范围内的事项审批，批复既可用于批准，又可用于指示。

（4）结尾用语不同。请批答复函结尾常用“特此函复”等用语，而不能使用“此复”一词。批复结尾可用专用结语“此复”作结。

五、函的写法

函由标题、主送机关、正文、落款四部分组成。

1. 标题

函的标题一般有两种形式：一是由“发文机关名称+事由+文种”组成，如《××××总局关于××研究院申报工程咨询单位资质的函》；二是由“事由+文种”组成，如《关于委托××学院举办××人员培训班的函》。复函标题的文种词在“函”字前须加“复”字。

商洽函、询问函和请批函的标题可根据不同类别在“关于”之后，酌情选用“商洽”“询问”“请求”之类的词语，以表明用意，如《××重型机械厂关于商洽教师兼课问题的函》。

2. 主送机关

函的主送机关一般情况下只写一个。如果有时因内容涉及多个机关，也可写多个主送机关。

3. 正文

去函和复函的正文写法不同，下面分别介绍。

去函的正文由三部分构成。第一部分写去函的缘由，简要说明去函的根据、原因、目的。然后用“现将有关事项说明如下”等过渡语引出事项。第二部分写去函事项，直陈需要商洽、询问、请求批准的事项，如果事项单一，可以与缘由合为一段。如果事项较多，宜采取条列式结构。第三部分写结语，常用“特此函告”“专此函达”之类的结语。

复函的正文分三部分。开头写明复函的引据，即引述来函的标题及发文字号，并写明“收悉”二字，然后用“现函复如下”之类的过渡语引入主体。主体写答复意见，针对来函所提事项进行回复，常用“同意”“不同意”等词语表明意见。如果不同意或不完全同意对方请求的事项，应在表态后说明理由，并尽可能给出合理建议。结语部分，常用“特此函复”“专此函答”等语作结。为了避免下行文语气，一般不用“此复”作结语。

4. 落款

在落款处写明发文机关署名、成文日期，并加盖公章。

六、函写作注意事项

1. 内容单一

函内容单一，一般一文一事，不宜一文数事。

2. 文种分明

注意区分请批函与请示、请批答复函与批复的异同，不可错用文种。

3. 格式规范

函行文要规范使用公文特定格式“信函格式”，注意与公文一般格式相区别，如函的发文字号属于“函”字系列，须在文号的机关代字后加“函”一字。

4. 简明谦和

函行文宜简明直白，不宜过分客套，但语气要谦和，忌用命令式语言。

七、范文解析

【例文1】

××××工厂关于商洽教师兼课问题的函

××××学院：

我厂职工档案管理基础培训班拟于2019年4月2日行课，缺少一位档案管理专业课教师,有意聘请贵校××老师来我厂职工档案管理基础培训班兼课。总学时50节,8月下旬结业考试。学时酬金暂拟为人民币150元/节。

专此函达,请予函复。

××××工厂(印章)

2019年3月20日

点评

这是一份商洽函。发文机关“××××工厂”和主送机关“××××学院”不相隶属,双方就教师兼课问题进行商洽。正文缘由部分直陈发函原因,接着明确提出事项要求。结语谦和得体。

【例文2】

××镇人民政府关于询问××钢化玻璃厂销售收入缴税问题的函

××县税务局:

我镇××钢化玻璃厂××牌钢化玻璃的销售收入,县税务局驻镇税务所认为应该缴税。据说省《农村工商税管理征收试行办法》中对乡镇企业有免税的规定,但我府没有这个文件。

特致函贵局,请答复××钢化玻璃厂××牌钢化玻璃的销售收入是否应该缴税。

××镇人民政府

××××年×月×日

点评

这是一份询问函。发文机关“××镇人民政府”和上级机关××县人民政府的业务主管部门“××县税务局”不相隶属。正文先简要说明发函询问的原因,进而明确提出询问的问题。行文简明,语言恰当。

【例文3】

××市卫生局关于增拨××财政经费的复函

××县人民政府:

你府《××县人民政府关于请求增拨××财政经费的函》(×府函〔××××〕××号)收悉。现函复如下:

一、同意增拨××年度××财政经费预算××万元。

二、关于医疗人才队伍不稳定的问题，你县自行解决。

××市卫生局

××××年×月×日

点评

这是一份请批答复函。发文机关“××市卫生局”和主送机关“××县人民政府”不相隶属。标题文种词“函”字前加有“复”字。正文先引述来函标题、文号，并写明“收悉”二字，然后用过渡语“现函复如下”引出下文。主体部分针对来函事项，用“同意”一词明确表态，并对相关问题表达了意见。全文格式规范，用语简明。

【病文】

××县人民政府关于××财政经费的请批函

××市卫生局：

自实施基本药物制度以来，我县积极推进药物采购监督管理工作，已经很努力了，但还是出现了财政拨付预算经费太少与医疗卫生系统正常实际运营费需求非常大的毛病，导致医疗卫生部门收入减少，部分医生不安心工作，一些卫生工作开展不下去。我们恳请你们批准增加××年度财政经费预算××万元，为了确保医疗改革改得好和医疗卫生活动开展得好。关于医疗人才队伍不稳的问题，我们自行解决。

若能得到贵单位批准，我们不胜感激！不周之处，敬请谅解。

××县人民政府

××××年×月×日

点评

这是一份请批函，其主要问题如下：

1.标题有误。标题中的文种词“函”前一般不加修饰语。

2.主体有误。开头不应将缘由要素“为了确保医疗改革改得好和医疗卫生活动开展得好”放到事项“我们恳请你们批准增加××年度财政经费预算××万元”之后。

3.结语有误。请批函应当使用“特此函告”之类的规范结语。

4.语言有误。用词不准，口语化，重复啰唆，过于客套。

【改作】

××县人民政府关于请求增拨××财政经费的函

××市卫生局：

自实施基本药物制度以来，我县积极推行药物采购监督管理工作，但出现财政拨付预算经费不足与医疗卫生部门正常实际运营费用需求大等问题，导致部分医疗卫生工作无法正常开展。为了确保医疗改革工作和医疗卫生活动顺利进行，现将有关事项说明如下：

一、请批准增拨××年度××财政经费预算××万元。

二、关于医疗人才队伍不稳定的问题，我县自行解决。

专此函达，请予函复。

××县人民政府

××××年×月×日

本章小结

请示是“适用于向上级机关请求指示、批准”的公文，属于上行文。请示具有预先性、求复性和单一性等特点。请示可分为请求指示的请示和请求批准的请示。请示由标题、主送机关、正文、落款四部分组成。写作请示要注意事前请示、一文一事、单一主送、不越级行文、不抄送下级。

报告是适用于向上级机关汇报工作、反映情况，回复上级机关询问的公文，属于上行文。报告具有陈述性、汇报性和单向性等特点。报告可分为工作报告、情况报告、答复报告和报送报告。报告由标题、主送机关、正文、落款四部分组成。其中，正文部分因报告种类不同而写法各异。写作报告要注意如实上报、点面结合、提炼精当、不夹带请示事项。

函是适用于不相隶属机关之间商洽工作、询问和答复问题、请求批准和答复审批事项的公文，属于平行文。函具有沟通性、简便性和双向性。根据行文方向，函可分为去函和复函。根据内容、用途，去函可分为商洽函、询问函、请批函，复函可分为商洽答复函、询问答复函和请批答复函。函由标题、主送机关、正文、落款四部分组成。去函的正文由缘由、事项、结语组成。复函的正文由引据、主体和结语构成。写作函要注意内容单一、文种分明、格式规范、简明谦和。

学习评价

请根据以下评价维度、项目、内容和标准,对自己的学习情况进行评价。

维度	项目	内容	标准(满分:100分)		
			不太了解	基本了解	完全了解
知识与技能	了解请示、报告和函的适用范围	请示适用于向上级机关请求指示、批准 报告适用于向上级机关汇报工作、反映情况,回复上级机关询问。 函适用于不相隶属机关之间商洽工作、询问和答复问题、请求批准和答复审批事项	3	6	10
	了解请示、报告和函的特点	请示:预先性、求复性、单一性 报告:陈述性、汇报性、单向性 函:沟通性、简便性、双向性	3	6	10
	了解请示、报告和函的种类	请示分为请求指示的请示和请求批准的请示 报告分为工作报告、情况报告、答复报告和报送报告 根据行文方向,函可分为去函和复函。根据内容、用途,去函可分为商洽函、询问函、请批函。复函也分三类	3	6	10
	了解报告与上行性意见、请批函与请示、请批答复函与批复的异同	报告与上行性意见都是上行文,都是在陈述情况的基础上提出相应的见解和处理办法;在行文目的、行文要求、内容指向上有所区别 请批函与请示都可用于请求批准事项;在行文方向、行文内容和复文方式上有所不同 请批答复函与批复都是被动行文,均对所请求批准的事项进行回复;在行文方向、行文内容、结尾用语上有所不同	3	6	10
过程与方法	掌握请示、报告和函的写法	标题形式	1	3	5
		主送机关	1	3	5
		缘由、事项、结语、落款等	3	6	10

续表

维度	项目	内容	标准(满分:100分)		
			不太了解	基本了解	完全了解
过程与方法	理解请示、报告和函的写作注意事项	请示:事前请示、一文一事、单一主送、一般不能越级、不抄送下级 报告:如实上报、点面结合、提炼精当、不夹带请示事项 函:内容单一、文种分明、格式规范、简明谦和	3	6	10
情感态度与价值观	养成良好的法律意识	注重请示、报告和函的法定性	3	6	10
	养成规范的文体意识	把握请示、报告和函的文体特点 明析报告与上行性意见的异同,把握报告的文体特点 明析请批函与请示、请批答复函与批复的异同,把握函的文体特点	3	6	10
	养成强烈的写作意识	注重通过写作训练,增强请示、报告和函的写作能力	3	6	10
自评得分					

推荐阅读

1.党政机关公文处理工作条例

2.党政机关公文格式(GB/T 9704-2012)

3.耿云巧,马俊霞.现代应用文写作(第四版)[M].北京:清华大学出版社,2018.

4.高玲,段轩如.应用文写作教程(第三版)[M].北京:中国人民大学出版社,2017.

本节自测

1.填空题

(1)请示的特点有________、________、________。

(2)根据目的、内容的不同,请示可分为________、________。

(3)请示的正文一般由________、________、________三部分构成。

(4)请示在落款处一般要写明________、________,并加盖公章。

(5)报告适用于向上级机关________、________、________。

(6)报告的特点有________、________、________。

(7)根据内容、作用的不同,报告可分为________、________、________、________。

(8)报告正文事项部分的基本构成大致为:________、________、________、________。

(9)函适用于不相隶属机关之间________、________、________。

(10)函的特点有________、________、________。

(11)根据行文方向,函可分为________和________。

(12)根据内容和用途,去函可分为三类:________、________、________。

(13)根据内容和用途,复函可分为________、________、________三类。

(14)函的完全式标题一般由________、________、________组成。

2. 简答题

(1)请简答请示的适用范围。

(2)请简答报告的适用范围。

(3)请简答情况报告正文的基本写法。

(4)请简答函的适用范围。

(5)去函和复函的正文写作有何不同?

3. 论述题

(1)如何理解本章中讲到的请示写作注意事项?

(2)如何理解本章中讲到的报告写作注意事项?

(3)如何理解本章中讲到的函写作注意事项?

4. 实践题

(1)根据下列材料,代青山工商管理学院拟写一份给柳原市教委的请示。

青山工商管理学院是柳原市一所市属高等学校,学校图书馆藏书总共才45万册,远未达到上级的要求。全校现在在校学生已经达到6000人,国家教育部要求大学应该做到生均图书100册。算起来应该有60万册,差了15万册。明年春季教育部将派人来检查学校图书配备情况,学校领导十分着急。他们算了一下,要买回这15万册书最少也要180万元,由于学校现在的经费很紧张,最多只能筹集60万元,因此打算向柳原市教委请求增拨120万元教育经费。

提示:不必标记版头和版记部分。内容要完整,格式要规范,语句可酌情修改。成文日期为2019年4月20日。

(2)根据下面的材料(不必扩充,但要调整顺序),代××省丹阳市商务局写一篇给××省商业厅的报告。

①几点体会:要解决好问题;必须健全规章制度;帮助企业解决实际困难。

②工作措施:县财政局对县商务局,县商务局对公司,公司对班组指导优化组合工作。从领导班子到科室、班组,根据满负荷原则,合理确定劳动力的需要量,科学地定额、定员、定编、定岗;公布上岗条件,招聘招标,平等竞争,双向选择,允许流动;层层承包,订立合同,编外人员实行企业内待业。

③具体步骤和员额的确定:试点历时25天,大致分为四个阶段:学习动员,提高认识;制定基数,确定员额;研究措施,讨论方案;签订合同,搞好小结。

④为了落实《关于开展企业优化劳动组合工作的通知》(×府〔2015〕12号)精神,更好地调动职工的积极性,在县人民政府、县财办分管领导的带领下,组成两个工作组,于2015年4月1日至4月25日,分别帮助经营较好的××公司和较差的××公司进行商业企业优化劳动组合试点。

提示:不必标记版头和版记部分。内容要完整,格式要规范,语句可酌情修改。成文日期:2015年4月28日。

(3)根据下面的信息写函。

永川区商务局拟在本系统举行职工篮球比赛,时间是2019年11月中下旬的双休日。为此,向永川中学借用篮球场4个。该局承诺支付水电和清洁费用。

提示:

①比赛时间为;24日和30日上午的9:00—11:00。

②成文日期:2019年11月18日。

第四章　指挥类公文

本章概要

本章主要讲解决议、决定、命令(令)、意见、批复、通知、通报七类文种的适用范围、特点、种类、写作要点以及写作注意事项等。采用理论讲解、重点阐释、相近文种辨析、范文解析等形式,分析相关文种的写作要求及技巧。

学习目标

1.掌握决议、决定、命令(令)、意见、批复、通知、通报的基本概念、主要类型、功能作用、编排格式。

2.掌握决议与决定、通知与通报的区别。

3.掌握决议、决定、命令(令)、意见、批复、通知、通报的写作要领。

学习重难点

学习重点

1.理解决议、决定、命令(令)、意见、批复、通知、通报的文体特点。

2.掌握决议、决定、命令(令)、意见、批复、通知、通报的写作要领。

学习难点

形成规范的文体意识,辨析决议与决定,通知与通告、通报的区别。

思维导图

- 指挥类公文
  - 决议
    - 特点
      - 权威性
      - 指导性
      - 程序性
    - 种类
      - 公布性决议
      - 批准性决议
      - 阐述性决议
  - 决定
    - 特点
      - 权威性
      - 指挥性
    - 种类
      - 法规政策性决定
      - 重要事项或重大行动的决定
      - 任免决定
      - 奖惩性决定
      - 变更或撤销性决定
  - 命令(令)
    - 特点
      - 权威性
      - 强制性
      - 严肃性
    - 种类
      - 发布令
      - 行政令
      - 任免令
      - 嘉奖令
  - 意见
    - 特点
      - 行文方向灵活性
      - 内容多样性
      - 作用多用性
    - 种类
      - 指导性意见
      - 实施性意见
      - 建议性意见
      - 评估性意见
  - 批复
    - 特点
      - 权威性
      - 针对性
      - 时效性
    - 种类
      - 指示类批复
      - 表态类批复
  - 通知
    - 特点
      - 适用的广泛性
      - 功能的多样性
      - 一定的指令性
      - 较强的时效性
    - 种类
      - 发布性通知
      - 指示性通知
      - 一般事项性通知
      - 批转、转发性通知
      - 会议通知
      - 任免通知
  - 通报
    - 特点
      - 通报事实的典型性
      - 使用的广泛性
      - 行文的及时性
      - 态度的倾向性
    - 种类
      - 情况通报
      - 表彰性通报
      - 批评性通报

在党政机关、社会团体及企事业单位公务活动中，决议、决定、命令(令)、意见、批复、通知、通报七类指挥类文种具有较强的政策性、权威性和约束力，使用较为广泛。准确掌握这几类文种的适用范围，正确撰制公文，对于确保政令畅通、促进工作有效开展，具有重要意义。

第一节　决议

一、决议的适用范围

决议是《条例》中新增的公文种类，适用于会议讨论通过的重大决策事项。

决议指党的领导机关就某类重大问题或重要事项，按照法定程序，召开会议进行讨论，表决通过相关决策，并要求贯彻执行的指令性公文。也是某些企业使用的公文之一。

二、决议的特点

(一)权威性

决议要经过党的会议讨论通过才能生效，并由党的领导机关发布，是党的领导机关意志的体现。决议的内容事关重要决策事项，一经公布，在权限范围内必须贯彻执行。

(二)指导性

决议表述的观点和对事项的评价，在权限范围内具有指导意义。

(三)程序性

事项须严格按照法定程序，召开会议，开展讨论并进行表决，通过后方能形成决议，具有严格的程序性。

三、决议的种类

(一)公布性决议

用来公布经会议批准的某种法规、提案、会议决定的重大事项等。

(二)批准性决议

用来肯定或否定某项议案。

(三)阐述性决议

用来对某些重大问题作出结论并进行具体阐述。

四、决议的写作要求

(一)标题

标题由“发文机关(或会议名称)+事由+文种”构成,如《中共中央关于党的百年奋斗重大成就和历史经验的决议》。

标题下方正文之前,用括号标注该决议正式通过的会议名称和日期,如标题中已有会议名称,则只需写明决议正式通过的具体日期,一般形式为:××××年×月×日××××代表大会常务委员会第××次会议通过。

(二)正文

正文一般由依据、主体和结语三部分组成。

依据。简要说明决议涉及事项的情况,陈述作出决议的原因、根据、背景、目的或意义等。

主体。写明会议通过的决议事项,或对有关工作作出的部署安排和要求、措施,或对有关文件、事项作出的评价、决定等。

结语。一般针对决议事项有指向性地提出希望、号召和执行要求等。有些决议可省略此部分。

五、决议写作的注意事项

(1) 决议是会议类公文,原则上只有通过经法定程序召开的会议表决才能形成决议。

(2)决议适用于讨论通过的重大事项。一般工作会议、专题会议或临时性会议决定的事项不使用决议,可采用会议纪要的形式行文。某些单项事项,即使会议讨论通过,也不使用决议行文,而由会议的常设机构以决定的形式行文。

(3)决议写作以正面阐述为主,常用“会议认为”“会议强调”“会议号召”等作段首语。用语要求逻辑严密、条理分明、慎重精准。

(4)决议不使用发文机关署名、成文日期和盖章,无主送机关。决议在产生会议的范围、辖区、行业、系统内有效。

六、范文解析

【例文1】

中共中央关于党的百年奋斗重大成就和历史经验的决议

（2021年11月11日中国共产党第十九届中央委员会第六次全体会议通过）

（正文略）

点评

《中共中央关于党的百年奋斗重大成就和历史经验的决议》是中国共产党的第三个历史决议。决议立足党的百年奋斗，科学回答了过去我们为什么能够成功、未来我们怎样才能继续成功的历史之问和时代之问。决议是中国共产党站在新的百年征程起点上交出的成绩单、发出的宣言书，深刻彰显百年大党的清醒和成熟，深刻显示新时代中国共产党人的历史自信。

【例文2】

江苏省第十三届人民代表大会第五次会议关于政府工作报告的决议

（2022年1月23日江苏省第十三届人民代表大会第五次会议通过）

江苏省第十三届人民代表大会第五次会议听取和审议了许昆林代省长所作的政府工作报告。会议充分肯定省政府2021年工作，同意报告提出的2022年全省经济社会发展总体要求、主要目标和重点任务，决定批准这个报告。

会议号召，全省人民要更加紧密地团结在以习近平同志为核心的党中央周围，坚持以习近平新时代中国特色社会主义思想为指导，全面贯彻党的十九大和十九届历次全会精神，认真落实习近平总书记对江苏工作重要指示精神，自觉践行、忠诚捍卫“两个确立”，增强“四个意识”，坚定“四个自信”，做到“两个维护”，在省委坚强领导下，弘扬伟大建党精神，紧紧围绕省第十四次党代会确定的目标任务，坚持稳中求进工作总基调，稳字当头，牢牢把握新发展阶段，完整、准确、全面贯彻新发展理念，服务构建新发展格局，着力推动高质量发展，团结奋斗、勇毅前行，切实扛起“争当表率、争做示范、走在前列”光荣使命，奋力谱写“强富美高”新江苏现代化建设新篇章，以实际行动迎接党的二十大胜利召开！

点评

人民代表大会制度根据民主集中制的原则，按照《中华人民共和国宪法》和《中华人民共和国地方各级人民代表大会和地方各级人民政府组织法》规定，行使相关职权。江苏省第十三届人民代表大会第五次会议审议、审查了《政府工作报告》等多个报告，并形成《江苏省第十三届人民代表大会第五次会议关于政府工作报告的决议》等六个决议。

第二节　决定

一、决定的适用范围

根据《条例》，决定适用于对重要事项作出决策和部署、奖惩有关单位和人员、变更或者撤销下级机关不适当的决定事项。

二、决定的特点

（一）权威性

决定是一种权威性很强的下行文，是上级针对重要事项和重大行动，经重要会议或领导班子研究通过后，对所辖范围内的工作所做的安排。决定一经发布，即对受文单位具有很强的约束力，须遵照执行。

例如《国务院关于取消和调整一批罚款事项的决定》，就要求“国务院有关部门要自本决定印发之日起60日内向国务院报送有关行政法规修改草案送审稿，并完成有关部门规章修改和废止工作，部门规章需要根据修改后的行政法规调整的，要在相关行政法规公布后60日内完成修改和废止工作。罚款事项取消后，确需制定替代监管措施的，有关部门要依法认真研究，严格落实监管责任，创新和完善监管方法，规范监管程序，提高监管的科学性和精准性，进一步提升监管效能，为推动高质量发展提供有力支撑”。该决定从内容到口气，都坚定确凿，不容置疑，体现了决定的权威性特点。

（二）指挥性

决定在对重要事项进行决策时，同时也提出工作任务、具体措施和实施方案，要求受文单位依照执行。

例如《中共中央 国务院关于优化生育政策促进人口长期均衡发展的决定》，就优化生育政策，实施一对夫妻可以生育三个子女政策，并取消社会抚养费等制约措施，清理和废止相关处罚规定，配套实施积极生育支持措施，作出如下安排：组织实施好三孩生育政策，提高优生优育服务水平，发展普惠托育服务体系，降低生育、养育、教育成本，加强政策调整有序衔接，强化组织实施保障。该决定明确了优化生育政策、促进人口长期均衡发展的意义、指导思想、主要原则和目标，指挥相关单位统一思想，大力行动，促进工作的顺利开展，并取得预期效果。

三、决定的种类

（一）法规政策性决定

主要包括建立、修订某项法规，贯彻、落实某项法律法规等内容。例如《中国银保监会关于修改部分行政许可规章的决定》《交通运输部关于修改〈民用航空器国籍登记规定〉的决定》《国务院关于实施动产和权利担保统一登记的决定》。

（二）重要事项或重大行动的决定

主要包括对某类重要事项或重大行动作出决策，传达会议的特殊决议，批准会议研讨的某些事项，对某领域犯罪行为进行专项打击等，一般要阐述基本原则，提出工作任务、方案、措施、要求等。例如《国务院关于授权和委托用地审批权的决定》《全国人民代表大会常务委员会关于批准〈中华人民共和国和智利共和国引渡条约〉的决定》。

（三）任免决定

主要是对人事进行任免。

（四）奖惩性决定

主要包括对一些事迹突出、有典型意义的先进个人或集体进行表彰，或者对一些影响较大、群众关心的事故、错误进行处理。例如《国务院关于2020年度国家科学技术奖励的决定》《中共中央组织部关于表彰全国优秀县委书记的决定》《国务院关于大兴安岭特大森林火灾事故的处理决定》。

（五）变更或撤销性决定

主要用于变更或撤销本级机关或下级机关不适当决定事项。

四、决定的写作要求

（一）标题

标题由“发文机关+事由+文种”构成，要求准确反映决定的主要内容。如《中共中央国务院关于表彰全国“人民满意的公务员”和“人民满意的公务员集体”的决定》。如需明确通过决定的会议名称,则可将其标注于标题下方。

(二)主送机关

如果该决定是在一定范围内发送,要写明送达的机关。如果是普发性决定,可以不写主送机关。

(三)正文

正文一般由决定的依据、决定的事项、结语三部分组成。

开头阐明做此决定的原因、依据、目的以及意义,事项依据要充分,用语要准确,用“特作出如下决定”“特决定如下”与后面部分衔接。

决定的事项要写得明确、具体、详尽,要阐明对有关事项或行动的意见、要求、方法、措施等内容;任免决定、奖惩性决定、变更或撤销性决定,事由阐述要简明准确,对人和事的评价要实事求是。

结语部分提出希望、号召和要求。

(四)发文机关署名、成文日期

决定的发文机关署名和成文日期与其他行政公文一样。

五、范文解析

【例文1】

国务院关于授权和委托用地审批权的决定

国发〔2020〕4号

各省、自治区、直辖市人民政府,国务院各部委、各直属机构:

为贯彻落实党的十九届四中全会和中央经济工作会议精神,根据《中华人民共和国土地管理法》相关规定,在严格保护耕地、节约集约用地的前提下,进一步深化“放管服”改革,改革土地管理制度,赋予省级人民政府更大用地自主权,现决定如下:

一、将国务院可以授权的永久基本农田以外的农用地转为建设用地审批事项授权各省、自治区、直辖市人民政府批准。自本决定发布之日起,按照《中华人民共和国土地管理法》第四十四条第三款规定,对国务院批准土地利用总体规划的城市在建设用地规模范围内,按土地利用年度计划分批次将永久基本农田以外的农用地转为建设用地的,国务院授权各省、自治区、直辖市人民政府批准;按照《中华人民共和国土地管理法》第四十四条第四款规定,对在土地利用总体规划确定的城市和村庄、集镇建设用地规模范围外，将永久基本农田以外的农用地转为建设用地的，国务院授权各省、自治区、直辖市人民政府批准。

二、试点将永久基本农田转为建设用地和国务院批准土地征收审批事项委托部分省、自治区、直辖市人民政府批准。自本决定发布之日起，对《中华人民共和国土地管理法》第四十四条第二款规定的永久基本农田转为建设用地审批事项，以及第四十六条第一款规定的永久基本农田、永久基本农田以外的耕地超过三十五公顷的、其他土地超过七十公顷的土地征收审批事项，国务院委托部分试点省、自治区、直辖市人民政府批准。首批试点省份为北京、天津、上海、江苏、浙江、安徽、广东、重庆，试点期限1年，具体实施方案由试点省份人民政府制订并报自然资源部备案。国务院将建立健全省级人民政府用地审批工作评价机制，根据各省、自治区、直辖市的土地管理水平综合评估结果，对试点省份进行动态调整，对连续排名靠后或考核不合格的试点省份，国务院将收回委托。

三、有关要求。各省、自治区、直辖市人民政府要按照法律、行政法规和有关政策规定，严格审查把关，特别要严格审查涉及占用永久基本农田、生态保护红线、自然保护区的用地，切实保护耕地，节约集约用地，盘活存量土地，维护被征地农民合法权益，确保相关用地审批权"放得下、接得住、管得好"。各省、自治区、直辖市人民政府不得将承接的用地审批权进一步授权或委托。

自然资源部要加强对各省、自治区、直辖市人民政府用地审批工作的指导和服务，明确审批要求和标准，切实提高审批质量和效率；要采取"双随机、一公开"等方式，加强对用地审批情况的监督检查，发现违规问题及时督促纠正，重大问题及时向国务院报告。

国务院

2020年3月1日

（此件公开发布）

点评

该决定全文仅三条、千余字，包括国务院的"授权"和"委托"两项内容，是呼应新修改的《中华人民共和国土地管理法》，进一步深化"放管服"改革，赋予省级人民政府更大用地自主权的一项举措。决定具有政策性、指挥性导向，以严格的引导规范和督查监管为基础，要求各试点省份拟定实施方案。

【例文2】

××市人民政府关于对××等5人有突出表现的见义勇为群体进行奖励的决定

各区（市）县政府（管委会），市政府各部门，有关单位：

近年来，在加快推进平安××建设进程中，我市涌现出一批见义勇为先进典型。他们在人民群众生命财产安全受到威胁时，不顾安危、不计得失、挺身而出，积极参与事故抢险救援，谱写了时代正气之歌，弘扬了中华民族传统美德。根据××××有关规定，市政府决定对××、××、××、××、××5人有突出表现的见义勇为群体给予奖励。

全市广大干部群众要以先进典型为榜样，学习他们临危不惧、见义勇为的英雄精神，学习他们无私奉献、舍己为人的高尚情操，学习他们勇担时代使命和社会责任的可贵品质。各区(市)县、市政府各部门要认真贯彻落实××××，深入挖掘和广泛宣传见义勇为的先进群体、个人和典型事迹，关心见义勇为人员及其家属，在全社会掀起“讴歌英雄、学习英雄、争当英雄”的热潮，为全面建设践行新发展理念的公园城市示范区作出积极贡献。

附件：××等5人有突出表现的见义勇为群体先进事迹

××市人民政府

××年××月××日

点评

该决定旨在对有突出表现的见义勇为群体进行奖励。首先是对表彰对象的突出事迹、典型意义进行概括，引述奖励依据，给予相应奖励。随后对广大干部群众提出学习号召，对各区(市)县、市政府各部门提出贯彻落实相关规定条例的要求。

第三节 命令(令)

一、命令(令)的适用范围

根据《条例》，命令(令)适用于公布行政法规和规章、宣布施行重大强制性措施、批准授予和晋升衔级、嘉奖有关单位和人员。

根据《中华人民共和国宪法》，中华人民共和国主席、国务院、国务院各部和各委员会、县级以上的地方各级人民政府有权发布命令。除此之外的任何国家机关和个人，例如地方政府的各个职能部门、各群众团体、各企事业单位，都不能发布命令。

二、命令(令)的特点

(一)权威性

命令(令)由国家权力机关和部门依照宪法发布，具有至高的领导作用和强制执行的特征。

（二）强制性

命令（令）是宪法和法律赋予国家机关或负责人对重要工作进行决策指挥的权力，集中反映党和国家的方针、政策，直接体现相应行政机关的意志。命令（令）一经发布，有关下级机关或人员须无条件服从和执行。

（三）严肃性

命令（令）既是实施指挥的依据，又是执行的依据，具有极其严格的法律限制。命令（令）内容严谨，文字准确，篇幅精简，语气果断，明确提出要求、作出规定。

三、命令（令）的种类

根据命令的内容、性质和用途，可分为发布令、行政令、任免令、嘉奖令等。

（一）发布令

主要用于依照有关法律规定，公布行政法规和规章。

（二）行政令

主要用于宣布施行重大强制性措施。

（三）任免令

主要用于公布领导干部职务任免事项。

（四）嘉奖令

主要用于表彰、奖励有杰出成就或突出贡献的单位或人员。

四、命令（令）的写作要求

《党政机关公文格式》（GB/T 9704—2012）将命令（令）作为公文的特定格式进行了规范。命令（令）一般由发文机关标志、令号、正文、落款组成。

（一）发文机关标志、令号

发文机关标志由发文机关全称加“命令”或“令”组成。

令号按发文机关或签发人在该届任期内所发的命令（令）流水编顺序号，也有的按年度编流水号。

命令(令)不专门标注标题,常以发文机关加令号指称文件,如《中华人民共和国主席令(第一一七号)》《中华人民共和国国务院令第754号》《中华人民共和国交通运输部令2022年第31号》。

命令(令)一般不标注主送机关。

(二)正文

命令(令)一般一文一事,篇幅短小,内容简明扼要。正文要写明发布命令(令)的依据、命令(令)的事项与执行要求。不同内容的命令(令)正文的写作稍有不同。

发布令首先写发布的行政法规和规章的规范化全称;其次写发布的依据,即由什么机关、什么会议、什么时间批准通过的;最后写规章的实施日期。

行政令首先写发布命令的原因、依据;其次写具体的行政措施;最后写执行要求,即有关单位和人员在执行时应遵循的条文;有时还需交代命令的生效时间。

任免令交代任免的依据、任免事项、任免人的姓名及职务。

嘉奖令正文由嘉奖缘由、内容和要求组成。嘉奖缘由要写清楚嘉奖对象的主要事迹和意义;嘉奖内容要写清楚由哪个机关或者会议作出的决定,授予何人、何种荣誉或奖励;嘉奖要求一般是对受文对象发出普遍性的号召和要求。

(三)落款

命令(令)的落款由签发人职务、签名章和成文日期组成。

五、范文解析

【例文1】

中华人民共和国主席令

第一二五号

根据中华人民共和国第十三届全国人民代表大会常务委员会第三十七次会议于2022年10月30日的决定:

免去陈文清的国家安全部部长职务;

任命陈一新为国家安全部部长。

中华人民共和国主席　习近平

2022年10月30日

中华人民共和国国务院令

第754号

依照《中华人民共和国香港特别行政区基本法》的有关规定，根据香港特别行政区选举委员会选举产生的人选，任命李家超为中华人民共和国香港特别行政区第六任行政长官，于2022年7月1日就职。

总理　李克强

2022年5月20日

点评

以上两则为任免令，交代了任免的依据、任免人姓名、职务，以及就职时间。

【例文2】

中华人民共和国教育部令

第51号

《普通话水平测试管理规定》已经2021年11月16日教育部第2次部务会议审议通过，现予公布，自2022年1月1日起施行。

部长　怀进鹏

2021年11月27日

点评

此为发布令，交代了发布法规的全称，通过的会议名称，以及实施的时间、主题明确，内容单一，简明扼要。

第四节　意见

一、意见的适用范围

根据《条例》，意见适用于对重要问题提出见解和处理办法。

二、意见的特点

(一)行文方向灵活性

意见可用于上行文、下行文和平行文。在上行文中，用于对工作提出建议和参考意见，充分发挥参谋作用。在平行文中，可向同级或不相隶属的机关或部门提出有关工作的意见、建议、评估情况、咨询方案等。在下行文中，可对下级遇到的重要问题给予指导、提出解决措施，阐明工作原则、方法和要求等。意见主要用于党政机关，也可用于人民团体、企事业单位。意见行文方向的灵活性，较好地解决了呈转性公文在指导工作中的弹性问题。

（二）内容多样性

意见可用于对工作作出指导、提出要求，也可用于对工作提出建议，或者对工作作出评估、提出批评。意见以解决实际问题为目的而行文，除具有较强的时效性外，提出的办法、措施或要求，应当结合实际、实事求是，具有针对性和可行性。

（三）作用多用性

下行文的意见偏重原则的阐述，具有普遍的指导、规范意义，例如《国务院关于加强数字政府建设的指导意见》《关于盘活行政事业单位国有资产的指导意见》《××县人民政府关于切实加快推进城中村改造的实施意见》。上行文的意见一般具有建议、参考作用，体现下级机关的智慧和责任意识，例如《××省总工会关于深化职工疗休养工作的意见》是××省总工会上报省人民政府的一份建议性意见，《××县关于进一步深化县属国有企业改革的意见》是××县向市人民政府提交的一份建议。不相隶属单位提出的评估、鉴定性意见在公文活动中也使用广泛，例如《关于对××市义务教育均衡发展验收评估的反馈意见》《关于对××市创建国家卫生城市工作的考核鉴定意见》。

三、意见的种类

按照意见的性质和内容，意见主要分为以下四类。

（一）指导性意见

用于上级机关对下级机关进行工作指导。上级机关以意见向下行文，对工作中出现的问题或存在的薄弱环节，阐明指导思想、工作原则，提出工作思路和措施、办法，给下级机关以及时的指导，促进工作的顺利开展。例如《国务院关于支持贵州在新时代西部大开发上闯新路的意见》《四川省人民政府关于加强大熊猫国家公园四川片区建设的意见》。

（二）实施性意见

主要用于上级机关对下级机关相关工作、行为准则等提出规范性要求和措施。

例如《中共中央 国务院关于加强基层治理体系和治理能力现代化建设的意见》《中共中央关于加强对“一把手”和领导班子监督的意见》《××省人民政府办公厅关于承接制造业有序转移的实施意见》。

（三）建议性意见

用于下级机关对上级机关提出相关工作建议，可分为呈报类意见和呈转类意见。呈报类意见是向上级机关提出工作建议、意见，向上级建言献策，以供上级决策参考。例如《××省人民政府学位委员会办公室关于〈中华人民共和国学位条例〉修订建议稿的反馈意见》是××省人民政府学位委员会办公室在征求整理全省高校反馈意见的前提下，提出的相关意见。呈转类意见是职能部门就开展或推动某项工作提出设想和计划，呈送领导机关后，由领导机关批转更大范围的有关方面执行。意见经上级批转后，成为上级机关的指导性意见，同时也就具有了一定的行政约束力。例如《江苏省对外开放办公室关于加快省级开发区建设若干问题的意见》经江苏省人民政府审定后，以通知的形式，批转至各市、县人民政府，省各委、办、厅、局，省各直属单位，并要求“认真贯彻执行”。

（四）评估性意见

主要用于不相隶属组织之间的行文，上行、平行、下行均可。用于业务职能部门或专业机构就某项工作、业务，经过调查、研究或者鉴定、评审后，将鉴定评估结果形成意见送至相关方面。例如《××省征地拆迁社会稳定风险评估意见》《××国际科技合作基地考核评估意见》《××拟采购××设备的可行性论证意见》。

四、意见的写作要求

意见一般由标题、主送机关、正文、落款四部分组成。

（一）标题

标题由“发文机关+事由+文种”构成，有时也可省略发文机关。

（二）主送机关

提行顶格写清楚主送机关名称。如果是批转、转发的意见，在行文形式上按照批转性通知编排。

（三）正文

意见的正文主要包括前言、主体和结尾。

前言简明扼要提出意见的目的和依据，该项工作的意义和重要性。

主体部分一般以条文形式分述目标任务、实施要求、措施办法，或者建议事项、见解、意见等。

意见一般无特殊的结尾。指导性意见常用“以上意见，请结合实际情况贯彻执行”。呈报类意见可在结尾处另起一行，用“以上意见供参考”“以上意见供领导决策参考”为结尾。呈转类意见一般用“以上意见如无不妥，请批转各地执行”之类的语句结尾。

（四）落款

包含发文机关署名、成文日期和印章。经上级机关批转、转发的意见则按照批转性通知处理。

五、意见写作注意事项

（一）要有针对性

提出的意见须在充分调研具体工作和受文单位实际情况的前提下，从实际出发，实事求是、切实可行的。意见要贯彻执行党和国家的方针政策，符合法律法规要求，围绕主题和工作，将问题和工作的性质、特点、政策主张、解决方案等讲清楚。指导性意见更具原则性，理论色彩更重；实施性意见，要写得具体、明确，以便下级单位遵守执行；建议性意见要具体，提出的建议、设想要切实可行；评估性意见要根据事实和数据来说明情况，作出的评价、鉴定、结论要实事求是，恰如其分。

（二）语言要得体

意见写作要注重原则性和灵活性结合、规定性与变通性结合，语言要少用指令性语言，多用指导性、期请性语言，以体现出注意商榷、尊重对方的民主作风。

（三）注重时效

意见是为了解决现实问题，应当及时起草制发，不得延误工作。

六、范文解析

【例文1】

国务院办公厅关于加强入河入海排污口监督管理工作的实施意见

国办函〔2022〕17号

各省、自治区、直辖市人民政府，国务院各部委、各直属机构：

入河入海排污口(以下简称排污口)是指直接或通过管道、沟、渠等排污通道向环境水体排放污水的口门,是流域、海域生态环境保护的重要节点。为加强和规范排污口监督管理,经国务院同意,现提出以下意见:

一、总体要求

(一)指导思想。以习近平新时代中国特色社会主义思想为指导,全面贯彻党的十九大和十九届历次全会精神,深入贯彻习近平生态文明思想,按照党中央、国务院决策部署,坚持精准治污、科学治污、依法治污,以改善生态环境质量为核心,深化排污口设置和管理改革,建立健全责任明晰、设置合理、管理规范的长效监督管理机制,有效管控入河入海污染物排放,不断提升环境治理能力和水平,为建设美丽中国作出积极贡献。

(二)工作原则。

…………

(三)目标任务。

…………

二、开展排查溯源

(四)组织排污口排查……

(五)确定排污口责任主体……

三、实施分类整治

(六)明确排污口分类……

(七)明确整治要求……

(八)依法取缔一批……

(九)清理合并一批……

(十)规范整治一批……

四、严格监督管理

(十一)加强规划引领……

(十二)严格规范审批……

(十三)强化监督管理……

(十四)严格环境执法……

(十五)建设信息平台……

五、加强支撑保障

(十六)加强组织领导……

(十七)严格考核问责……

(十八)强化科技支撑……

（十九）加强公众监督……

国务院办公厅

2022年1月29日

（此件公开发布）

点评

国务院办公厅发布的关于加强入河入海排污口监督管理工作的实施性意见，对加强和规范排污口监督管理提出规范性要求和措施，行文严肃简明，措施具体明确。

【例文2】

成都市人民政府办公厅关于加快推动被撤并乡镇文旅资源活化利用的指导意见

成办发〔2021〕48号

各区（市）县政府（管委会），市级有关部门：

为切实做好乡镇行政区划调整的“后半篇文章”，积极发挥文旅资源价值转化对促进城乡融合发展、乡村振兴的作用，经市政府同意，现就推动被撤并乡镇文旅资源活化利用提出如下意见。

一、总体要求

（一）指导思想

以习近平新时代中国特色社会主义思想为指导，全面贯彻党的十九大和十九届二中、三中、四中、五中全会精神，深入落实省委十一届八次全会和市委十三届八次全会部署，坚持以人民需求为本，以保护传承为脉，以特色文化为魂，创先性挖掘、创造性转化、创新性发展被撤并乡镇文旅资源，因地制宜、上下联动、各方协同，实践探索新时代被撤并乡镇文旅资源活化利用发展路径，加快推动文旅融合、价值转化、品牌塑造，着力打造高质量发展新标杆、城乡融合新典范、巴蜀文化新名片，努力在建设践行新发展理念的公园城市示范区的道路上创新突破、引领示范。

（二）基本原则

坚持保护优先，活态传承。坚持被撤并乡镇空间、历史和价值完整性的有机统一，找准文旅融合发展的结合点，努力实现以保护促发展，以发展强保护。

坚持因地制宜，分类推进。着眼于被撤并乡镇的地域条件、资源禀赋等方面的差异性，区分轻重缓急，采取差异化的保护措施和发展模式，切忌文旅资源开发发展模式简单化、单一化。

坚持统筹规划，整体发展。通过规划引领，增强区域发展的整体性、经济要素的协调性、规划设计的科学性和项目落地的可行性。妥善处理好被撤并乡镇与保留镇的融合关系，优化对被撤并乡镇的规划利用，加快整体发展步伐。

坚持政府引导，市场主体。创造良好的政策环境和市场环境，引导各类资本集聚，做强特色产业、导入优质产业，探索形成文旅融合衍生机制和商业模式，全面提升被撤并乡镇文旅产业核心竞争力和市场影响力。

（三）主要目标

自2021年起，全面摸清全市被撤并乡镇文旅资源现状，以各类规划编制为契机，明确被撤并乡镇文旅资源活化利用定位和发展导向，加快建立健全各项机制。围绕文旅资源较为丰富、基础条件较为成熟的小镇，强化产业核心支撑，优化旅游配套服务，推动农商文旅体深度融合。到2025年，力争打造10个重点示范镇、20个产业培育镇，形成一批“产业有竞争力、旅游有吸引力、文化有影响力”的示范特色镇，辐射带动周边乡镇发展，构筑整体有提升、重点有突破、产业成规模、小镇聚集群的发展态势。

二、工作任务

（一）聚焦科学引导，打造特色乡镇梯次开发新标杆

……

（二）聚焦挖掘活化，探索文旅资源价值转化新路径

……

（三）聚焦融合共生，构建“人城产”文旅发展新范式

……

（四）聚焦提质增效，凝练天府文化品牌塑造新内涵

……

三、保障措施

（一）加强组织保障

……

（二）落实资金保障

……

（三）加强用地保障

……

本意见自2021年6月10日起施行，有效期5年。

成都市人民政府办公厅

2021年5月8日

点评

以上为加快推动被撤并乡镇文旅资源活化利用的指导性意见，在“总体要求”部分阐明了指导思想、基本原则和主要目标，然后提出主要目标和保障措施，原则性较强，重在指导。

第五节　批复

一、批复的适用范围

根据《条例》，批复适用于答复下级机关请示事项。

批复属于指示性下行文，专门针对下级机关的请示而制发，一般是“一请示一批复”，不涉及请示以外的其他事项。答复同级和不相隶属单位的询问使用函，不能使用批复。

二、批复的特点

（一）权威性

批复代表上级机关的权力和意志，批复中提出的答复意见，具有指令作用和协调作用，对下级机关有很强的行政约束力，下级机关必须遵照执行。特别是对于重要事项或问题的答复，具有明显的政策法规作用。

（二）针对性

批复是针对下级机关对某一事项或问题的请示而被动制发的，具有很强的针对性。对下级单位请示事项不管同意与否，受文单位都须作出明确答复。如同意请示事项，批复中除了表明态度外，还可以针对性地对相关事项作出指示，提出执行的注意事项等；如不同意请示事项，须说明原因；如只同意部分事项，除说明原因外，还可提出具体修正完善的意见。

（三）时效性

请示的事项往往是下级单位亟须处理，但在其职权范围、承受能力内难以办理的事项。因此，上级在接到请示后，应尽快研究解决。无论同意与否，都要及时答复，以便下级抓紧实施或另做安排。只有这样，才能切实提高行政效率、促进工作有效开展。

三、批复的种类

按照批复的内容和作用，可以分为指示类批复和表态类批复两类。

(一)指示类批复

指示类批复主要针对下级单位请示中的有关方针、政策、规定等不明确或需进行说明、调整的作相应的指示。指示性批复除了对请示事项作明确答复、提出执行意见外,还会要求相关单位贯彻执行。例如《国务院关于同意在海南自由贸易港暂时调整实施〈中华人民共和国船舶登记条例〉有关规定的批复》,在同意调整实施相关规定后,对海南省交通运输主管部门与海事等部门提出相关要求,并要求海南省人民政府制定具体管理办法,经国务院交通运输主管部门同意后实施。

(二)表态类批复

表态类批复(审批类批复)主要针对下级机关的请示事项给予明确答复。批复的程式比较固定,文字也比较简要。表态类批复以“表态”为主要内容,并在表态后提出贯彻执行要求,例如《国务院关于国家公园空间布局方案的批复》,在原则同意方案后,又在指导思想、组织领导、职责分工三方面提出明确要求。

四、批复的写作要求

批复由标题、主送机关、正文和落款四部分组成。

(一)标题

标题一般由发文机关、事由、文种三要素组成,例如《国务院关于推动毕节高质量发展规划的批复》;也有由发文机关、批复意见、请示机关、事由、文种五要素组成的,例如《教育部关于同意长安大学章程部分条款修改的批复》。标题的事由部分须准确精练地概括出批复事项和具体意见。

(二)主送机关

主送机关为报送请示的单位,即谁请示则答复谁。若需制发更多的相关单位知晓或执行,可在批复给请示机关的同时,一并抄送相关单位。如果标题中已有受文机关名称,也可省略主送机关这一项。

(三)正文

正文主要包括引言、批复内容、结尾三个部分。

引言首先引用下级机关来文名称和发文字号,简要引述来文所请示的事项,然后用“现批复如下”等句式过渡。例如《国务院关于同意信阳高新技术产业开发区升级为国家高新技术产业开发区的批复》的引言部分是“你省关于将信阳高新技术产业开发区升级为国家级高新技术产业开发区的请示收悉。现批复如下:”。

批复内容是批复的关键，针对下级机关请示的事项，须明确答复同意与否或具体指示，有时还需阐述同意或不同意的理由，并提出执行要求，或原则性地提出希望。批复意见要明确，态度要鲜明，措辞要严谨，语言要精准，一般使用“同意”“原则同意”“基本同意”“不同意”等。

批复结尾一般使用程式性的结语，如“此复”“特此批复”“专此批复”等，有时也可省略不写。

（四）落款

包含发文机关署名、成文日期和印章。

五、范文解析

【例文1】

国务院关于同意设立
“中国人民警察节”的批复

国函〔2020〕98号

公安部：

你部关于申请设立“中国人民警察节”的请示收悉。同意自2021年起，将每年1月10日设立为“中国人民警察节”。具体工作由你部商有关部门组织实施。

国务院

2020年7月11日

点评

以上批复中，国务院对公安部提出设立“中国人民警察节”的请示给予明确答复，文字简要，篇幅短小，态度明确。

【例文2】

省政府关于连云港市郁林观石刻群
保护规划（2022—2035）的批复

（苏政复〔2022〕25号）

连云港市人民政府：

你市关于审批郁林观石刻群保护规划的请示（连政发〔2022〕63号）收悉。现批复如下：

一、原则同意《郁林观石刻群保护规划（2022—2035）》（以下简称《规划》）。

二、要严格落实《中华人民共和国文物保护法》等有关法律法规要求，将《规划》统筹纳入当地经济和社会发展规划以及国土空间规划，并认真做好组织实施和监督管理工作，确保文物保护单位本体及周边环境得到有效保护。

三、《规划》中提出的各类文物保护与展示、环境整治、相关基础设施建设等项目，实施前应按程序报批，其中涉及国土空间利用的，应按照国土空间详细规划办理项目规划许可手续。在生态保护红线区域内的各项活动，应符合生态保护红线管控要求。

江苏省人民政府

2022年8月23日

（此件公开发布）

点评

以上为审批类批复，对下级连云港市人民政府请示审批郁林观石刻群保护规划给予了明确答复，原则同意规划后，提出落实要求，写作程式较为固定，文字简要，针对性强。

第六节　通知

一、通知的适用范围

根据《条例》，通知适用于发布、传达要求下级机关执行和有关单位周知或者执行的事项，批转、转发公文。

二、通知的特点

（一）适用的广泛性

通知是各级党政机关、人民团体、企事业单位使用最多的公文。通知的使用主体没有性质、级别的限制，其适用范围广，承载事项多。

（二）功能的多样性

从实际应用来看，通知主要用于下行文，也可用于平行文，但一般不用于上行文。通知几乎具备下行文的主要功能，可用于布置工作、传达指示、晓谕事项、发布规章、批转和转发文件、任免干部等，起着承接上下、联系左右、传递信息、知晓事项、发布规章、中转文件等多方面的功能。

(三)一定的指令性

通知属于传达告知公文,其内容一般具有周知性和执行性,要求受文单位和人员予以配合,认真执行或遵守学习。

(四)较强的时效性

通知制发快捷、运用灵便,通知的事项一般具有较强的时效性,受文单位和人员要在规定的时间内办理完成,不得延误。

三、通知的种类

(一)发布性通知

用于发布一般的行政法规、条例、办法等规章的通知。例如《文化和旅游部办公厅关于印发〈文化和旅游市场信用修复工作指南〉的通知》。

(二)指示性通知

用于上级机关根据工作需要和职责权限,向下级机关交代工作、布置任务、规定政策,具有较强的约束性和指导性,要求下级机关或相关单位认真办理或执行。例如《国务院办公厅关于新形势下进一步加强督查激励的通知》。

(三)一般事项性通知

用于告知下级机关或有关单位人员一般性事务,用途广泛,内容涵盖面广。例如《国务院办公厅关于2022年部分节假日安排的通知》《人力资源社会保障部办公厅 国家发展改革委办公厅 财政部办公厅 国家税务总局办公厅 关于进一步做好阶段性缓缴社会保险费政策实施工作有关问题的通知》。

(四)批转、转发性通知

用于批转下级机关或转发上级机关、不相隶属机关公文。

批转性通知是指上级机关根据工作需要和职权范围,批准并转发下级机关的公文。可对下级机关呈报的请示、报告、意见、纪要、方案、计划、纲要等进行批转,在批转时对公文内容进行评价、说明,并对执行落实提出要求或补充意见。例如《国务院批转治淮会议纪要的通知》《国务院关于批转发展改革委等部门法人和其他组织统一社会信用代码制度建设总体方案的通知》《国务院批转国家发展改革委关于2017年深化经济体制改革重点工作意见的通知》。

转发性通知指上级机关根据工作需要,向所属下级机关转发上级机关、平级机关和不相隶属机关的公文，以传达为主，也可以结合实际提出实施意见，要求下级单位贯彻执行。例如《国务院办公厅转发财政部、国家林草局（国家公园局）关于推进国家公园建设若干财政政策意见的通知》《××市人民政府办公厅关于转发市城管委××市街道座椅增补提升总体工作方案的通知》。

（五）会议通知

用于告知会议信息，提前让有关单位和人员知晓相关信息。例如《××局关于召开××××会议的通知》。

（六）任免通知

用于人员任免、聘用等。例如《教育部关于××任职的通知》《××省人民政府关于××免职的通知》。

四、通知的写作要求

通知一般由标题、主送机关、正文和落款组成。

（一）标题

标题一般由发文机关、事由、文种三要素组成。如事项紧急，可在文种前加“紧急”二字。

发布（印发、颁发）、批转、转发性通知，事由部分由印发、颁发、批转、转发加文件名称组成。有的文件在层层转发过程中，层级过多、标题冗杂，此种情况可省略中间各级转发机关，只保留最初发文机关和源文件名称，例如《××县委转发××省委关于××工作的通知》。也可根据上级文件精神，提炼所转发文件的标题作为事由，省略原文件中的“关于”“的”等，例如《国务院批转国家发展改革委关于2017年深化经济体制改革重点工作意见的通知》，原文件为国家发展改革委《关于2017年深化经济体制改革重点工作的意见》。

（二）主送机关

提行顶格写清楚主送机关名称。通知的主送机关可以是一个，也可以是多个，要注意主送机关名称排列的规范性。

（三）正文

正文包括通知缘由、通知事项、通知要求三个部分。不同种类的通知，其正文的写法有所不同。

发布性通知正文一般较为简短，须写明发布公文的全称（加书名号），发布该公文的意义、目的，提出贯彻执行要求。

指示性通知的正文一般包括发文缘由（目的）、通知的具体事项、执行要求等内容。发文缘由部分应简明扼要地阐述制发通知的依据、理由或目的，并以“现通知如下”“现将有关事项通知如下”“请按以下要求执行”等为衔接语。通知事项须写得明确具体、条理清楚、切实可行，将需要贯彻执行的事项明确传达至受文单位。执行要求部分写法较为灵活，可省略该部分，以“特此通知”结束；也可简单清晰地提出执行要求后，在结尾处写“以上通知，望认真贯彻执行”“以上通知，自发布之日起执行”等；也可准确清晰地分项分条罗列出详细具体的执行要求。

一般事项性通知要写明告知事项、背景或依据，写清楚事项的内容，提出要求。通知涉及的内容要准确无误。

批转、转发性通知的正文首先要写明被批转、转发公文的规范化全称和文号，有的要对行文目的、意义加以说明，并提出贯彻执行的具体要求和措施，以“现转发给你们，请遵照办理”“请认真贯彻执行”“望参照执行”等惯用词句结束。批转性通知具有较强的权威性和指令性，对被批转的公文持有鲜明的态度。有些转发性通知还需结合实际，提出进一步的要求或贯彻执行的具体方法、步骤、措施等。

会议通知的正文，要交代清楚会议名称、召开会议的目的、会议日程、与会人员要求、报到时间地点，以及其他相关事项。

任免通知的正文，要写清楚任免的依据、任免人员的具体职务，以及任免时间、级别待遇、工作安排等。

（四）落款

包含发文机关署名、成文日期和印章。

五、范文解析

【例文1】

交通运输部 国家发展改革委关于印发
《长江干线港口布局及港口岸线保护利用规划》的通知

交规划发〔2022〕110号

上海市、江苏省、浙江省、安徽省、江西省、湖北省、湖南省、重庆市、四川省、贵州省、云南省交通运输厅（局、委）、发展改革委，长江航务管理局：

现将《长江干线港口布局及港口岸线保护利用规划》印发给你们，请认真组织实施。

附件：长江干线港口布局及港口岸线保护利用规划

交通运输部 国家发展改革委

2022年10月18日

（此件有删减）

点评

以上为发布性通知，正文非常简短，仅交代了发布文件的名称，并要求认真组织实施。

【例文2】

××省人民政府关于××任职（免职）的通知

××：

××省人民政府决定任命（免去）：××任××××（××的××职务）。

××省人民政府

××年××月××日

点评

上级单位向下级发布任免的通知具有传达性质，只需写明通知内容，不需写任免依据，行文简单。

第七节　通报

一、通报的适用范围

根据《条例》，通报适用于表彰先进、批评错误、传达重要精神和告知重要情况。

二、通报的特点

（一）通报事实的典型性

无论是传达情况、反映事实，还是表彰或批评的人物、事件，都须具有普遍的教育指导意义。通过对事件、人物情况的介绍分析，总结经验或教训，起到较为广泛的教育指导作用，从而提高认识、促进工作。

（二）使用的广泛性

通报的使用范围广泛，各级党政机关、社会团体、企事业单位都可制发通报；同时，通报所发事项也较多，既可以传达重要会议精神、各级领导有关指示，也可沟通本地区、本系统、本单位的重要情况，还可对有典型意义的人和事进行表彰或批评。

（三）行文的及时性

通报的事项往往跟特定的背景、普遍存在的问题和现象有紧密联系，所以制发通报须及时，注重时效性，以恰到好处地发挥通报的效用。

（四）态度的倾向性

通报的事项须客观真实、实事求是，针对所通报的事实或单位、人员，进行倾向性的评论，是非观念清晰，原则性强，态度鲜明，突显发文机关态度，以起到彰显先进，惩戒错误的作用。

三、通报的种类

根据通报的内容，通报可分为情况通报、表彰性通报、批评性通报三类。

（一）情况通报

用于传达重要精神或重要情况，沟通信息，指导、规范工作等。例如《交通运输部关于保留北京市等14个城市“国家公交都市建设示范城市”称号的通报》。

（二）表彰性通报

用以对事迹突出的先进集体或个人予以表彰。例如《国务院办公厅关于对国务院第九次大督查发现的典型经验做法给予表扬的通报》。

（三）批评性通报

主要用于揭露问题、批评错误，可分为错误典型通报和事故通报。例如《国务院办公厅关于部分债务沉重地区违规兴建楼堂馆所问题的通报》《××省安全生产委员会办公室关于××事故情况的通报》。

四、通报的写作要求

通报一般由标题、主送机关、正文和落款几部分组成。

（一）标题

标题一般由发文机关、事由、文种三要素组成。

（二）主送机关

作为下行文的通报，主送机关通常为下级直属单位。少数普发的周知性通报，可以省略主送机关。

（三）正文

由于通报内容不同，正文写法有所差别。

情况通报首先简述基本事实，说明发布通报的依据、目的、原因等，或简要阐述重要情况的时间、地点、范围、性质、影响等；然后条理分明地列出重要精神或情况；最后提出处理决定、意见或要求。

表彰性通报首先介绍有关单位或个人的先进事迹；然后进行分析评价，揭示其精神实质，提炼出经验，概括典型意义；接着写表彰机关的表彰决定；最后发出号召、希望，或提出要求。

批评性通报首先简明扼要地写清楚被通报对象的主要问题、情节；其次深入挖掘，分析问题、错误的性质，产生的原因，指明危害；再写处理意见和决定；最后提出告诫性要求，指出应从中吸取教训、采取措施，防止类似事件再次发生。

（四）落款

包含发文机关署名、成文日期和印章。

五、范文解析

【例文1】

国家能源局关于2021年度全国可再生能源电力发展监测评价结果的通报

国能发新能〔2022〕82号

各省（自治区、直辖市）能源局、有关省（自治区、直辖市）及新疆生产建设兵团发展改革委，国家电网有限公司、中国南方电网有限责任公司、内蒙古电力（集团）有限责任公司：

为促进可再生能源开发利用，科学评估各地区可再生能源发展状况，根据可再生能源法和《关于建立可再生能源开发利用目标引导制度的指导意见》（国能新能〔2016〕54号）、《关于做好风电、光伏发电全额保障性收购管理工作的通知》（发改能源〔2016〕1150号）、《关于建立健全可再生能源电力消纳保障机制的通知》（发改能源〔2019〕807号）等文件，我局委托国家发展改革委能源研究所汇总有关可再生能源电力建设和运行监测数据，形成了《2021年度全国可再生能源电力发展监测评价报告》（以下简称监测评价报告）。

现将监测评价报告予以通报，以此作为各地区2022年可再生能源开发建设和并网运行的基础数据。请各地区和有关单位高度重视可再生能源电力发展，进一步提高可再生能源利用水平，为助力实现碳达峰碳中和目标任务作出积极贡献。

附件：2021年度全国可再生能源电力发展监测评价报告

国家能源局

2022年8月27日

点评

以上为情况通报，首先交代了开展全国可再生能源电力发展监测评价的缘由、依据、目的，随后公布监测评价报告，并对受文单位提出希望和要求。

【例文2】

国务院办公厅关于对“十三五”时期实行
最严格水资源管理制度成绩突出的
省级人民政府给予表扬的通报

国办函〔2021〕87号

各省、自治区、直辖市人民政府，国务院各部委、各直属机构：

“十三五”时期，在党中央、国务院正确领导下，各地区、各部门采取有力措施，继续实行最严格水资源管理制度，节约用水、取用水监管、水资源保护、河湖管理等各项措施加快落实，取得显著成效。2020年，全国用水总量、用水效率和重要江河湖泊水功能区水质达标率均实现了“十三五”期末控制目标，为经济社会发展提供了重要支撑。

为表扬先进、宣传典型，经国务院同意，对“十三五”时期实行最严格水资源管理制度成绩突出的浙江、江苏、山东、安徽4个省人民政府予以通报表扬。希望受到表扬的地区珍惜荣誉，再接再厉，充分发挥示范引领和带动作用，取得新的更大成绩。

各地区、各部门要认真贯彻党中央、国务院决策部署，立足新发展阶段，完整、准确、全面贯彻新发展理念，构建新发展格局，全面落实“节水优先、空间均衡、系统治理、两手发力”的治水思路，强化水资源刚性约束，坚持以水定城、以水定地、以水定人、以水定产，合理规划人口、城市和产业发展，深入实施国家节水行动，促进经济社会发展方式绿色转型，为推动生态文明建设和经济社会高质量发展提供水安全保障。

国务院办公厅

2021年9月18日

点评

以上为表彰性通报，首先交代了表彰的背景，总结“十三五”时期水资源管理取得了显著成效，然后清晰简练地写明表彰决定，对4个成绩突出的省级人民政府予以通报表扬并提出希望。最后对各地区、各部门提出希望号召。

【例文3】

国家发展改革委办公厅关于违背市场准入负面清单典型案例（第四批）的通报

发改办体改〔2022〕907号

中央和国家机关有关部委、有关直属机构办公厅（室），各省、自治区、直辖市、新疆生产建设兵团发展改革委：

按照《国务院办公厅关于进一步优化营商环境降低市场主体制度性交易成本的意见》（国办发〔2022〕30号）和《国家发展改革委关于建立违背市场准入负面清单案例归集和通报制度的通知》（发改体改〔2021〕1670号）有关工作要求，近期，国家发展改革委会同有关部门、地方发展改革委和第三方机构对违背市场准入负面清单情况进行排查处理，形成《违背市场准入负面清单典型案例及处理情况（第4期）》，现予通报。

请各地区、各部门对照通报所列案例全面自查自纠，认真学习有关经验做法。对主动开展案例排查、整改的云南省发展改革委、云南省西双版纳州、丽江市，山东省发展改革委、山东省滨州市，河南省发展改革委、河南省安阳市提出表扬。请湖南省、广西壮族自治区发展改革委会同有关部门分别对张家界市、钦州市有关案例整改加强督促指导，确保问题有力有序整改到位，有关情况及时报告，国家发展改革委将持续跟踪处理进展。

附件：违背市场准入负面清单典型案例及处理情况（第4期）

国家发展改革委办公厅

2022年10月28日

点评

以上为批评性通报，首先交代了开展排查违背市场准入负面清单工作的背景和依据，对结果进行通报；然后对各地区、各部门提出自查自纠、学习有关经验做法的要求，并对做得好的地区进行表扬；最后要求出现负面案例的地区进行整改。行文简洁明快，言之凿凿，措辞严肃。

本章小结

本章介绍了党政机关公文中的决议、决定、命令(令)、意见、批复、通知、通报七类文种的适用范围、特点、写作要求等。决议适用于会议讨论通过的重大决策事项,具有权威性、指导性、程序性的特点。决定适用于对重要事项作出决策和部署、奖惩有关单位和人员、变更或者撤销下级机关不适当的决定事项,具有权威性、指挥性的特点。命令(令)适用于公布行政法规和规章、宣布施行重大强制性措施、批准授予和晋升衔级、嘉奖有关单位和人员,具有权威性、强制性、严肃性的特点。意见适用于对重要问题提出见解和处理办法,具有行文方向灵活性、内容多样性、作用多用性的特点。批复适用于答复下级机关请示事项,具有权威性、针对性、时效性的特点。通知是各级党政机关、人民团体、企事业单位使用最多的公文,适用于发布、传达要求下级机关执行和有关单位周知或者执行的事项,批转、转发公文,具有适用的广泛性、功能的多样性、一定的指令性、较强的时效性的特点。通报适用于表彰先进、批评错误、传达重要精神和告知重要情况,具有通报事实的典型性、使用的广泛性、行文的及时性、态度的倾向性的特点。

学习评价

请根据以下评价维度、项目、内容和标准,对自己的学习情况进行评价。

维度	项目	内容	标准(满分:100分)		
			不太了解	基本了解	完全了解
知识与技能	了解决议的适用范围和特点	决议适用于会议讨论通过的重大决策事项。具有权威性、指导性、程序性的特点	2	4	6
	了解决定的适用范围和特点	决定适用于对重要事项作出决策和部署、奖惩有关单位和人员、变更或者撤销下级机关不适当的决定事项 决定具有权威性、指挥性的特点	2	4	6
	了解命令(令)的适用范围和特点	命令(令)适用于公布行政法规和规章、宣布施行重大强制性措施、批准授予和晋升衔级、嘉奖有关单位和人员 命令(令)具有权威性、强制性、严肃性的特点	2	4	6

续表

维度	项目	内容	标准(满分:100分)		
			不太了解	基本了解	完全了解
知识与技能	了解意见的适用范围和特点	意见适用于对重要问题提出见解和处理办法 意见具有行文方向灵活性、内容多样性、作用多用性的特点	2	4	6
	了解批复的适用范围和特点	批复适用于答复下级机关请示事项 批复具有权威性、针对性、时效性的特点	2	4	6
	了解通知的适用范围和特点	通知适用于发布、传达要求下级机关执行和有关单位周知或者执行的事项,批转、转发公文 通知具有适用的广泛性、功能的多样性、一定的指令性、较强的时效性的特点	2	4	6
	了解通报的适用范围和特点	通报适用于表彰先进、批评错误、传达重要精神和告知重要情况 通报具有通报事实的典型性、使用的广泛性、行文的及时性、态度的倾向性的特点	2	4	6
过程与方法	了解决议的种类,掌握相应的写作要求及注意事项	决议分为公布性决议、批准性决议、阐述性决议 决议包括标题、正文,正文一般由依据、主体和结语三部分组成	2	4	6
	了解决定的种类,掌握相应的写作要求及注意事项	决定包括法规政策性决定、重要事项或重大行动的决定、任免决定、奖惩性决定、变更或撤销性决定 决定包括标题、主送机关、正文、发文机关署名和成文日期	2	4	6
	了解命令(令)的种类,掌握相应的写作要求及注意事项	命令(令)包括发布令、行政令、任免令、嘉奖令 命令(令)包括发文机关标志、令号、正文和落款	2	4	6

续表

维度	项目	内容	标准(满分:100分)		
			不太了解	基本了解	完全了解
过程与方法	了解意见的种类,掌握相应的写作要求及注意事项	按照意见的性质和内容,主要分为指导性意见、实施性意见、建议性意见、评估性意见四类 意见一般由标题、主送机关、正文、落款四部分组成 意见写作要有针对性、语言要得体、注重时效	2	4	6
	了解批复的种类,掌握相应的写作要求及注意事项	按照批复的内容和作用,可以分为指示性批复和表态性批复两类 批复由标题、主送机关、正文和落款四部分组成	2	4	6
	了解通知的种类,掌握相应的写作要求及注意事项	通知分为发布性通知、指示性通知、一般事项性通知和批转、转发性通知、会议通知、任免通知 通知一般由标题、主送机关、正文和落款四部分组成	2	4	6
	了解通报的种类,掌握相应的写作要求及注意事项	根据通报的内容,通报可分为情况通报、表彰性通报、批评性通报三类 通报一般由标题、主送机关、正文和落款四部分组成	2	4	6
情感态度与价值观	养成规范的文体意识	掌握不同类型指挥类公文的特点及写作要点	2	3	5
	养成良好的文字表达能力	增强公文语言的准确性和权威性	2	3	5
	养成规范的写作意识	加强写作训练,增强指挥类公文的写作能力	2	4	6
自评得分					

推荐阅读

1.段轩如,高玲.应用文写作教程(第4版)[M].北京:中国人民大学出版社,2022.

2.孙秀秋,吴锡山.应用写作教程:数字教材版(第5版)[M].北京:中国人民大学出版社,2021.

3.叶黔达.现代公文写作与处理最新规范·观念·技巧[M].成都:四川人民出版社出版,2021.

本章自测

1.简答题

(1)请简述决议的适用范围、特点和写作注意事项。

(2)请简述决定的适用范围、特点和写作注意事项。

(3)请简述意见的适用范围、特点和写作注意事项。

(4)请简述批复的适用范围、特点和写作注意事项。

(5)请简述通知的适用范围、特点和写作注意事项。

(6)请简述通报的适用范围、特点和写作注意事项。

2.实践题

(1)指出下列表彰性通报的错误,并修改成符合公文要求的通报。

表彰通报

××建筑工程有限公司,切实贯彻《建设工程安全生产管理条例》,严格落实安全生产责任,从未发生生产事故,是我区安全生产企业。为此,区政府决定对××建筑工程有限公司进行通报表彰。

××区政府

2023年1月20日

(2)××大学决定于12月30日举行迎新年联欢晚会,请起草举行晚会的通知。要求格式正确,内容要素齐全,结构清晰,语言简洁。

参考文献

[1]段轩如,高玲.应用文写作教程(第4版)[M].北京:中国人民大学出版社,2022.

[2]孙秀秋，吴锡山.应用写作教程：数字教材版(第5版)[M].北京：中国人民大学出版社，2021.

[3]叶黔达，柯世华.现代公文写作与处理最新规范·观念·技巧(修订本)[M].成都：四川人民出版社，2021.

[4]粟斌.新编应用写作简明教程[M].北京：科学出版社，2012.

[5]严廷德，喻克明，董小伟.(新编)大学生应用文写作[M].天津：天津大学出版社，2015.

第五章　会议类公文

本章概要

本章内容主要包括纪要、议案、领导讲话稿、开幕词和闭幕词的概念、特点、主要类型和写作格式，辨析会议纪要与会议记录等文体的差别等。本章中将根据不同的会议类公文类型，提供相对应的范文作为文体模板示范，并作以精要点评，以帮助学生在学习的过程中获得更为精准的具象习得体验。认真学习本章内容，将有助于全面了解会议类公文的相关知识，从而掌握会议类公文写作的要领。

学习目标

1. 了解会议类公文的概念、特点、主要类型和写作格式。
2. 理解会议类公文的特点，特别是区分会议纪要与会议记录等文体的差别。
3. 掌握会议类公文的写作要领，养成庄重、准确、朴实、精练、严谨、规范的公文写作语言习惯。

学习重难点

学习重点

1. 理解会议类公文的文体特征。
2. 掌握会议类公文的写作要领。

学习难点

培养庄重、准确、朴实、精练、严谨、规范的公文写作语言习惯，辨析会议纪要与会议记录等文体的差别。

思维导图

- 会议类公文
  - 纪要
    - 概念
    - 特点
      - 纪实性
      - 提要性
      - 指导性
    - 主要类型
      - 办公
      - 专题
      - 研讨
    - 与会议记录的区别
      - 内容
      - 性质
      - 功能
  - 议案
    - 概念
    - 特点
      - 法定性
      - 特定性
      - 时效性
      - 程序性
    - 主要类型
      - 立法性
      - 重大决策性
      - 机构变更
      - 任免性
      - 条约批准性
      - 其他建议性
    - 写作格式
  - 领导讲话稿
    - 概念
    - 特点
      - 内容针对性
      - 语言通俗性
      - 时长限定性
    - 主要类型
      - 会议性
      - 一般性
    - 写作
    - 与演讲稿的区别
      - 主体身份
      - 语言性质
  - 开幕词
    - 概念
    - 特点
      - 宣告性
      - 引导性
      - 通俗性
    - 主要类型
      - 一般性
      - 侧重性
    - 写作
  - 闭幕词
    - 概念
    - 特点
      - 总结性
      - 号召性
      - 通俗性
    - 主要类型
      - 一般性
      - 侧重性
    - 写作

会议类公文专指围绕某项会议使用的、直接反映会议精神并为会议服务的有着特定格式、功能的文字材料。通常包括会议通知、记录、简报、纪要、议案、主持词、领导讲话稿及会议致辞等文种。这些文种的文稿质量直接影响到会议或者活动的开展，也关系到领导的发言效果及个人形象。这里，我们选取纪要、议案、领导讲话稿、开幕词和闭幕词这五种相对应用最为广泛的文种进行学习。

第一节　纪要

一、纪要的概念

纪要，也称为会议纪要，指用于记载会议主要情况和议定事项的公文文种。纪要通过归纳整理会议活动的基本情况、会议材料、会议议定事项、会议成果等，综合反映会议精神，使与会者统一认识，以便如实传达和开展工作。

在行文关系上，纪要既可以作为上行文，向上级机关反映情况、汇报工作；也可以作为下行文，下发给下级机关作为开展工作的依据，指导工作的进行；还可以作为平行文，抄送给平行机关或者不相隶属机关，起到交流信息、知照事项的作用。

二、纪要的特点

（一）纪实性

纪要是根据会议的宗旨、议程、会议活动情况、相关会议材料等综合整理出来的公文，必须如实地反映会议内容和会议精神，不得随意增删、更改，也无需对会议或会议的某项内容进行评论。此特点也决定了纪要具有档案凭证备查的作用。

（二）提要性

纪要不同于会议记录，不需要像录音设备一样完整无遗地将与会者的发言一一记载下来，而是要将会议的议题和宗旨，以客观、准确、凝练的语言反映出来，做到既能概括反映会议内容，又能突出会议精神和重点。

（三）指导性

纪要的功能在于记载和传达，其将会议情况、会议精神和会议成果进行如实记载，并以公文的形式传达给相关单位，相关单位以此为依据开展工作，落实会议的议定事项，对工作具有约束和指导作用。

三、纪要的主要类型

纪要一般根据会议类型分类。

（一）办公会议纪要

针对一般例行的日常工作会议而形成的纪要，主要用于研究日常工作安排、工作进度、布置任务等事项。如《××集团有限公司董事会会议纪要》《××区长办公会议纪要》等。

（二）专题会议纪要

为解决、协调某个工作领域或者某项实际问题召开的专门性工作会议而形成的纪要，这类纪要的指导性最强，通常还会明确一些具体的任务分解和工作分工。如《××市农民工工资保障会议纪要》《关于解决××县××小区遗留问题的会议纪要》等。

（三）研讨会议纪要

此类会议以思想交流、观点争鸣、经验介绍为主，通常无需达成统一意见，也无需确定作出具体决议，形成纪要的目的主要是让更多的人了解会议情况。如《第×届××学国际学术研讨会议纪要》《第××次全国××行业学术交流会议纪要》等。

四、纪要的写作格式

不同类型的纪要，其在写作格式上也略有差异。但总体而言，一般纪要包含标题、成文时间、正文、发送范围这几个要素。

（一）标题

会议的标题一般有以下几种格式：

1. 会议名称+文种。如《××市乡镇企业工作会议纪要》《××学会第×届年会纪要》等。

2. 会议名称+纪要内容（事由）+文种。如《××学会第×届理事会第×次会议决议事项纪要》《××市工商联第×届理事会第×次会议决议事项纪要》等。

3. 发文机关名称+纪要内容（事由）+文种。如《××办公室关于×××上访情况通报会议纪要》《××××公司关于进一步做好××产品市场供应工作会议纪要》等。

4. 主标题+副标题。如《儒学研究的回顾与展望——第×届当代新儒学国际学术研讨会议纪要》《凝“新”聚力共话教育发展——××学校新入职青年教师座谈会议纪要》等。

前三种标题多见于办公会议纪要和专题会议纪要，第四种标题常见于研讨会议纪要。

（二）成文时间

即会议通过的日期或者领导人签发纪要文件的日期，用阿拉伯数字表示，如“2022年6月1日”。

排版上成文日期一般加圆弧括号置于标题下方居中位置，也有和发文单位平行的写法。

（三）正文

纪要的正文一般由前言、主体、结语三部分构成。

1.前言

主要用来介绍会议的基本情况，说明会议召开的时间、地点、会议名称、与会人员、会议主持人、会议议程以及会议结果。

2.主体

主体部分是纪要的核心内容，须反映会议的决定事项、主要精神以及任务、要求等。常用的写法有三种：

（1）条项式

即按照会议议程将会议中所讨论、研究的事项分条陈述记载下来，并用序号或小标题标明。这种写法条理清晰，井然有序，便于会后执行。

（2）综述式

即对会议讨论、研究的内容进行梳理整合，按性质分成若干部分，然后逐一概括记载下来。这种写法有利于突出会议中讨论、研究的重点问题，但对执笔人的综述能力有一定的要求。

（3）摘要式

即按照会议中的发言顺序或性质，对发言人的观点、意见进行归纳整理并记载下来。这种写法客观真实，简洁明了，但要注意与会议记录的区别，并非原话尽录，而是摘其要点。

3.结语

一般是对会议作出评价，提出任务，发出号召。也有一些纪要不需要结语，在主体部分结束后即自然结束。

（四）发送范围

纪要的文末一般会注明发送范围，通常是发送给与会人员单位。视具体情况而定，也有扩大范围发送给相关单位，或者标明仅供某范围内部使用（不公开）的情况。纪要的发送主要是为了更好地规范会议精神的贯彻落实。

值得注意的是，与一般公文格式不同，普发性纪要可不署名、不盖公章。

五、纪要与会议记录的区别

纪要和会议记录都是会议公文中常用到的文种。纪要是根据会议记录加工、整理出来的，会议记录是纪要的基础。二者都有记载会议内容的作用，但区别也很明显。

（一）内容上，会议记录须严格按照与会者的发言如实记载，不得随意删减、修改，是会议的原始记载；纪要则须在会议记录的基础上进行梳理、归纳，提炼要点。

（二）性质上，会议记录是会议讨论、发言的实录，属于事务文书；纪要则是根据会议记录整理出来的文件，属于行政公文。

（三）功能上，会议记录一般不作公开、传阅，只是作为会议相关材料进行存档；纪要除存档外，还要求根据发送范围进行传达、传阅，并对其内容、精神进行贯彻落实。

六、范文解析

【例文1】

××县×届政府第×次常务会议纪要

2021年9月17日上午，县政府县长×××在县政府二楼会议室主持召开了县×届政府第×次常务会议。出席会议的有县委常委、常务副县长×××，县委常委、宣传部长、县政府党组成员×××，县委常委、县政府党组成员×××，县委常委、副县长×××，副县长×××、×××、×××、×××，县长助理×××，县政府党组成员×××、×××。列席会议的有×××、×××、×××、×××、×××、×××、×××、×××、×××等。

一、会议传达了全市和谐秀美乡村建设工作推进会议精神并研究贯彻意见

会议指出，建设和谐秀美乡村是省委、省政府为加快推进农村发展方式转变、实现绿色崛起作出的一项重大决策部署。各地、各单位要高度重视，落实专人，明确责任，强化措施，确保高标准、高质量完成建设和谐秀美乡村各项工作任务。

会议明确，1.原则同意《××县××高速公路沿线村庄建设提升工作实施方案》。县政府将按照各乡镇的工程总量、工作进展、整体效果和督查评比情况，通过以奖代补形式确定对各乡镇的奖补资金额度。由×××同志审核把关后行文组织

实施。2.同意成立××县高速公路沿线村庄建设提升工作领导小组，由县政府县长担任组长，县委、县政府分管领导和县委农工部部长担任副组长，其中县政府分管领导担任常务副组长，相关部门和单位主要负责人为成员，领导小组办公室设在县委农工部，由×××同志兼任办公室主任。3.为借鉴外地成功经验，切实做好建设和谐秀美乡村各项工作，由×××同志带队，赴省内其他先进县(区)考察学习，并结合实际，提出具体可行的操作方案。4.近日召开全县和谐秀美乡村建设工作推进会议，由县委农工部具体负责筹备。

二、会议研究了××县创建省级文明城市相关事宜

会议指出，创建省级文明城市工作，既是人民过上小康生活的现实需要，也是提升城市形象的重要途径。各地、各部门要高度重视，全力配合，落实责任，确保圆满完成各项工作任务。

会议明确，原则同意《××县创建省级文明城市工作实施方案》。由×××同志牵头，县文明办负责，对照测评复检有关要求，逐项落实、整改到位，切实做好文明城市测评复检的各项准备工作。

三、会议研究了市政园林管理工作事宜

会议明确，1.为加强我县道路巡查、维修以及城市绿地、广场的养护工作，同意挂牌成立市政园林管理所。2.鉴于市政园林管理所人员不足，同意增加2个事业编制，由县城建局提请县编办研究。3.同意从县财政拨付资金壹拾伍万元到市政园林管理所，用于该所开办费及购置作业工具车。

四、会议研究了《××县安全发展示范城市建设工作方案》

会议指出，安全生产事关人民群众生命财产安全，事关社会和谐稳定。各地、各部门、各生产经营单位务必要高度重视，始终绷紧安全生产这根弦。

会议明确，原则同意《××县安全发展示范城市建设工作方案》，由×××同志负责把关后，以县政府办名义行文组织实施。

……

报：县委书记、副书记，县政府县长，县人大主任，县政协主席，县委常委，县人大副主任，县政府副县长、县长助理，县政府党组成员，县政协副主席。

送：县委办、县人大办、县政协办，人武部政工科。

发：各乡镇人民政府、街道办事处，县政府各部门，县属及驻县各单位。

××县人民政府办公室　　　　　　　　2021年9月20日印发

点评

这是一份正式、完整的××县政府常务会议纪要，格式甚至还包括了版记。该纪要记载传达了若干个会议议题精神。纪要的开头交代了会议组织情况，包括时

间、地点、主持人、参会人等。会议议定的事项清晰、明确，行文条理畅达，格式严谨、规范。

【例文2】

“面向2035科学素养培育”研讨会议纪要

（2020年4月3日）

2020年4月2日下午，由××科普产学研创新联盟、××省科学技术协会和××大学联合主办的“面向2035科学素养培育”研讨会在××大学举行。出席本次研讨会的有××科学技术协会原驻会副主席、中国科普产学研创新联盟理事长×××，××数学会副秘书长、×科院数学院研究员×××，××省科协党组书记、常务副主席×××，××省科学院党组成员、副院长×××，××省教育厅高教处副调研员×××，××省青少年科技活动中心副主任×××。××大学、××市教育局的相关领导、专家和××中学的校长代表参加本次研讨会。会议由××大学校长×××主持。

会议指出，《中国教育现代化2035》的发布，为我国教育体系提供了以教育现代化为主题的中长期战略规划。高校是科技第一生产力和人才第一资源的重要结合点。面向2035，知识碎片化流动更加快速，技术交叉融合比以往任何时候更为深入，跨学科跨专业的新型人才培养模式正在重塑教育的未来。知识传播不再只有学校一个界面，企业、社区和各类专业组织将成为知识的新策源地，企业家、社会创客、人工智能和知识族群将成为新的导师。技术进步是累积性的，但是技术创新却有可能变轨超车。现代化教育的跨界特点恰好为新技术的产生提供了丰富的土壤，为教育强国提供了新技术的储备。

会议强调，科学教育应当是全社会的一个教育体系，而不是单一层面。科学渗入生活的方方面面，是创造新世界的力量。科学的本质是源于实践、服务实践，学校科学教育不能单纯传播科学知识、单纯停留在理论层面上。

会议倡议，当前我国正在实施创新驱动发展战略，推动科技进步，坚持创新驱动已成为新时代我国经济社会发展的客观要求。新形势下如何将科学素养的培育与产学研结合起来，推动科研院所、高校、企业科研设施进一步开放共享，应成为新时期科学发展的一个战略课题。

一、省科协作为全省科普工作的主力军，要深入贯彻落实“哪里有科技工作者，科协工作就要做到哪里”的精神，充分发挥科协组织的桥梁纽带作用，加强与科研机构、高等学校、中小学和广大科技工作者的沟通联系，努力搭建平台、创造条件，为广大科技工作者服务。

二、学校科学教育要点燃学生的兴趣与热情，把科学与实践的距离拉近，让学生学会应用、学会探索、学会方法。要正确认识人生的意义和价值，号召学校、家长、社会引导学生去除浮躁和功利，树立正确的人生观、价值观。

三、开展面向2035教育现代化和高校高考自主招生政策下的科学素养培育、科学普及、科教融合、基础教育课程改革，要尽快把培养科学素养的营地、基地办到基层来，办到大中小学校来，办到科学教育专业来。

点评

这是一篇典型的研讨会议纪要，记载了“面向2035科学素养培育”研讨会的基本情况，便于向与会单位和有关部门传达会议精神，具有参考备忘性质。纪要中议定事项采取综述式方式，用“会议指出”“会议强调”“会议倡议”等惯用词语，上下连贯、一气呵成，内容条理清晰，表述明确。该纪要为普发性纪要，故而文末无需落款及加盖公章，成文日期可用圆括号居中标注在标题下。

第二节　议案

一、议案的概念

议案是指，各级人民政府依照法律程序向同级人民代表大会或人民代表大会常务委员会提请审议属于该人民代表大会或人民代表大会常务委员会职权范围内的有关事项的一种例行公文。

1987年2月发布的《国家行政机关公文处理办法》，尚未将议案列为国家行政机关公文文种，1993年11月修订、发布的《国家行政机关公文处理办法》，将议案正式列入国家行政机关公文文种。[①]由此可见，议案的使用越来越普遍，越来越受重视，也说明我国的法治建设进程在积极推进，依法行政的意识越来越强。

议案作为国家行政机关公文的一种，其功能是提出审议事项或审议请求，其发文单位只能是各级人民政府，其受文单位也只能是同级的人民代表大会或人民代表大会常务委员会，所以，在行文关系上，议案属于平行文，不能越级提出议案，也不能向下级提出议案。

二、议案的特点

（一）法定性

议案的法定性包括制作主体的法定性和受文主体的法定性，即按照规定，发文

① 张浩.通用公文类文字材料写作范本[M].北京：北京工业大学出版社，2012：298.

单位只能是各级人民政府，而受文单位只能是同级的人民代表大会或人民代表大会常务委员会，其他党团组织、社会团体、政府各部门以及企事业单位等均无权提出议案。

（二）特定性

《中华人民共和国宪法》及《中华人民共和国人民代表大会组织法》规定，议案所提出的审议内容，必须是同级的人民代表大会或人民代表大会常务委员会职权范围之内的事项，超出该级人民代表大会或人民代表大会常务委员会职权范围的将不被列为议案。

值得注意的是，议案要求一案一事，不能把几件事情写进一个议案里，否则将因为杂乱无章而影响审议、处理。

（三）时效性

议案的提出必须在同级的人民代表大会或其常务委员会举行会议期间，在其他时间提出将不被列为议案。

（四）程序性

议案的运行程序必须在法律框架内进行，从其制定，到提请，到审议，每一个环节都必须严格按照法定程序来执行。

三、议案的主要类型

议案的分类比较细，主要有如下几种：

（一）立法性议案

立法性议案一般出现在以下两种情况中：一种是政府机关需要制定某项法律、法规，向同级的人民代表大会或人民代表大会常务委员会提出议案，即提请审议许可；另一种是政府机关制定了某项法律、法规，向同级的人民代表大会或人民代表大会常务委员会提出议案，并提请审议通过。如《××市人民政府关于提请审议〈××市城市规划条例（草案）〉的议案》。

（二）重大决策性议案

涉及财政预决算、重大工程建设以及政治、经济、文化、教育、科技、卫生等领域中的重大事项的决策，需要提请人民代表大会或人民代表大会常务委员会审议，这样的议案就属于重大决策性议案。如《国务院关于提请审议兴建长江三峡工程的议案》。

（三）机构变更议案

针对某些重要机构的增设、合并或者撤销，各级人民政府须通过议案向同级人民代表大会或人民代表大会常务委员会提出审议，此类议案即为机构变更议案。如《国务院关于提请审议设立重庆直辖市的议案》。

（四）任免性议案

行政机关向权力机关提请任命、免去或者撤销行政机关人员的职务时，须通过议案向同级人民代表大会或人民代表大会常务委员会提出审议批准，此类议案即为任免性议案。如《××市人民政府关于提请×××等三位同志职务任免的议案》。

（五）条约批准性议案

此类议案一般专用于国务院提请全国人民代表大会或人民代表大会常务委员会批准草签的国际公约（条约），或者是提请批准加入某国际公约（条约）。如《国务院关于提请审议批准〈关于汞的水俣公约〉的议案》。

（六）其他建议性议案

此类议案与建议报告相似，主要是提请一些建议供人民代表大会或人民代表大会常务委员会审议、采纳。如《××省人民政府关于提请设立“××省企业家日”的议案》。

四、议案的写作格式

议案的格式基本是固定的，一般包含标题、发文字号、主送机关、正文和落款这几个要素。

（一）标题

议案的标题一般有两种格式：

1.发文机关+案据+文种。如《国务院关于提请审议〈中华人民共和国劳动法（草案）〉的议案》《××市人民政府关于提请审议批准××生态市建设规划的议案》等。

2.案据+文种。如《关于提请审议设立“杭州西湖日”的议案》《关于提请设立“苏州科学家日”的议案》等。

（二）发文字号

议案的发文字号一般按函字号格式，位于标题右下方，如“×府函〔2021〕24号”。

（三）主送机关

议案的主送机关比较固定，只能是同级的人民代表大会或人民代表大会常务委员会，不能是其他机构，也不能有并列机关。主送机关必须使用全称或者规范化简称，不可以随意简化书写。

（四）正文

议案的正文一般由前言、主体、结语三部分构成。

1.前言

即案据，主要用来介绍议案的事实根据，阐明提出议案的理由或者原因。

2.主体

主体部分一般是提出方案。对于立法性议案，一般解决方案就在法律法规里，所以只需将立法性文件文本作为附件。对于重大决策性议案，则需要将解决方案、决策内容一一列出，供大会审议。对于任免性议案，要将被任免人的姓名和即将被任免的职务详细写明。总而言之，议案不能只提出问题，而没有解决方案。

3.结语

议案的结语即提出审议请求，一般采取模式化用语。如“请审议批准”“请审议决定”“现提请审议”“请审议”等。

（五）落款

落款包括签署和成文时间两部分，标注于文末右下角。

通常议案的签署由政府行政首长来执行，并加盖公章，一般不署机构名称。《中华人民共和国国务院组织法》规定，国务院向全国人民代表大会或者全国人民代表大会常务委员会提出的议案由总理签署。①以此类推，地方各级人民政府提出的议案也都应由政府行政首长执行签署。首长署名前须冠以职务，职务和姓名之间要空一格，或者以冒号连接。如“国务院总理 ×××”“省长×××”等。

议案的成文时间以行政首长签发的日期为准。日期格式为阿拉伯数字注明年、月、日。如“2022年9月29日”。

① 张耀辉，戴永明.简明应用文写作（第三版）[M].北京：高等教育出版社，2018：62.

五、范文解析

【例文1】

××市人民政府关于提请审议
《××市城乡生活垃圾处理条例(修订草案)》的议案

×府函〔2020〕××号

××市人民代表大会常务委员会:

为了规范城乡生活垃圾处理,促进生态文明建设和经济社会可持续发展,根据《中华人民共和国固体废物污染环境防治法》等法律法规,结合本市实际,市政府拟订了《××市城乡生活垃圾处理条例(修订草案)》。该修订草案已经市政府常务会议讨论通过,现提请审议。

附件:《××市城乡生活垃圾处理条例(修订草案)》

××市人民政府市长:×××

2020年×月×日

点评

这是一份立法性议案,由××市人民政府向××市人民代表大会常务委员会提出审议,由××市人民政府市长签署。一般立法性议案提出的解决方案就在法律法规里,所以本议案将待审议的立法性文件文本作为了议案附件。该议案格式规范,要素齐全,行文目的明确,条理清晰紧凑,语言凝练庄重,是一篇规范、严谨的议案范文。

【例文2】

××县人民政府关于提请审议
撤销×××乡、×××乡和××乡设立×××镇、×××镇和××镇的
议案

×府函〔2021〕××号

××县人大常委会:

近年来,×××乡、×××乡和××乡社会经济发展较快,生产总产值、财政收入、人口等主要指标都达到了撤乡设镇的要求,集镇初具规模,各项功能日益完善,为建立适应社会主义市场经济的农村政权体制,推进城镇化进程,在深入开展调查研究和广泛征求意见基础上,现已做好撤乡设镇各项前期工作。撤乡设镇后,×××等三个乡农村经济发展、市场集镇建设以及教育、文化、农业、卫生、社会保障等各项公共公益事业将获得更多的发展机遇。

经县政府常务会议研究,同意撤销×××乡、×××乡和××乡,设立×××

镇、×××镇和××镇。

请予审议。

××县人民政府县长 ×××

2021年×月××日

点评

这是一份县级机构变更议案。该议案实事求是、条理分明地对“撤乡设镇”的案据进行了陈述，思路清晰，结构严谨，目标明确，言简意赅，十分具有说服力。

【例文3】

××县人民政府关于提请审议×××等同志职务任免的议案

×政函〔2022〕××号

××县人大常委会：

根据《中华人民共和国地方各级人民代表大会和地方各级人民政府组织法》的规定和中共××县委×委干〔2022〕××号文件，提请审议以下同志的职务任免：

×××同志任县教育和体育局局长，免去其县教育局局长职务；

×××同志任县自然资源和规划局局长；

免去×××同志的县自然资源和规划局局长职务；

×××同志任县财政局局长，免去其县审计局局长职务；

免去×××同志的县财政局局长职务；

×××同志任县人力资源和社会保障局局长；

免去×××同志的县人力资源和社会保障局局长职务；

×××同志任县市场监督管理局局长；

免去×××同志的县市场监督管理局局长职务；

×××同志任县住房和城乡建设局局长，免去其县生态环境局局长职务；

×××同志任县水利局局长；

免去×××同志的县水利局局长职务；

（略）

请予审议。

附件：提名人工作简历（略）

××县人民政府县长：×××

2022年×月××日

点评

这是一份典型的任免性议案。该议案对主送机关名称采用了规范性简称，正文第一句话“根据《中华人民共和国地方各级人民代表大会和地方各级人民政府组织法》的规定和中共××县委×委干〔2022〕××号文件”即为案据，对于提请任免的人员及职务表述明确，最后以“请予审议”作结，行文规范，内容简洁，要素完备。

第三节　领导讲话稿

一、领导讲话稿的概念

讲话稿，顾名思义，即发表讲话时所使用的文稿，一般有广义和狭义之分。广义的讲话稿是指人们在特定场合发表讲话时文稿的统称；狭义的讲话稿则专指领导讲话稿，即党政机关及企事业单位领导人在各种会议或者活动中发表具有宣传、指示、总结等性质的讲话的文稿，即本节将要学习的内容。

二、领导讲话稿的特点

（一）内容针对性

领导讲话稿的内容必须依据讲话的场合和讲话人的身份来决定。在拟写领导讲话稿之前，要清楚讲话的时间、场合，会议或活动的主题、议题，领导的要求、指示，听众的身份、需求、接受心理、生活习惯等。

（二）语言通俗性

领导讲话稿不同于行政文书，它是通过口头化的表达，将活动目的呈现出来。讲话要易于听众现场理解，应多用短句，少用复句，过于书面化的语言反而会成为交流障碍，影响讲话效果。同时，领导讲话稿的语言还应做到简洁、明了，甚至需要根据场合和听众的要求考虑到现场的互动性。

（三）时长限定性

讲话一般是有时间限制的，应考虑讲话的场合来确定讲话稿的篇幅长短。一般庆典性场合的领导讲话稿较会议性领导讲话稿更为简短，以避免喧宾夺主。

当然，会议性领导讲话稿也不宜过长。早在2011年6月22日，时任中共中央政治局常委、国务院总理的温家宝就在中央国家机关先进基层党组织、优秀共产党员和优秀党务工作者表彰大会上，向中央国家机关党员干部提出改进作风的要求，提倡“少开会、开短会，少讲话、讲短话，少发文、发短文”，要求会议一切从简，反对形式主义。[①]2019年3月11日，中共中央办公厅印发了《关于解决形式主义突出问题为基层减负的通知》，指出“发扬‘短实新’文风，坚决压缩篇幅”；2020年4月14日，中共中央办公厅印发了《关于持续解决困扰基层的形式主义问题为决胜全面建成小康社会提供坚强作风保证的通知》，强调“切实防止文山会海反弹回潮”。所以，会议性领导讲话稿也应避免长篇大论，尽量做到精简务实。

三、领导讲话稿的主要类型

根据讲话场合的不同，领导讲话稿可分为会议性讲话稿和一般性讲话稿。

（一）会议性讲话稿

领导人在各种会议中发表的讲话，具有总结、指示、动员的功能，既可以是对会议议题内容的引领，也可以是对上一阶段工作的总结，还可以是对下一阶段工作的部署。如《在全市信息工作会议上的讲话》《×××校长在班主任工作会上的讲话》等。

（二）一般性讲话稿

通常用于各种庆典、表彰、聚会等场合，发挥祝贺、弘扬、纪念等功用。此类领导讲话稿有事先拟定的，也有没有文稿即兴讲话，事后再整理成发言稿的。如《在烈士纪念日公祭仪式上的讲话》《与时俱进 开创海事仲裁工作新局面——在中国海事仲裁委员会上海分会暨渔业争议解决中心成立庆典上的讲话》等。

四、领导讲话稿的写作要求

领导讲话稿的格式比较简单，主要包含标题、成文日期、署名和正文这几个要素。

（一）标题

1.单标题

（1）讲话人+讲话场合+文种。如《×××同志在全省党的群众路线教育实践活动部署会议上的讲话》《×××会长在××商会成立三十周年庆祝大会上的讲话》等。

（2）讲话场合+文种。如《在中华人民共和国香港特别行政区成立庆典上的讲

① 中央国家机关先进基层党组织、优秀共产党员和优秀党务工作者表彰大会举行[N].光明日报，2011-06-23(3).

话》《在义务教育阶段“双减”工作推进会议上的讲话》等。

2.双标题

由主标题和副标题组成。主标题一般用于概括讲话的主旨，副标题即单标题格式。如《五十年风雨 五十年耕耘——在庆祝×××学院××研究所成立五十周年庆典大会上的讲话》《××农业生态经济探讨——×××副省长在培训班上的讲话》等。

（二）成文日期

即领导人发表讲话的时间，日期用阿拉伯数字表示，如“2022年9月10日”。

排版上一般加圆括号置于标题下方居中位置，也有置于文末右下角位，无特别要求的也可以省略不写。

（三）署名

即讲话人姓名，可用职务+姓名，也可单独用姓名，多为事后整理成文时出现。

排版一般在标题下方居中，可置于成文日期的上方或下方；也可与成文日期一起置于文末右下方，此时署名居日期上方。如标题中已注明讲话人的也可省略不写。

（四）正文

领导讲话稿的正文一般由称谓、前言、主体、结语四部分构成。

1.称谓

对听众的称呼，即讲话的受众群体。排列顺序一般是根据身份、职务由高到低，性别上女士在前、男士在后，年龄上年长者居先，尽可能覆盖全体参与对象。常用的称谓如“各位领导、各位来宾”“女士们、先生们”“各位商界同仁”等。

2.前言

领导讲话稿的前言即用简短的语言对讲话的主要内容进行概括，或者是说明讲话的原因，引出讲话的重点。

3.主体

主体部分是领导讲话稿的核心内容，须反映出讲话的目的和主题。写法上可以按以下结构布局：

（1）按照工作进度

对于会议性讲话稿，多用于此种写法。对前面的工作进行总结，对后面的工作进行部署和安排，对具体工作作出要求和指示。这种写法纲举目张，便于领会执行。

(2)按照时间顺序

这种写法常用于一般性讲话稿,特别是庆典类场合。先是对初期情形的回顾,再对未来的前景进行展望,振奋人心,鼓舞斗志。

(3)按照逻辑关系

常用于针对围绕具体中心议题的场合,结合领导人的经验谈看法。这种写法对讲话人的思维层次、推理水平、表述能力要求较高,讲话稿要求逻辑严密,针对性强。

4.结语

结语用于呼应开头,总结全篇。会议性讲话稿一般是作出总结,发出号召。一般性讲话稿则大都是作出肯定,表达祝愿。

五、领导讲话稿与演讲稿的区别

领导讲话稿与演讲稿虽然都属于公众场合的发言稿,但二者是有区别的。

(一)主体身份不同。领导讲话稿专指领导人进行讲话的文稿,讲话人的身份有一定的级别要求,职务通常高于听众。演讲稿对讲话人的身份没有特殊要求,只要是有发声意愿的人都可以依照场合、主题发表演讲。

(二)语言性质不同。演讲稿不仅仅是发言、讲话,更重要的是一个“演”字。因此,演讲稿往往带有演讲人的鲜明风格和语言魅力,其语言相较于领导讲话稿的平实,更富于鼓动性和感染力,与听众的互动性也更强。

六、范文解析

【例文1】

科研兴校促发展 砥砺奋进强内涵

——在第×届学科建设大会暨第×届科研工作会议上的讲话

(2020年11月××日)

×××

各位老师、同志们:

今天,我们在这里召开第×届学科建设大会暨第×届科研工作会议。适才,×××书记和各位校领导为第×届科研工作先进集体和先进个人颁了奖,××理论研究所的×××博士代表先进集体、××学院的×××博士代表先进个人做了很好的经验交流。成绩来之不易,经验弥足珍贵。在此,我谨代表学校党委和行政向获奖的先进集体和先进个人表示诚挚的祝贺!对大家在科研工作中的辛勤付出表示衷心的感谢!

近年来,学校精心谋划、高屋建瓴,明确提出科研兴校的重要举措,大力实施学科交叉融合战略，有效促进了学科的开放与交流，形成了一批具有自身特色的优势学科，培育了一批相当数量的科研团队，在平台建设、科研创新上取得了长足的进步。

——聚焦学术前沿，育化科研硕果

学校注重顶层设计，紧紧围绕核心竞争力和重大影响力来修改制订相关政策，先后出台了《××大学科研工作量计算办法》《××大学横向科研项目管理办法》《××大学科技成果转化实施办法》《××大学重大科研成果奖励办法（修订稿）》等一系列文件，加大了科研培育和成果奖励的力度，充分发挥政策的导向与激励作用，瞄准科研前沿，有力促进了一系列科研成果产出。

……

——提升学科质量，强化内涵建设

学校坚持对标"新时代高教40条"、"双万计划"、"六卓越一拔尖"计划2.0、第五轮学科评估等要求，优化学科布局，加强科研服务教学能力。

学校于2018年启动"×××××"工程，着力建设××××和×××两个优势学科，×××和×××两个特色学科，×××××、××××和××××××三个培育学科。国际国内研究并重，着力打造人文社科高地，实现思想引领和文化开源；强化学科群基础性、先导性支撑作用，加快建设自然科学阵地；发挥学科群引领示范效应，提升亮点学科整体发展水平；扩大综合交叉和社会服务优势，推进文旅联动，构建新文科、新工科发展模式。

博士点是衡量一个学校综合实力的重要指标，学校将着力加大对拟申报的学科学位点的支持力度，大力推进博士点申报工作，找准差距，弥补不足，增强信心，明确任务，攻坚克难，推动博士点建设各项工作顺利开展。

——推评科研标兵，创建团队平台

为树立科研创新标杆，培养科研创新意识，激发科研创新活力，弘扬科研创新精神，近年来学校十分重视科研团队建设，按照"注重基础学科，强化应用学科，扶持新兴学科"的建设思路，及时启动"×××××"项目建设工程。通过挖掘骨干、培育重点，凝练方向，以期形成以学术带头人、学科带头人为核心，梯队结构合理的科研创新团队，保持可持续的学术科研发展后劲。通过对典型优秀团队的重点扶持，支持他们站起来、走出去，推动他们逐渐在国内乃至国际形成大的影响力，打响学校品牌，推动契合我校特色的重点科研团队发展。

……

——促进校地合作，加强社会服务

学校成立了校地合作办公室（挂靠科研处），发挥学校教育教学、科技成果和旅游开发策划等学科优势，与多方签署战略合作协议，为××省地方经济社会发展提供了智力支持。为加快科技成果转化，充分调动科技成果转化的积极性和创新活力，学校专门出台了《××大学促进科技成果转化实施办法》，并获得“加大全社会研发投入攻坚行动优秀高校”荣誉称号。学校×××教授、×××教授入选××省第×届省情研究首席专家，×××教授、×××教授入选××省第×届省情研究特约研究员。

……

——扩大学术交流，提升学校影响

学校着力打造“××品牌”，形成了以“××讲坛”为代表的特色学术品牌。“××讲坛”邀请专家、学者和国内外知名人士来校作学术报告，面向学生传播人文科学精神，拓宽师生学术视野，触摸学术前沿，开展中华优秀传统文化、红色文化、现代教育理念、艺术修养等专题讲座，致力于普及文化经典，传播社会主义核心价值观，培育具有高视野、高品位、高素质的大学生，成为提升学校重大影响力的学术载体。

……

——布局未来发展，谋划前景目标

“科学技术是第一生产力。”创新驱动发展，科学引领未来。

回顾过去，学校合理把握定位，优化科研布局，积极对接国家、地方、行业需要；积极培育重点研究方向，构建交叉融合、协同发展的科研体系；积极探索，注重创新，打造新的科研增长点。

展望未来，新时期，新目标。在国家建设世界一流大学和一流学科的大背景下，在“十四五”规划谋篇布局的关键酝酿期，在学校步入发展的攻坚期，我们仍然面临着诸多压力，新情况、新问题不断出现。这就要求各部门要撸起袖子加油干，坚持“全校上下一盘棋”，力争在科研创新、校企合作、成果转化等领域取得全方位成就，加快推进学校内涵式发展。

……

老师们，同志们，2020年是总结之年，谋划之年，更是转型之年，大家要深刻把握国内外形势变化蕴含的机遇与挑战，清晰认识学校发展的阶段性特征，坚定科研兴校的决心和信心，聚焦“十三五”规划收官和“十四五”规划编制，统筹做好疫情防控与学校发展的重点工作，继续发扬求是创新、敢为人先的精神，不忘初心、砥砺前行，以十九大精神一以贯之，引领“十四五”发展，坚持在立德树人中培养创新人才，坚持在学科融合中增强造血能力，坚持在“双创”导向中凸显服务水平，坚持在合作办学中构筑先发优势，坚持在深化改革中倡导师生为本，坚持在办学治校中强化党的领导，扎根中国大地的政治信念更加坚定！

谢谢大家！

点评

这是一篇规范的领导讲话稿。标题采取双标题格式，简明扼要，直指主题。成文时间和署名齐全、规范，称谓覆盖了全体与会者。前言部分单刀直入阐明主题背景，主体部分逻辑鲜明，条理清晰，有总结，有指示。结语部分发出号召，呼应前文，并用常规语“谢谢大家”结束全篇。语言平实而不失文采，行文流畅并结构严谨，是领导讲话稿的上乘之作。

【例文2】

在××公司成立二十周年庆祝大会上的讲话

×××

2020年1月10日

同志们，朋友们：

二十年芳华氤氲，二十年风雨兼程。今天，我们怀着无比喜悦和激动的心情，在这里隆重集会，庆祝××公司成立二十周年。在此，我谨代表公司党政工，向在座的各位表示诚挚的问候！并通过你们向全公司干部、职工、家属以及与公司休戚与共的配套企业、协作单位的朋友们致以美好的祝愿。

数易春秋，韶华匆匆；几载耕耘，硕果累累。七千多个日日夜夜，我们携手，从筚路蓝缕处走来，历经了创业的艰辛，也饱尝了丰收的喜悦。二十年前，肩负着“做精做强、战略转移”的使命，××公司应运而生。2000年的今天，这里还是一片荒凉的山坳，先行者们“招兵买马”，实施“五边工程”，开启了艰苦奋斗、可歌可泣的创业历程；先后克服了雨水泛滥成灾、地质结构复杂、资源极度缺乏以及许多无法预知的困难，抢工期、大会战、备生产，最终创造了次年投产、第三年达效的行业奇迹。到今天，通过全体同仁的不懈努力、久久为功，××公司从无到有、由弱变强、快速成长，生产水平和盈利能力不断提升、品牌价值与社会影响与日俱增，各项工作取得了喜人的成绩和长足的发展。

……

二十年芳华路，三千里锦绣篇。××公司二十年的成就和辉煌，是上级领导高瞻远瞩、科学谋划的结果，是公司管理团队顺势而为、锐意进取的结果，更是全体员工团结一心、艰苦奋斗的结果。在此，请允许我代表公司党政工，向所有关心、支持××公司建设发展的各级领导和社会各界朋友表示衷心的感谢，向一直以来默默付出、挥洒汗水的广大干部职工表示衷心的感谢和由衷敬意！向与××公司携手并进、休戚与共的配套企业、协作单位的辛勤付出表示衷心的感谢！

二十年的践行启示我们，必须始终坚持发展信念，紧跟时代节拍，这是事业成功的强大精神动力……

二十年的践行启示我们，必须始终坚持艰苦奋斗，传承传统文化，这是克难制胜的传家之宝……

二十年的践行启示我们，必须始终坚持依靠方针，打造坚强团队，这是持续稳定发展的根本保证……

二十年的践行启示我们，必须始终坚持改革创新，培育核心竞争力，这是应对危机的必由之路……

新时代，新目标，新气象。今天的庆祝大会，既是回首过往，也是再度起航。当前，站在一个新的历史起点，企业迎来十分难得的市场机遇和发展机遇，处于转型升级、阔步向前的关键阶段。公司上下要认真学习贯彻十九大精神，以习近平新时代中国特色社会主义思想武装头脑，既看清形势又把握大势，严格执行安全、环保、质量、能耗等各项法规和要求，在“升级发展”的征程上再立新功。

做精做强、升级发展，是公司打造“百年老店”的必由之路，是我们伟大使命的必然要求。在今后的时间里，公司要将已经初步擘画的蓝图一步步变为实现。综合考虑内外形势与条件，我们大致将分两个步骤来完成。

……

岂知春霁好，万物动芳华。

我们坚信，有上级领导的关怀，有各界朋友的支持，有二十年发展的基础，有广大职工的努力，我们的目标必将实现！

我们坚信，在国家跨入新时代、企业步入新时期的历史方位上，只要我们把握大势，抢抓机遇，保持战略定力，继续一往无前，就一定能够开创更加辉煌的明天！

我们坚信，在“再度起航”的征途上，只要我们不忘初心、不畏艰险，艰苦奋斗、砥砺奋进，一定能够创造出我们心之向往的幸福生活，一定能够不负我们伟大的使命，不负这个伟大的时代。

最后，衷心祝愿各位身体健康，万事如意！祝广大职工和家属生活美满，家庭幸福；祝所有关心、支持、参与××公司建设和发展的同志们生活愉快，工作顺利！谢谢大家！

点评

这是一篇典型的庆典性场合领导讲话稿，采用简洁的单标题格式，前言部分开门见山说明讲话的目的、缘由，主体部分先以时间为序对创业初期进行回顾，后层次分明对二十年业绩作出总结，最后对下一步工作进行部署，发起动员。结语部分对与会者表达良好祝愿，符合该类型领导讲话稿的基本要求。

第四节　开幕词

一、开幕词的概念

开幕词属于讲话稿的一种，用于在某些重大会议或者重大活动开幕时向全体参加人员宣读的文稿，即开幕致辞讲话稿。开幕词往往具有开宗明义的功能。

二、开幕词的特点

（一）宣告性

依照惯例，一般重大会议或者重大活动开始之前，都会由领导或嘉宾作开幕致辞，这是必要的程序，标志着会议或者活动的正式开始。

（二）引导性

开幕词中通常会阐明会议或者活动的主旨、精神、任务、要求及程序安排等，起着定调的作用，引导着会议或者活动朝着既定的方向顺利进行，确保会议或者活动圆满成功。

（三）通俗性

开幕词作为讲话稿的一种，需要保证现场听众的接受和理解。因此，语言上要尽量通俗化、口语化，避免长篇累牍和太书面化。

三、开幕词的主要类型

开幕词根据应对场合的不同通常分为以下两类：

（一）一般性开幕词

对会议或者活动的目的、缘由、议程（流程）、宗旨、精神以及重要参与人员等进行简要介绍。如《××大学校园运动会开幕词》。

（二）侧重性开幕词

对会议或者活动的历史背景、重要意义或者中心议题等重点阐述，其他事项略述。如《开辟合作新起点 谋求发展新动力——在“一带一路”国际合作高峰论坛圆桌峰会上的开幕辞》。

四、开幕词的写作要求

开幕词主要由标题、成文时间、署名、称谓、正文等要素组成，其中成文日期和署名不是必备要素。

（一）标题

1. 单标题

（1）致辞人+事由+文种。如《×××同志在全省×××会议上的开幕词》《×××董事长在×××公司成立大会上的开幕词》等。

（2）事由+文种。如《在学会成立大会上的开幕词》《在××省纪念抗日战争胜利四十周年学术讨论会上致的开幕词》等。

2. 双标题

由主标题和副标题组成。主标题一般用于概括开幕词的主旨，副标题即单标题格式。如《为开创太平天国史研究的新局面作贡献——朱启銮同志在南京太平天国史学会成立大会上致的开幕词》《构建创新、活力、联动、包容的世界经济——在二十国集团领导人杭州峰会上的开幕辞》等。

（二）成文日期

即致辞的时间，多为事后整理成文时出现。日期用阿拉伯数字表示，如“2022年10月1日”。

排版上一般加圆括号置于标题下方居中位置，无特别要求的也可以省略不写。

（三）署名

即致辞人，可用职务+姓名，也可单独用姓名，多为事后整理成文时出现。

排版一般在标题下方居中，可置于成文日期的上方或下方。如标题中已注明讲话人的可省略不写，无特别要求的也可以直接省略不写。

（四）称谓

即开幕词致辞的对象。同讲话稿一样，一般是根据身份、职务由高到低，性别上女士在前、男士在后，年龄上年长者居先，尽可能覆盖全体参与对象。常用的称谓如“各位领导、各位来宾”“女士们、先生们”“尊敬的裁判员、全体运动员”等。

(五)正文

开幕词的正文一般由前言、主体、结语三部分构成。

1.前言

开幕词通常会在前言部分对会议或者活动的举行表示祝贺,并对参与人员进行简要介绍,最后用简短的语言宣布会议或者活动的正式开幕。

2.主体

主体部分是开幕词的重心,一般需包含以下内容:

(1)阐明会议或者活动举行的背景、意义。介绍会议或者活动举行的历史形势、社会影响,分析会议或者活动所要解决的问题。

(2)阐明会议或者活动的指导思想、主要任务。介绍会议或者活动的议程或者流程安排,指明会议或者活动的精神纲领和预期目标。

(3)阐明对会议或者活动参与人员的要求。为保证会议或者活动的顺利进行,对与会人员提出倡议或者要求。

3.结语

结语要求简短、有力,多以呼告性用语引领表达祝愿,如“预祝大会取得圆满成功”等。

五、范文解析

【例文1】

中国共产党××县第××次代表大会开幕词

各位代表、同志们:

在举国上下喜迎建党百年之际,中国共产党××县第××次代表大会隆重开幕了！首先,我代表大会主席团,向来自全县各战线的代表,并通过你们,向全县党员致以亲切的问候和崇高的敬意!

这次党代会,是在我县决胜脱贫攻坚,全面建成小康社会的基础上,聚焦“十四五”开好局、起好步的新形势下,召开的一次十分重要的会议,是全县人民政治生活中的一件盛事。会议的召开,对于动员全县党员干部和广大人民群众,认真学习贯彻习近平新时代中国特色社会主义思想和习近平总书记视察山西重要讲话重要指示,进一步统一思想、凝聚共识,以时不我待、只争朝夕的紧迫感,逆水行舟、不进则退的压力感,使命在肩、枕戈待旦的责任感,继往开来、奋勇争先,如期完成“十四五”规划提出的各项任务,奋力谱写××全面建设社会主义现代化新篇章,具有十分重要的现实意义和深远的历史意义。

本次会议的主要任务是,审议并通过中国共产党××县第十二届委员会和纪律检查委员会工作报告，认真回顾总结县××次党代会以来的各项工作，研究确定今后一个时期经济、政治、文化、社会和生态文明建设的奋斗目标和战略任务，选举产生中国共产党××县第××届委员会、纪律检查委员会。圆满完成大会的各项任务，必将为顺利实现我县“十四五”规划各项目标，提供更加坚强有力的政治和组织保证。

各位代表、同志们！

“历经天华成此景，人间万事出艰辛。”自2016年×月××次党代会召开以来，五年间，县委在省委、市委的正确领导下，总揽全局，协调各方，团结和带领全县广大党员和人民群众，紧紧围绕“生态固本、业态增效”总体思路，克难攻坚，砥砺奋进，开创了政治稳定、经济发展、社会和谐、人民群众安居乐业的大好局面。五年来，我县综合实力大幅提升，产业转型势头强劲，城乡面貌日新月异，能源革命领跑示范，改革开放纵深推进，生态文明底色更亮，民生福祉持续改善，政治生态风清气正。可以说，这五年，是对标看齐、践行忠诚的五年，是着眼转型、聚力发展的五年，是政通人和、百业兴盛的五年，也是××历史上发展最快、变化最大、群众得实惠最多的五年。成绩的取得，离不开全县各级党组织、党员干部和人民群众的众志成城、团结奋斗。借此机会，我以大会的名义，向辛勤劳动、努力工作的全县干部群众以及各民主党派和无党派人士，向奋战在各自工作岗位上的与会代表和列席会议的同志们，致以崇高的敬意和衷心的感谢！

各位代表、同志们！

“雄关漫道真如铁，而今迈步从头越。”当今世界正经历百年未有之大变局，当前和今后一个时期，机遇和挑战都有新的发展变化。未来五年，对于××县来说，是承前启后、继往开来的五年，是与时俱进、负重赶超的五年，也是接受新考验、迎接新挑战的五年，更是我们再创新业绩、开创新局面的五年。优势与短板同在，机遇与挑战并存；任务光荣而艰巨，前景灿烂而辉煌。全县广大党员干部必须胸怀“两个大局”，勇于承担使命责任，立足新发展阶段、贯彻新发展理念、紧抓构建新发展格局机遇，不断增强机遇意识和风险意识，统筹当前和长远、现实和可能、质量和速度，保持战略定力，坚定发展信心，乘势而上、顺势而为，在危机中育先机、于变局中开新局，谋求新突破，开拓新境界，凝聚新力量，确保××县在新一轮县域实力竞争中实现新的跨越！

各位代表、同志们！

新的蓝图鼓舞人心，新的使命催人奋进，新的征程任重道远！中国共产党××县第××次代表大会的成功召开，将直接关系到××县未来五年的前途与发展，关系到广大人民群众的切身利益，关系到实现经济社会高质量转型发展的宏伟目标。希望大家不忘初心，牢记使命，以绝对的忠诚、饱满的激情、务实的作风、负责的态度，发扬优良传统，认真履行职责，圆满完成各项工作任务。我们也坚信，在上级党委的亲切关怀下,在全体代表的共同努力下,我们一定能够把这次代表大会开成一个民主团结、求真务实的大会,开成一个集思广益、凝聚力量的大会,开成一个与时俱进、继往开来的大会,以优异的成绩向党的百年华诞献礼!

预祝大会圆满成功!

点评

这是一份典型的侧重性开幕词,标题采用"事由+文种"的单标题格式,正文主体部分阐明大会召开的时代背景和政治意义,宣告了大会的主要任务,总结了前期工作取得的成绩,并对参会代表和人员提出了工作要求。结语号召有力,表达良好祝愿。全文格调庄重,措辞严谨,主题明确,中心突出。

【例文2】

××省2020年全民营养周暨"5·20"学生营养日宣传活动
开幕词

各位专家,朋友们:

大家上午好!

今天,我们用火一般的热情,迎来了××省2020年全民营养周暨"5·20"学生营养日宣传活动启动仪式在美丽的××大学校园隆重举行。这是关乎全省人民健康的大事。在此,我谨代表××省卫生健康委和××省国民健康卫生工作指导委员会,向活动的热烈举办表示祝贺!向来自全省各个行业的有关领导、专家,表示热烈欢迎!向一直以来关心支持我省健康卫生改革事业发展的各位领导、专家、各界人士表示衷心的感谢!向精心筹办本次活动,付出辛劳的××大学致以崇高的敬意!

营养是人类维持生命和健康的重要物质基础,是实现国民健康长寿的重要因素,身体健康同时也是广大人民群众的共同愿望。历年来,在省委省政府的坚强领导下,我省健康营养事业取得了长足的进步。××省国民营养健康指导委员会和健康××合理膳食专项行动组已经成立,××省国民营养计划的系列文件也已出台,全民营养健康行动向纵深推进。全民健身行动广泛开展,全省学生营养状况持续改善,国民健康素质不断提升。刚刚又成立了我省国民营养健康教育研究中心,这也是全国在各省成立的第一家。可以说,政府引导、社会参与、统筹推进营养健康工作的格局已然形成。

健康是民族昌盛、国家富强的重要标志。那健康的内涵是什么呢?它不仅仅指机体没有疾病,还指人的身体、心理和社会性三方面的良好状态。我们常常说,人生是幸福美好的。对于幸福美好的定义,每个人有每个人的想法,但是不外乎身体没有疾病、心里是健康的，再加上人与人的关系、人与社会的关系是和谐的。这样的人生就是幸福的，就是快乐的。因此，健康一定是快乐必不可少的一个最重要的因素。

那么，影响健康的因素又有哪些呢？经世界卫生组织研究，明确了影响健康的四大因素。第一是生物学因素，占17%；第二是环境因素，占15%；第三是医疗服务因素，只占8%。朋友们，这三项加起来是多少呢？也不过是40%。那么，另外影响健康的60%的因素是什么呢？就是人们的生活方式和行为方式，这是影响健康的最重要的因素。

目前在我们国家，四大慢性非传染性疾病，也就是心脑血管疾病、糖尿病、肿瘤、慢性呼吸道疾病占了整个死亡的80%。就是这四类慢性非传染性疾病导致的死亡占了我们总死亡率的80%。而在我们××省，因慢性非传染病导致的医疗费用支出占整个医疗费用总支出的70%。因此，慢性非传染性疾病是严重威胁我国人民群众身体健康和生命安全的主要因素，也是严重影响和制约经济社会发展的重要因素。因此，怎么样提高和保护人民的身体健康和生命安全，怎么样保障人民健康水平，这是摆在我们各级党委、政府和全社会面前的重大问题。

党中央已经做出了把人民健康摆在优先发展的地位，要大力地实施完善国民健康政策，为人民群众提供全方位、全周期的健康服务。可以说，人民群众对健康的向往，就是我们的奋斗目标，更是我们的神圣使命。策略、方向、目的是什么呢？就是实施健康中国策略。健康中国策略有一个载体，就是推进健康中国行动。所以说，营养又是健康中国行动里面的一个重要组成部分。全民营养健康，尤其是学生的营养健康就显得尤为突出和重要。今年是开展全民营养周活动的第×年，目的就是要通过集中开展营养教育和知识宣传，动员全省的力量共同参与，倡导营养健康理念，推广健康生活方式，加快健康××建设。

朋友们，国民营养健康活动是一件功在当代、利在千秋的大事。我们要以此次活动为契机，进一步创新工作机制，加强部门协作，整合各方力量，以国民营养计划和健康××行动为抓手，为实现健康中国，推进健康××建设，建设富裕、美丽、幸福、现代化××，作出我们新的更大贡献。

现在，我宣布，××省2020年全民营养周活动暨“5·20”中国学生营养日宣传活动正式开幕！

点评

这是一篇活动启动仪式的开幕词，属于一般性开幕词。与侧重性开幕词不同，本文在称谓部分后例行问好，接着在正文部分介绍了活动的缘由、主题和意义，并在结语部分发出动员，号召参与和推进活动，最后宣告活动开幕。全篇主题突出，内容简明扼要，语言通俗直白，达到了开幕词的良好效果。

第五节　闭幕词

一、闭幕词的概念

闭幕词也属于讲话稿的一种，用于在某些重大会议或者重大活动闭幕时向全体参加人员宣读的文稿，即闭幕致辞讲话稿。闭幕词与开幕词相对应，往往具有卒章显志的意味。

二、闭幕词的特点

（一）总结性

依照惯例，一般重大会议或者重大活动闭幕之前，都会由领导或嘉宾作闭幕致辞，这也是必不可少的一道程序，标志着会议或者活动的正式结束。并且，闭幕词通常会对会议或者活动的成果或者影响作出总结、评估和肯定。

（二）号召性

闭幕式的举行往往意味着某项工作告一段落，需要开启下一阶段进程，因此，闭幕词多会在行文中对参与人员发出号召，激励其贯彻、巩固会议或者活动的决心，并增强其开启新进程的信心。虽然只是会议或者活动的尾声，但是只要运用得当，闭幕词同样能把会议或者活动推向高潮，激励斗志，鼓舞人心。

（三）通俗性

闭幕词作为讲话稿的一种，与开幕词一样，需要保证现场听众的接受和理解。因此语言上也要做到通俗易懂，尽量口语化，避免佶屈聱牙。

三、闭幕词的主要类型

与开幕词相相同，根据不同场合，闭幕词通常也分为两类：

（一）一般性闭幕词

对会议或者活动的举办过程、达成效果等进行简要介绍。如《××大学校园文化艺术节闭幕词》。

(二)侧重性闭幕词

对会议或者活动完成的预定任务、形成的共识等进行重点阐述,其他事项略述。如《上海世博会高峰论坛闭幕词》。

四、闭幕词的写作要求

闭幕词的写作格式与开幕词基本相同,一般也是由标题、成文日期、署名、称谓、正文等要素组成,其中成文时间和署名不是必备要素。

(一)标题

1.单标题

(1)致辞人+事由+文种。如《×××同志在全县××××××会议上的闭幕词》《×××会长在××××××学术研讨会上的闭幕词》等。

(2)事由+文种。如《××大学第×次学生代表大会闭幕词》《在××××国际高峰论坛圆桌峰会上的闭幕词》等。

2.双标题

由主标题和副标题组成。主标题一般用于概括闭幕词的主旨,副标题即单标题格式。如《尽社会责任 显巾帼风采——×××同志在市女企业家协会会员大会上的闭幕词》《锂电新能源行业进入消费市场新时代,盛宴刚开始——第×届中国(广东·汕头)锂电新能源产业国际高峰论坛大会闭幕词》等。

闭幕词的简洁性较开幕词更强,标题使用上双标题较为少用。

(二)成文日期

即致辞的时间,多为事后整理成文时出现。日期数字用阿拉伯数字表示,如"2022年9月18日"。

排版上一般加圆括号置于标题下方居中位置,无特别要求的也可以省略不写。

(三)署名

即致辞人,可用职务+姓名,也可单独用姓名,多为事后整理成文时出现。

排版一般在标题下方居中,可置于成文日期的上方或下方。如标题中已注明讲话人的可省略不写,无特别要求的也可以直接省略不写。

(四)称谓

即闭幕词致辞的对象。同开幕词一样,也是根据身份、职务由高到低,性别上女士在前、男士在后,年龄上年长者居先,尽可能覆盖全体参与对象。常用的称谓如“各位领导、各位来宾”“女士们、先生们”“全体与会代表”等。

(五)正文

同开幕词一样,闭幕词的正文也是由前言、主体、结语三部分构成。

1.前言

闭幕词的前言一般会对会议或者活动的过程作简要概述,说明是否圆满完成既定任务或者预期目标。

2.主体

主体部分同样也是闭幕词的核心,主要是对会议或者活动进行总结、评价。一般会依照先后顺序对以下内容进行展开说明:会议或者活动的举办情况,会议或者活动的收获、成绩及效果,提出对会议或者活动精神的贯彻、执行要求。

3.结语

结语一般以简洁有力的语句向全体参与人员发出号召,并郑重宣布会议或者活动正式闭幕。

五、范文解析

【例文1】

××大学第×届教职工代表大会暨第×届工会会员代表大会闭幕词

(2021年×月××日)

×××

各位代表、同志们:

××大学第×届教职工代表大会暨第×届工会会员代表大会圆满完成了预定的各项议程,现在就要闭幕了。这次大会是在学校党委的正确领导下顺利召开的,×××书记代表学校党委所致的开幕词,明确了大会的任务,对新时期学校发展和“双代会”工作提出了更高的要求,为开好大会指明了方向。各位代表以高度负责的精神,切实履行代表职责,正确行使民主权利,积极讨论学校发展大计。会议安排紧凑,开得富有成效。这次大会真正开成了团结的大会、民主的大会、奋进的大会、创新的大会!在此,请允许我以大会的名义,向各级领导、各位代表和会议工作人员表示衷心的感谢!

大会期间,代表们认真听取并讨论了×××校长的学校工作报告,讨论和审议了《××大学2021—2025年事业发展规划(草案)》,听取和审议了工会工作报告,讨论和审议了学校财务工作报告,审议了工会经费审查报告和提案工作报告。

×××校长的学校工作报告和《××大学2021—2025年事业发展规划(草案)》,实事求是地总结了“十三五”期间学校各项工作取得的主要成绩、基本经验和存在的不足，提出了“十四五”时期学校发展的指导思想、总体目标和各项任务，描绘了学校发展的宏伟蓝图。工会工作报告在总结成绩的基础上，提出了新任务、新要求。会议期间，代表们认真讨论和审议有关报告和《××大学2021—2025年事业发展规划（草案）》，提出了许多建设性的意见，表现出高度的历史使命感和责任感。

本次大会期间，各位代表积极建言献策，提出了许多高质量的提案。这些提案的落实，必将促进学校各项事业更好更快地发展。

大会在充分酝酿基础上，发扬民主，选举产生了××大学第×届教职工代表大会执行委员会和第×届工会委员会。新一届“双代会”一定不辜负各位代表和广大教职工的殷切期望，继承和发扬我校“双代会”工作的优良传统和作风，扎实工作，锐意创新，努力开创新局面。新一届“双代会”要做到：

坚持党对工会工作的领导不动摇。要深入学习党的十九届五中全会精神，弘扬核心价值，坚定文化自信，自觉接受党的领导，坚持正确的方向。

坚持围绕中心服务大局不动摇。必须紧紧围绕实施“十四五”规划这一中心任务，动员和激励全校教职工积极投身学校改革与发展，为学校再铸辉煌做出新的贡献。

坚持以人为本不动摇。尊重教职工的主体地位，发挥教职工的主动性、创造性，关心、解决教职工的实际困难。想教职工之所想，急教职工之所急，真心诚意地为教职工服务，千方百计地为教职工办实事。

坚持改革创新不动摇。牢固树立创新意识，积极推进“双代会”工作制度、工作方法的改革与创新，更好地履行民主管理、民主监督职能，更好地维护教职工合法权益，更好地推进师德师风建设和社会主义核心价值观教育，提高教职工素质。创造性开展“三全育人”工作，更好地发挥工会在培养社会主义合格建设者和可靠接班人中的重要作用。

上一届教代会、工会为我们打下了良好的工作基础，他们在实践中探索和创新的经验是我们做好工作的宝贵财富。在此，我谨代表新一届教代会执委会、工会委员会全体成员，向上届教代会、工会主席×××同志以及全体专兼职工作同志表示由衷的敬意和感谢！

各位代表，同志们，此次代表大会之后，学校的“十四五”规划将正式颁布，认真实施“十四五”规划、实现规划所提出的目标是贯穿今后五年的主要任务。各位代表一定要以高度的主人翁精神，传达好“双代会”精神，宣传好学校发展规划，带领全校广大教职工艰苦奋斗，开拓创新，把“十四五”规划的宏伟蓝图变成现实。让我们更加紧密团结起来，为建设创新型国家、为中华民族的伟大复兴作出新的更大贡献！

我宣布，××大学第×届教职工代表大会暨第×届工会会员代表大会胜利闭幕！

点评

这是一篇××大学“双代会”闭幕词，标题采用“事由+文种”的单标题格式，也出现了成文时间和署名。前言部分宣告了大会即将落下帷幕，简要概述了大会的进展过程，并对支持和参与大会的人员表达了感谢。主体部分重点阐明了大会取得的成就和完成的任务，并对参会代表和人员就新时期的工作任务提出了要求。结语部分号召有力，宣告了大会的正式闭幕。全文内容完整，逻辑缜密，条理清晰，要言不烦。

【例文2】

××中学第×届秋季田径运动会闭幕词

各位裁判员、教练员、运动员，各位来宾，老师们，同学们：

××中学第×届秋季田径运动会，在组委会的精心组织下，经过全体工作人员的辛勤工作和全体运动员的奋力拼搏，圆满地完成了各项比赛任务，取得了预期的效果。比赛进程井然有序，组织得非常成功，这充分体现了大会组委会的高度重视和全校师生员工团结协作的集体主义精神。在此，我代表学校，向为这次运动会做出了不懈努力的全校师生表示深深的谢意！向取得优异成绩的运动员和获奖的班级表示衷心的祝贺！

在县委、县政府的重视、关心下，在大会组委会的精心组织下，在全体裁判员、教练员、运动员和全体工作人员的共同努力下，本届运动会很圆满，很成功。整届运动会准备充分，组织周密，纪律严明，秩序井然，充分体现了“团结、拼搏、创新、和谐”的主题，达到了激情与和谐的统一，赛出了风格，赛出了友谊，赛出了水平。这是一次团结的盛会，友谊的盛会，创新的盛会。

运动会期间，裁判员坚持原则，公正裁判；工作人员恪尽职守，认真负责；教练员精心策划，科学指导；运动员顽强拼搏，奋勇争先，取得了辉煌的战果。在比赛中，有×人次刷新了×项县田径纪录，有×人次达三级运动员标准。这些成绩的取得，是我县中小学校全面贯彻党的教育方针，落实《学校体育工作条例》，认真实施“科教兴县”战略的结果，是我县积极发展群众体育健身事业、加强社会主义精神文明建设的体现，是全体教练员、运动员辛勤汗水的结晶。这次运动会的圆满成功，为弘扬奥运精神做出了积极的贡献，为我县体育事业的发展谱写了新的篇章！

激情点燃梦想，奋进铸就辉煌。在今后的征途上，我们肩负的历史使命更光荣而神圣，面临的任务更艰巨。让我们以这次运动会为新的起点，全面贯彻落实《国家中长期教育改革和发展规划纲要（2010—2020年）》，团结拼搏、奋力争先，以创新为目标，迎着朝阳创一流业绩，昂首阔步迈向更加辉煌的明天！

最后，再次向取得优异成绩的同学和班级表示祝贺！向默默无闻为本次运动会召开而辛勤工作的老师表示敬意！向所有热爱运动积极参与的教师和同学们表示感谢！老师们，同学们，祝愿大家永葆年轻之心，健康快乐！

我宣布，××中学第×届秋季田径运动会胜利闭幕！

谢谢大家！

点评

这是一篇典型的运动会闭幕词，也是一篇一般性闭幕词。全文结构紧凑，洋溢着热烈明快的气氛。前言部分对运动会的成功举行概述带过，并对相关人员作了逐一感谢。正文部分对运动会的举办情况进行了总结，对收获的成绩进行了高度评价，并对有关各方的组织工作和参与热情给予了充分肯定。结语部分对全体师生发出号召和祝贺，表达了良好祝愿，并宣告了运动会的正式闭幕。全篇格调高昂，行文简洁，准确传递了运动会圆满落下帷幕的喜悦之情。

本章小结

本章的学习内容主要为会议类常用公文，重点介绍了纪要、议案、领导讲话稿、开幕词以及闭幕词的概念、特点、主要类型和写作要求等。其中，纪要和议案属于党政机关公文，即行政文书；领导讲话稿、开幕词和闭幕词则属于事务文书。开幕词和闭幕词通常也是由领导来致辞，在一定程度上也体现了领导讲话稿的程式。在学习纪要时，应注意与会议记录的区分；在学习领导讲话稿时，应注意与演讲稿的区分。

学习评价

请根据以下评价维度、项目、内容和标准，对自己的学习情况进行评价。

维度	项目	内容	标准(满分:100分)		
			不太了解	基本了解	完全了解
知识与技能	了解纪要的概念及特点	纪要，用于记载会议主要情况和议定事项的公文文种。具有纪实性、提要性、指导性的特点	1	3	5
	了解议案的概念及特点	议案，是指各级人民政府依照法律程序向同级人民代表大会或人民代表大会常务委员会提请审议属于该人民代表大会或人民代表大会常务委员会职权范围内的有关事项的一种例行公文。具有法定性、特定性、时效性、程序性的特点	1	3	5

续表

维度	项目	内容	标准(满分:100分)		
			不太了解	基本了解	完全了解
知识与技能	了解领导讲话稿的概念及特点	领导讲话稿,即党政机关及企事业单位领导人在各种会议或者活动中发表具有宣传、指示、总结等性质的讲话的文稿。具有内容针对性、语言通俗性、时长限定性的特点	1	3	5
	了解开幕词的概念及特点	开幕词,用于在某些重大会议或者重大活动开幕时向全体参加人员宣读的文稿。具有宣告性、引导性、通俗性的特点	1	3	5
	了解闭幕词的概念及特点	闭幕词,用于在某些重大会议或者重大活动闭幕时向全体参加人员宣读的文稿,具有总结性、号召性、通俗性的特点	1	3	5
过程与方法	熟悉纪要的不同类型并掌握相应的写作格式	纪要一般有办公会议纪要、专题会议纪要、研讨会议纪要三种类型。 纪要一般须包含标题、成文日期、正文、发送范围	1	4	8
	熟悉议案的不同类型并掌握相应的写作格式	议案一般有立法性议案、重大决策性议案、机构变更议案、任免性议案、条约批准性议案、其他建议性议案几种类型 议案一般须包含标题、发文字号、主送机关、正文、结语和落款	1	4	8
	熟悉领导讲话稿的不同类型并掌握相应的写作格式	领导讲话稿有会议性讲话稿和一般性讲话稿两种类型 领导讲话稿主要包含标题、成文日期、署名和正文	1	4	8
	熟悉开幕词的不同类型并掌握相应的写作格式	开幕词根据应对场合的不同分为一般性开幕词和侧重性开幕词 开幕词主要由标题、成文日期、署名、称谓、正文等要素组成,其中成文日期和署名不是必备要素	1	4	8

续表

维度	项目	内容	标准(满分:100分)		
			不太了解	基本了解	完全了解
过程与方法	熟悉闭幕词的不同类型并掌握相应的写作格式	根据应对场合的不同,闭幕词分为一般性闭幕词和侧重性闭幕词 闭幕词由标题、成文日期、署名、称谓、正文等要素组成,其中成文时间和署名不是必备要素	1	4	8
	理解并掌握相关文种的区别	在学习纪要时,应注意与会议记录的区分 在学习领导讲话稿时,应注意与演讲稿的区分	1	3	5
情感态度与价值观	养成专业、规范的文体意识	掌握公文写作语言庄重、准确、朴实、精练、严谨、规范的特征; 掌握公文规范写作的格式标准	1	5	10
	养成良好的政治素养	明确政治方向,坚定政治立场,提升政策理论水平,掌握与公文应用写作相关的法律法规	1	5	10
	养成知识拓展的习惯	自主拓展社会科学知识和自然科学知识,征引得当,融会贯通,保障应用写作质量	1	5	10
自评得分					

推荐阅读

1.张浩.通用公文类文字材料写作范本[M].北京:北京工业大学出版社,2012.
2.张耀辉,戴永明.简明应用文写作(第三版)[M].北京:高等教育出版社,2018.
3.谭靖仪.应用文写作[M].北京:北京理工大学出版社,2019.

本章自测

1.填空题

(1)在行文关系上,纪要既可以作为______,上报上级机关反映情况、汇报工作;也可以作为______,下发给下级机关作为开展工作的依据,指导工作的进行;还可以作为______,抄送给平行机关或者不相隶属机关,起到交流信息、知照事项的作用。

(2)《中华人民共和国国务院组织法》规定，国务院向全国人民代表大会或者全国人民代表大会常务委员会提出的议案由______签署。

(3)议案的特点有______、______、______、______。

(4)领导讲话稿、开幕词和闭幕词在称谓上都必须根据身份、职务由高到低，性别上______在前、______在后，年龄上______居先，尽可能覆盖全体参与对象。

(5)闭幕词的正文部分由______、______、______构成，其中______是正文的核心。

2. 简答题

(1)议案的分类有哪几种？

(2)领导讲话稿的概念是什么？

(3)开幕词的主要类型有哪些？

3. 论述题

如何理解纪要与会议记录的区别？

4. 实践题

××大学拟举办第×届主题为“我运动·我快乐·我健康”的趣味运动会，请你为应邀参加开幕式的校长代写一份开幕词。要求格调高昂，格式规范，篇幅精悍。

参考文献

[1]张浩. 通用公文类文字材料写作范本[M]. 北京：北京工业大学出版社，2012.

[2]张耀辉，戴永明. 简明应用文写作(第三版)[M]. 北京：高等教育出版社，2018.

[3]中央国家机关先进基层党组织、优秀共产党员和优秀党务工作者表彰大会举行[N]. 光明日报，2011-06-23(03).

第六章　规范类公文

本章概要

本章主要讲解章程、条例、规定、办法、制度、细则这几种规范类公文的适用范围、写作格式与写作要求，辨析规定与办法的区别、制度与细则的区别。通过政府或企事业单位公开发布的规范类公文做示范，进行简要的点评，实现兼顾理论学习与案例分析的目的，有助于学习者快速领会并掌握规范类公文写作基本知识与要义。

学习目标

1. 理解规范类公文的文种、适用范围。
2. 理解规定与办法、制度与细则的差别。
3. 掌握规范类公文写作的格式与要求。
4. 提高规范类公文写作的能力。

学习重难点

学习重点

1. 理解规范类公文的文种类与适用范围。
2. 掌握规范类公文的写作格式与要求。

学习难点

辨析规定与办法、制度与细则等公文文体的差别。

思维导图

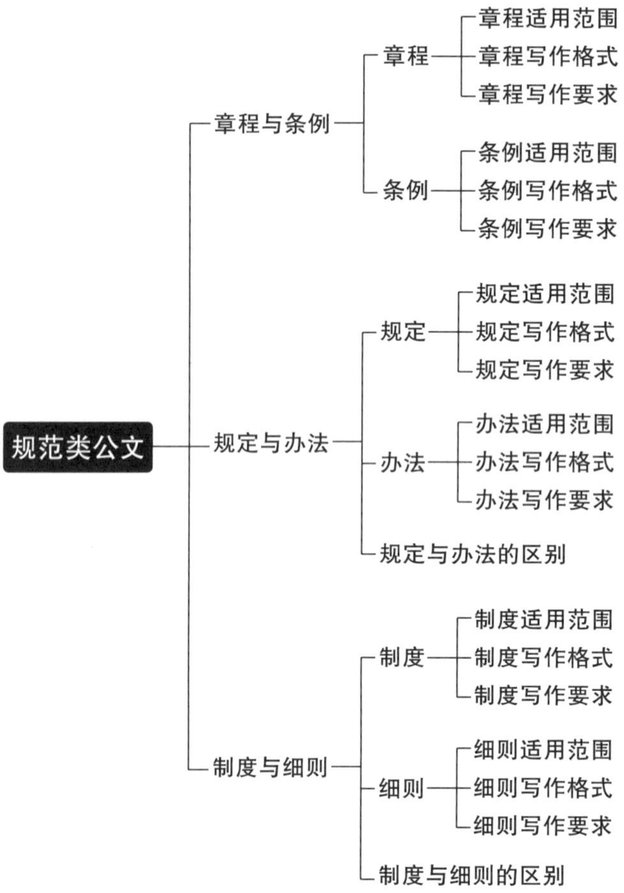
规范类公文
章程与条例
章程
章程适用范围
章程写作格式
章程写作要求
条例
条例适用范围
条例写作格式
条例写作要求
规定与办法
规定
规定适用范围
规定写作格式
规定写作要求
办法
办法适用范围
办法写作格式
办法写作要求
规定与办法的区别
制度与细则
制度
制度适用范围
制度写作格式
制度写作要求
细则
细则适用范围
细则写作格式
细则写作要求
制度与细则的区别

第一节　章程与条例

一、章程

（一）章程的适用范围

章程是政党、组织、社会团体依照特定程序制定的相关组织规程和行为规则，须经成员大会或代表大会通过执行，是组织、团体的根本性规章制度，具有严肃性、强制性，对全体成员具有一定的约束力，要求组织内部成员遵照执行。

（二）章程的写作格式

章程根据其性质不同可分为组织章程与业务工作章程两类。组织章程主要是对组织的性质、宗旨、任务、机构、成员、权利与义务等内容作出明确规定，如《中国共产党章程》《中国作家协会章程》。业务工作章程主要说明其组织业务性质、运作方式、基本要求、会计制度、审计与行为规范等，如《四川大学章程》《京东方科技集团股份有限公司章程》等。这里所谈章程主要是指组织章程，下文简称为"章程"。

章程通常包括标题、签署和正文三部分内容。

<table>
<tr><th>项目</th><th colspan="2">内容</th></tr>
<tr><td>标题</td><td colspan="2">标题一般由"政党、组织、社会团体名称+文种"构成。如果该章程已经通过相关政党、组织、社会团体代表大会通过，则为正式章程；如果尚未经代表大会通过，则需要在标题尾端加上括号和"草案"字样</td></tr>
<tr><td>签署</td><td colspan="2">在标题下方一般会标明通过的时间及会议名称或只注明通过的时间</td></tr>
<tr><td rowspan="3">正文</td><td>总则</td><td>总则又被称为"总纲"，是对章程的组织性质、宗旨、作风等内容进行全局性的阐释和说明</td></tr>
<tr><td>分则</td><td>分则内容主要包括任务、成员、组织、经费等内容
第一，主要交代组织的行为目标与动机，指明为什么做，如何做的问题
第二，明确规定成员加入的条件、权利与义务、取消资格等情况
第三，规定组织原则、级别、机构与职务设置、职权相关内容
第四，确定经费渠道及资产保护情况</td></tr>
<tr><td>附则</td><td>附则对章程制定机构的地址与英文名称、会徽图案、制定权、解释权等内容进行说明</td></tr>
</table>

（三）章程的写作要求

一是语言简洁。章程的总则、分则内容简洁、明了，无需辞藻华丽，不需要使用比喻、夸张、排比等修辞手法，可用简单直白的语言表达，应保证不产生歧义，做到一目了然，一读就懂。

二是结构严谨。章程的全文由总到分，应该有合理的顺序。分的部分通常是先讲成员，后讲组织；先讲全国组织，次讲地方组织，最后讲基层组织；先讲对内，再讲对外。要做到一环连着一环，将逻辑的严密性体现出来，让整个章程成为一个有机的统一体。①

三是布局清晰。章程均需经过合法程序制定，它的内容一般是用条文并列式或章断条连式（章条款式）排列。一条只说明一项问题，避免出现杂糅。

二、条例

（一）条例的适用范围

条例是由国家权力机关或行政机关依照政策和法令制定并发布的，针对政治、经济、文化等各个领域内的某些具体事项而作出的，比较全面系统、具有长期执行效力的法规性公文②。它具有法律条文和党政机关公文双重属性，是组织和个人在有关方面的行为准则③。有时条例与其相关的“命令”文种会同时发布。

（二）条例的写作格式

条例由标题、签署和正文三部分构成。

项目	内容	
标题	标题写法主要包括两种。一种由“发文机关+事由+文种”构成，如《长沙市平安建设条例》；另一种由“事由+文种”构成，如《信访工作条例》《宗教事务条例》。条例在正式实施前，一般会在标题文种前冠以“暂行”“试行”等字样或附在文种后加注括号形式，如《重大行政决策程序暂行条例》《高等学校教师职务试行条例》《中国共产党工作机关条例（试行）》	
签署	签署一般是在标题下方注明该条例通过的时间、会议以及施行日期等具体信息，如《中国共产党和国家机关基层组织工作条例》中的签署为：“2010年4月21日中共中央政治局常委会会议审议批准 2010年6月4日中共中央发布 2019年11月29日中共中央政治局会议修订。”但有的条例标题下未写明，而是通过国务院令说明批准时间、施行时间以及发布负责人，如《地名管理条例》	
正文	制定缘由	条例中首条会总体介绍该条例制定的缘由，写明所依据的法律政策，说明出于何种原因，达到何种目的，常用“制定本条例”作为承上启下用语
	条例内容	条例内容中要明确关涉对象、关涉内容，明确相关行为规范。具体说明相关规定与程序，注明相关的法律责任与处罚措施
	附则	附则是对条例实施的说明，一般包括该条例的生效时间、解释权归属、修改或作废等内容

①公文网.公文写作范本大全：范例、格式、技巧、指导[M].北京：台海出版社，2018：137.

②王致诚，任翔.新党政机关公文与办公室写作：白金版[M].广州：广东人民出版社，2019：119.

③黎嘉梓.实用文体简编[M].北京：现代出版社，2016：60.

(三)条例的写作要求

一是依法依规。条例应当严格按照现有法律法规政策而制定,不得违背党和国家的行为方针政策。

二是合情合理。条例在制定前,应广泛且深入地调查研究,对制定的条例内容认真梳理与推敲,缜密地对关涉对象、行为、权责、措施等作出明确且细致的规定。

三是条分缕析。条例要按条详细列出,其相关或相近内容应聚类分布,前后有一定的层次与联系,不可出现思维跳跃,言辞模棱两可、含糊不清等现象。

三、范文解析

【例文1】

中国作家协会章程

(中国作家协会第十次全国代表大会部分修改,2021年12月16日通过)

第一章　总则

第一条　中国作家协会是中国共产党领导的、中国各民族作家自愿结合的专业性人民团体,是党和政府联系广大作家、文学工作者的桥梁和纽带,是繁荣文学事业、建设社会主义文化强国的重要社会力量。

第二条　中国作家协会高举中国特色社会主义伟大旗帜,坚持马克思列宁主义、毛泽东思想、邓小平理论、"三个代表"重要思想、科学发展观,全面贯彻习近平新时代中国特色社会主义思想,特别是习近平总书记关于文艺工作的重要论述,增强"四个意识"、坚定"四个自信"、做到"两个维护",引导广大作家和文学工作者紧密团结在党的周围,自觉承担起举旗帜、聚民心、育新人、兴文化、展形象的使命任务;坚持文艺为人民服务、为社会主义服务的方向和百花齐放、百家争鸣的方针,坚持社会主义先进文化前进方向,坚持以人民为中心,紧紧依靠广大作家和文学工作者,努力创作更多无愧于时代、无愧于人民、无愧于民族的优秀作品,推动文学事业高质量发展,满足人民文化需求,增强人民精神力量,为实现第二个百年奋斗目标和中华民族伟大复兴的中国梦而努力奋斗。

第三条　中国作家协会的一切活动以中华人民共和国宪法为根本准则,遵守国家的各项法律、法规,依照章程独立自主开展工作。

第四条　中国作家协会贯彻全心全意为作家和文学工作者服务的宗旨,履行政治引领、团结引导、联络协调、服务管理、自律维权、推动创作的职能,建设广大作家和文学工作者之家。

第五条　中国作家协会坚定不移走中国特色社会主义群团发展道路,坚持党对作协工作的全面领导,围绕中心,服务大局,与时俱进,改革创新,保持和增强政治性、先进性和群众性。

第二章　任务

第六条　组织作家和文学工作者学习马克思列宁主义、毛泽东思想、邓小平理论、“三个代表”重要思想、科学发展观、习近平新时代中国特色社会主义思想，贯彻党的路线方针政策，培育和践行社会主义核心价值观，增强文化自信、文化自觉和文化担当，不断提高文学队伍的思想道德修养、科学文化素养、文学艺术学养。

第七条　坚持以人民为中心的创作导向，引导广大作家牢记“国之大者”，深入生活、扎根人民，记录新时代、抒写新时代、讴歌新时代，反映人民群众对美好生活的向往，把人民作为文学表现的主体，把人民作为文学审美的鉴赏家和评判者，为人民抒写、为人民抒情、为人民抒怀。

第八条　树立精品意识，实施精品战略，尊重和遵循文学创作规律，提倡题材、体裁、形式的多样化，推动多种艺术风格、流派的充分发展。实现中华优秀传统文化创造性转化、创新性发展，借鉴世界各国优秀文化成果，鼓励探索和创新。不断提高作品的思想水平和艺术水平，弘扬中国精神、传播中国价值、凝聚中国力量。

第九条　加强文学理论建设和文学评论工作，提倡和鼓励不同学术观点和学派的自由讨论，树立和发扬真诚友善、客观公正的文学批评风气，建强主流评论阵地，营造健康评论生态，发挥引导创作、多出精品、提高审美、引领风尚的作用。

第十条　组织全国性文学评奖活动，对优秀创作成果和文学人才给予表彰和奖励。

第十一条　努力办好本会所属报纸、期刊、出版社和网站等文学传媒，促进媒体融合发展，坚持思想精深、艺术精湛、制作精良，把社会效益放在首位、实现社会效益和经济效益相统一，增强文学传播力和影响力。

第十二条　培养造就高水平文学人才，开展文学教育和培训，发现和扶持文学创作、评论、编辑、翻译等新生力量，为青年文学人才成长创造更好环境、条件，广泛团结联系新的文学群体和基层作家，为繁荣发展社会主义文学事业提供坚实人才支撑。

第十三条　铸牢中华民族共同体意识，大力培养少数民族作家，尊重少数民族文学传统和特色，尊重少数民族作家使用本民族语言文字进行创作与翻译，加强各民族之间的文学交流，促进少数民族文学繁荣与发展。

第十四条　促进作家和文学工作者的职业道德建设，加强行业自律，倡导德艺双馨，建设有信仰、有情怀、有担当的作家队伍。

第十五条　加强文学公共服务，面向基层、面向社会、延伸手臂、扩大覆盖，开展文学推广和普及，推进文学志愿服务，促进全民阅读，夯实文学事业和作协工作的社会基础。

第十六条　高举爱国主义旗帜，维护祖国统一，增进同香港特别行政区、澳门特别行政区和台湾地区作家以及海外华文作家的联系、交流。

第十七条　推进中外文学交流，积极开展国际文学活动，增进同各国作家的友谊，促进中国文学走出去，讲好中国故事，传播好中国声音，增强中华文化影响力、感召力、亲和力。

第十八条　依据宪法和法律法规，加强协会管理，反映会员的意见和要求，维护会员的合法权益，保障会员从事正当文学活动的自由。

第十九条　加强对团体会员和基层作协组织的指导支持，调动各方面积极性，促进各地各行业作协组织的交流与合作。

第二十条　加强与社会各界的联系，与党和政府有关部门密切合作，为会员从事创作、评论和其他文学活动创造良好的环境和氛围，提供必要的条件和服务；积极帮助解决会员生活、工作、学习等方面的困难。

第二十一条　做好对主管文学社团的业务指导和行业管理，加强党的建设，发挥社团特色，促进文学社团健康发展。

第三章　会员

第二十二条　本会由个人会员和团体会员组成。

第二十三条　凡赞成本会章程，发表或出版过具有一定水平文学创作、理论评论、翻译作品，或从事文学编辑、教学、组织工作有显著成绩的中国公民，可申请入会。

个人申请入会，由团体会员推荐，或两名个人会员介绍并征求申请人所在地区或系统团体会员的意见，经专家评议，由本会书记处审议批准入会。香港特别行政区、澳门特别行政区和台湾地区的作家、文学工作者申请入会，由两名个人会员介绍，经专家评议，本会书记处审议批准入会。

第二十四条　凡赞成本会章程，并有一定数量个人会员和健全办事机构的省、自治区、直辖市、新疆生产建设兵团作家协会和全国性行业作家协会等，向本会提出申请，经主席团审议批准，即为团体会员。

第二十五条　会员有遵守本会章程、执行本会决议、参加本会活动、接受本会委托工作、缴纳会费的义务；有选举权、被选举权，有对本会工作的建议、批评和监督权，有享用本会福利设施等权利。

第二十六条　团体会员接受本会委托，负责代为联系本会在该地或该系统的个人会员。

第二十七条　会员著作权及相关合法权益受到侵犯时，有权要求本会予以保护。本会有责任提供法律咨询、纠纷协调等服务，依法维护会员的合法权益。

第二十八条　会员有退会自由。会员要求退会时，由本会书记处确认，终止其会籍。

第二十九条　会员如违反本会章程，违背职业道德、社会公德、公序良俗，或违纪违法，由本会书记处视情节轻重，决定予以批评教育、暂停会籍或取消会籍。

第四章　组织

第三十条　本会的组织原则是民主集中制。

本会的最高权力机构为中国作家协会全国代表大会。全国代表大会代表，由团体会员组织所在地或系统所属会员民主协商，选举或推举产生。

全国代表大会的职责是：

一、决定本会的工作方针和任务；

二、审议和批准全国委员会的工作报告；

三、制定和修改《中国作家协会章程》；

四、选举产生全国委员会；

五、决定其他重大事项。

全国代表大会每五年举行一次，必要时由全国委员会决定提前或延期召开。

第三十一条　全国委员会由全国代表大会选举产生。其中各团体委员由团体会员从其主要负责人中民主协商推举产生，报请全国代表大会主席团审议通过。

在全国代表大会闭会期间，全国委员会负责行使下列职权：

一、执行全国代表大会的决议；

二、审议本会年度工作报告；

三、批准全国委员会委员的变更和增补；

四、决定其他重大事项。

全国委员会团体委员的变更和增补，由团体会员推举人选，报请主席团审议通过。

全国委员会会议每年举行一次，由主席团召集，必要时由主席团决定提前或延期召开。

第三十二条　全国委员会选举主席一名，副主席、主席团委员各若干名，组成主席团。主席团会议由主席或主席委托的副主席召集，每年举行一至二次。全国委员会闭会期间，由主席团负责执行全国代表大会和全国委员会的决议。

第三十三条　主席团推举书记若干人组成书记处，负责处理本会日常工作，并根据需要及有关规定建立相应的工作机构和若干由相关作家、评论家等组成的专门委员会。

第五章　经费及资产管理

第三十四条　本会的经费来源：

一、财政拨款；

二、会员会费；

三、社会资助；

四、其他合法收入。

本会鼓励和争取多方吸纳社会资金，为繁荣社会主义文学事业服务。

第三十五条　中国作家协会的资产受法律保护，任何单位和个人不得侵占、挪用和任意调拨。中国作家协会所属企业、事业的资产隶属关系不得任意改变。

第六章　附则

第三十六条　中国作家协会的英文全称为“China__Writers__Association”。

中国作家协会会徽图案内容为：以标点符号逗号为构图主体，形如朝阳，象征着蓬勃向上、繁荣发展的文学事业。

中国作家协会会址设在北京。

第三十七条　本章程解释权属于中国作家协会全国委员会。

第三十八条　本章程经中国作家协会全国代表大会通过实施。

点评

该章程标题简单明了，内容上分别介绍了总则、任务、会员、组织、经费及资产管理具体内容，并在文末附则中明确了章程涉及机构的英文名称、会徽图案及其象征意义、机构地址、章程内容解释权与同意实施的代表会议等。该章程涉及面广，条理清晰，权责分明，详略得当，体现出了中国作家协会围绕中心，服务大局，与时俱进，改革创新的发展之路。

【例文2】

中华人民共和国国务院令

（第753号）

《地名管理条例》已经2021年9月1日国务院第147次常务会议修订通过，现予公布，自2022年5月1日起施行。

总理　李克强

2022年3月30日

地名管理条例

第一章　总则

第一条　为了加强和规范地名管理，适应经济社会发展、人民生活和国际交往的需要，传承发展中华优秀文化，制定本条例。

第二条　中华人民共和国境内地名的命名、更名、使用、文化保护及其相关管理活动，适用本条例。

第三条　本条例所称地名包括：

（一）自然地理实体名称；

（二）行政区划名称；

（三）村民委员会、居民委员会所在地名称；

（四）城市公园、自然保护地名称；

（五）街路巷名称；

（六）具有重要地理方位意义的住宅区、楼宇名称；

（七）具有重要地理方位意义的交通运输、水利、电力、通信、气象等设施名称；

（八）具有重要地理方位意义的其他地理实体名称。

第四条　地名管理应当坚持和加强党的领导。县级以上行政区划命名、更名，以及地名的命名、更名、使用涉及国家领土主权、安全、外交、国防等重大事项的，应当按照有关规定报党中央。

地名管理应当有利于维护国家主权和民族团结，有利于弘扬社会主义核心价值观，有利于推进国家治理体系和治理能力现代化，有利于传承发展中华优秀文化。

地名应当保持相对稳定。未经批准，任何单位和个人不得擅自决定对地名进行命名、更名。

第五条　地名的命名、更名、使用、文化保护应当遵守法律、行政法规和国家有关规定，反映当地地理、历史和文化特征，尊重当地群众意愿，方便生产生活。

第六条　县级以上人民政府应当建立健全地名管理工作协调机制，指导、督促、监督地名管理工作。

第七条　国务院民政部门（以下称国务院地名行政主管部门）负责全国地名工作的统一监督管理。

国务院外交、公安、自然资源、住房和城乡建设、交通运输、水利、文化和旅游、市场监管、林业草原、语言文字工作、新闻出版等其他有关部门，在各自职责范围内负责相关的地名管理工作。

县级以上地方人民政府地名行政主管部门负责本行政区域的地名管理工作。县级以上地方人民政府其他有关部门按照本级人民政府规定的职责分工，负责本行政区域的相关地名管理工作。

第八条　县级以上地方人民政府地名行政主管部门会同有关部门编制本行政区域的地名方案，经本级人民政府批准后组织实施。

第二章　地名的命名、更名

第九条　地名由专名和通名两部分组成。地名的命名应当遵循下列规定：

（一）含义明确、健康，不违背公序良俗；

（二）符合地理实体的实际地域、规模、性质等特征；

（三）使用国家通用语言文字，避免使用生僻字；

（四）一般不以人名作地名，不以国家领导人的名字作地名；

（五）不以外国人名、地名作地名；

（六）不以企业名称或者商标名称作地名；

（七）国内著名的自然地理实体名称，全国范围内的县级以上行政区划名称，不应重名，并避免同音；

（八）同一个省级行政区域内的乡、镇名称，同一个县级行政区域内的村民委员会、居民委员会所在地名称，同一个建成区内的街路巷名称，同一个建成区内的具有重要地理方位意义的住宅区、楼宇名称，不应重名，并避免同音；

（九）不以国内著名的自然地理实体、历史文化遗产遗址、超出本行政区域范围的地理实体名称作行政区划专名；

（十）具有重要地理方位意义的交通运输、水利、电力、通信、气象等设施名称，一般应当与所在地地名统一。

法律、行政法规对地名命名规则另有规定的，从其规定。

第十条　地名依法命名后，因行政区划变更、城乡建设、自然变化等原因导致地名名实不符的，应当及时更名。地名更名应当符合本条例第九条的规定。

具有重要历史文化价值、体现中华历史文脉的地名，一般不得更名。

第十一条　机关、企业事业单位、基层群众性自治组织等申请地名命名、更名应当提交申请书。申请书应当包括下列材料：

（一）命名、更名的方案及理由；

（二）地理实体的位置、规模、性质等基本情况；

（三）国务院地名行政主管部门规定应当提交的其他材料。

行政区划的命名、更名，应当按照《行政区划管理条例》的规定，提交风险评估报告、专家论证报告、征求社会公众等意见报告。其他地名的命名、更名，应当综合考虑社会影响、专业性、技术性以及与群众生活的密切程度等因素，组织开展综合评估、专家论证、征求意见并提交相关报告。

第十二条　批准地名命名、更名应当遵循下列规定：

（一）具有重要历史文化价值、体现中华历史文脉以及有重大社会影响的国内著名自然地理实体或者涉及两个省、自治区、直辖市以上的自然地理实体的命名、更名，边境地区涉及国界线走向和海上涉及岛屿、岛礁归属界线以及载入边界条约和议定书中的自然地理实体和村民委员会、居民委员会所在地等居民点的命名、更名，由相关省、自治区、直辖市人民政府提出申请，报国务院批准；无居民海岛、海域、海底地理实体的命名、更名，由国务院自然资源主管部门会同有关部门批准；其他自然地理实体的命名、更名，按照省、自治区、直辖市人民政府的规定批准；

（二）行政区划的命名、更名，按照《行政区划管理条例》的规定批准；

（三）本条第一项规定以外的村民委员会、居民委员会所在地的命名、更名，按照省、自治区、直辖市人民政府的规定批准；

（四）城市公园、自然保护地的命名、更名，按照国家有关规定批准；

（五）街路巷的命名、更名，由直辖市、市、县人民政府批准；

（六）具有重要地理方位意义的住宅区、楼宇的命名、更名，由直辖市、市、县人民政府住房和城乡建设主管部门征求同级人民政府地名行政主管部门的意见后批准；

（七）具有重要地理方位意义的交通运输、水利、电力、通信、气象等设施的命名、更名，应当根据情况征求所在地相关县级以上地方人民政府的意见，由有关主管部门批准。

第十三条　地名命名、更名后，由批准机关自批准之日起15日内按照下列规定报送备案：

（一）国务院有关部门批准的地名报送国务院备案，备案材料径送国务院地名行政主管部门；

（二）县级以上地方人民政府批准的地名报送上一级人民政府备案，备案材料径送上一级人民政府地名行政主管部门；

（三）县级以上地方人民政府地名行政主管部门批准的地名报送上一级人民政府地名行政主管部门备案；

（四）其他有关部门批准的地名报送同级人民政府地名行政主管部门备案。

第十四条　按照本条例规定，县级以上人民政府或者由县级以上地方人民政府地名行政主管部门批准的地名，自批准之日起15日内，由同级人民政府地名行政主管部门向社会公告；县级以上人民政府其他有关部门批准的地名，自按规定报送备案之日起15日内，由同级人民政府地名行政主管部门向社会公告。

第三章　地名使用

第十五条　地名的使用应当标准、规范。

地名的罗马字母拼写以《汉语拼音方案》作为统一规范，按照国务院地名行政主管部门会同国务院有关部门制定的规则拼写。

按照本条例规定批准的地名为标准地名。

标准地名应当符合地名的用字读音审定规范和少数民族语地名、外国语地名汉字译写等规范。

第十六条　国务院地名行政主管部门统一建立国家地名信息库，公布标准地名等信息，充分发挥国家地名信息库在服务群众生活、社会治理、科学研究、国防建设等方面的积极作用，提高服务信息化、智能化、便捷化水平，方便公众使用。

第十七条　县级以上地方人民政府地名行政主管部门和其他有关部门之间应当建立健全地名信息资源共建共享机制。

第十八条　下列范围内必须使用标准地名：

（一）地名标志、交通标志、广告牌匾等标识；

（二）通过报刊、广播、电视等新闻媒体和政府网站等公共平台发布的信息；

（三）法律文书、身份证明、商品房预售许可证明、不动产权属证书等各类公文、证件；

（四）辞书等工具类以及教材教辅等学习类公开出版物；

（五）向社会公开的地图；

（六）法律、行政法规规定应当使用标准地名的其他情形。

第十九条　标准地名及相关信息应当在地名标志上予以标示。任何单位和个人不得擅自设置、拆除、移动、涂改、遮挡、损毁地名标志。

第二十条　县级以上地方人民政府应当加强地名标志的设置和管理。

第二十一条　直辖市、市、县人民政府地名行政主管部门和其他有关部门应当在各自职责范围内，依据标准地名编制标准地址并设置标志。

第二十二条　标准地名出版物由地名机构负责汇集出版。其中行政区划名称，由负责行政区划具体管理工作的部门汇集出版。

第四章　地名文化保护

第二十三条　县级以上人民政府应当从我国地名的历史和实际出发，加强地名文化公益宣传，组织研究、传承地名文化。

第二十四条　县级以上人民政府应当加强地名文化遗产保护，并将符合条件的地名文化遗产依法列入非物质文化遗产保护范围。

第二十五条　县级以上地方人民政府地名行政主管部门应当对本行政区域内具有重要历史文化价值、体现中华历史文脉的地名进行普查，做好收集、记录、统计等工作，制定保护名录。列入保护名录的地名确需更名的，所在地县级以上地方人民政府应当预先制定相应的保护措施。

第二十六条　县级以上地方人民政府应当做好地名档案管理工作。地名档案管理的具体办法，由国务院地名行政主管部门会同国家档案行政管理部门制定。

第二十七条　国家鼓励公民、企业和社会组织参与地名文化保护活动。

第五章　监督检查

第二十八条　上级人民政府地名行政主管部门应当加强对下级人民政府地名行政主管部门地名管理工作的指导、监督。上级人民政府其他有关部门应当加强对下级人民政府相应部门地名管理工作的指导、监督。

第二十九条　县级以上人民政府地名行政主管部门和其他有关部门应当依法加强对地名的命名、更名、使用、文化保护的监督检查。

县级以上人民政府应当加强地名管理能力建设。

第三十条　县级以上人民政府地名行政主管部门和其他有关部门对地名管理工作进行监督检查时,有权采取下列措施:

(一)询问有关当事人,调查与地名管理有关的情况;

(二)查阅、复制有关资料;

(三)对涉嫌存在地名违法行为的场所实施现场检查;

(四)检查与涉嫌地名违法行为有关的物品;

(五)法律、行政法规规定的其他措施。

县级以上人民政府地名行政主管部门和其他有关部门依法行使前款规定的职权时,当事人应当予以协助、配合,不得拒绝、阻挠。

第三十一条　县级以上人民政府地名行政主管部门和其他有关部门在监督检查中发现地名的命名、更名、使用、文化保护存在问题的,应当及时提出整改建议,下达整改通知书,依法向有关部门提出处理建议;对涉嫌违反本条例规定的有关责任人员,必要时可以采取约谈措施,并向社会通报。

第三十二条　县级以上人民政府地名行政主管部门和其他有关部门可以委托第三方机构对地名的命名、更名、使用、文化保护等情况进行评估。

第三十三条　任何单位和个人发现违反本条例规定行为的,可以向县级以上地方人民政府地名行政主管部门或者其他有关部门举报。接到举报的部门应当依法处理。有关部门应当对举报人的相关信息予以保密。

第六章　法律责任

第三十四条　县级以上地方人民政府地名批准机关违反本条例规定进行地名命名、更名的,由其上一级行政机关责令改正,对该批准机关负有责任的领导人员和其他直接责任人员依法给予处分。

第三十五条　县级以上地方人民政府地名批准机关不报送备案或者未按时报送备案的,由国务院地名行政主管部门或者上一级人民政府地名行政主管部门通知该批准机关,限期报送;逾期仍未报送的,对直接责任人员依法给予处分。

第三十六条　违反本条例第四条、第九条、第十条、第十二条规定,擅自进行地名命名、更名的,由有审批权的行政机关责令限期改正;逾期不改正的,予以取缔,并对违法单位通报批评。

第三十七条　违反本条例第十八条规定，未使用或者未规范使用标准地名的，由县级以上地方人民政府地名行政主管部门或者其他有关部门责令限期改正；逾期不改正的，对违法单位通报批评，并通知有关主管部门依法处理；对违法单位的法定代表人或者主要负责人、直接负责的主管人员和其他直接责任人员，处2000元以上1万元以下罚款。

第三十八条　擅自设置、拆除、移动、涂改、遮挡、损毁地名标志的，由地名标志设置、维护和管理部门责令改正并对责任人员处1000元以上5000元以下罚款。

第三十九条　第三方机构对地名的命名、更名、使用、文化保护等情况出具虚假评估报告的，由县级以上地方人民政府地名行政主管部门给予警告，有违法所得的，没收违法所得；情节严重的，5年内禁止从事地名相关评估工作。

第四十条　公职人员在地名管理工作中有滥用职权、玩忽职守、徇私舞弊行为的，依法给予处分。

第七章　附则

第四十一条　各国管辖范围外区域的地理实体和天体地理实体命名、更名的规则和程序，由国务院地名行政主管部门会同有关部门制定。

第四十二条　纪念设施、遗址的命名、更名，按照国家有关规定办理。

第四十三条　国务院地名行政主管部门可以依据本条例的规定，制定具体实施办法。

第四十四条　本条例自2022年5月1日起施行。

点评

《地名管理条例》标题由“事由+文种”构成，总体上体现了高瞻远瞩与高屋建瓴，对地名命名、更名、使用，地名文化保护，相关的监督检查，法律责任等内容进行了详细规定。地名管理不仅需要坚持和加强党的领导，还应有利于维护国家主权和民族团结，这体现了条例的制定需要依法依规。除此之外，条例内容规定不仅要创新，还要继承，在推进国家治理体系和治理能力现代化的同时，亦要有利于传承和发展中华优秀文化。

第二节　规定与办法

一、规定

（一）规定的适用范围

规定是领导机关、职能部门、社会团体和企事业单位对特定的事项、工作和活动所作出的关于原则、方式、方法等的规定和要求以及相应的措施。①它是为了落实某项法律法规，又或是为了加强某项事务的管理而制定的，所以它具有比较强的约束性，而且规定得很细，具有较强的操作性。②规定是规范类公文中使用范围最广、使用频率最高的文种。③

根据规定的具体内容，可将规定分为党内规定、法规性规定与一般性规定三类。④党内规定是由党内机关根据党内具体事务所作出的规定；法规性规定是对行政工作的某一方面或某项具体工作作出的规定；一般性规定不属于法规性质，但同样具有制约性与规范性。

（二）规定的写作格式

规定主要由标题、签署、正文三部分组成。

项目	内容
标题	标题写法主要包括两种。一种由“发文机关+事由+文种”构成，如《宁波市公筷使用规定》《广州市城乡规划技术规定》；另一种由“事由+文种”构成，如《企业落实食品安全主体责任监督管理规定》《事业单位领导人员管理规定》《公务员录用规定》。规定在正式实施前，一般会在标题文种前冠以“暂行”字样或在文种后附“试行”加注括号形式，如《事业单位工作人员处分暂行规定》《党组讨论和决定党员处分事项工作程序规定（试行）》
签署	签署一般是在标题下方注明该规定批准的时间与机构、发布的时间与机构等信息，如《事业单位领导人员管理规定》中的签署为：2015年5月28日中共中央批准 2015年5月28日中共中央办公厅发布 2022年1月14日中共中央修订 2022年1月14日中共中央办公厅发布

①岳海翔.文秘通：办公室常用公文写作与范文学习大全［M］.北京：东方出版社，2020：237.

②公文网.公文写作范本大全：范例、格式、技巧、指导［M］.北京：台海出版社，2019：108.

③舒雪冬.公文写作范例大全：格式、要点、规范与技巧［M］.北京：清华大学出版社，2016：141.

续表

项目	内容
正文	正文内容既可以采用章断条连式,也可采用条文并列式。章断条连式可分为总则、分则和附则三部分。总则说明文件制定的目的及依据,并通过“(特)制定本规定”引启下文。除此之外,还应明确适用对象、遵循原则以及执行要求。分则是文种规定的主体与核心,明确规定了实质性内容、执行落实举措及监督追责。附则作为规定的结尾部分,作补充说明,明确解释权与实施日期,如《党委(党组)落实全面从严治党主体责任规定》。条文并列式按照条文形式,逐条列出,且行文思路和逻辑与章断条连式基本一致,如《公务员录用规定》

(三)规定的写作要求

一是逻辑严谨。规定需要做到一文一事。在文中要交代清楚制定的原因、目的、依据、适用对象等内容,明确行为规范,能够让适用对象知道哪些可为,哪些不可为。不可为而为之应当承担何种责任等内容均需详细说明。

二是结构简明。不论是章断条连式,还是条文并列式,每一条的内容都不能拖泥带水,条与条之间无需过渡语,条项间均是独立的内容。

三是用语规范。这是所有公文都需要遵守的写作要求,在行文中切忌使用含糊不清、具有歧义的词语,用语需简明扼要,言简意赅,遣词造句都需要精心打磨、反复推敲。

二、办法

(一)办法的适用范围

办法是国家党政机关或企事业单位使用的一种规范性公文,内容主要是对某项工作或活动依法制定开展的具体方法、步骤和措施,它从属于法律的规范类公文,具有法律效力。

(二)办法的写作格式

办法主要由标题、签署、正文三部分组成。

标题	标题写法主要包括两种。一种由“发文机关+事由+文种”构成,如《浙江省护林员管理办法》《晋城市海绵城市建设管理暂行办法》;另一种由“事由+文种”构成,如《公务员公开遴选办法》《中央和国家机关培训费管理办法》《关于规范申请专利行为的办法》。办法在正式实施前,一般会在标题文种前冠以“暂行”字样或在文种后附“试行”加注括号形式,如《宣传思想文化系统事业单位领导人员管理暂行办法》《新录用公务员试用期管理办法(试行)》

续表

签署	签署一般是在标题下方注明该办法批准的时间与机构、发布的时间与机构等，如《公务员录用违规违纪行为处理办法》中的签署为：2009年11月9日中共中央组织部、人力资源社会保障部制定 2016年9月6日中共中央组织部、人力资源社会保障部、国家公务员局修订 2021年8月25日中共中央组织部部务会会议修订 2021年9月18日中共中央组织部、人力资源社会保障部发布
正文	正文内容既可以采用章断条连式，也可采用条文并列式。章断条连式可分为总则、分则和附则三部分。行文思路与“规定”一致，如有附件，可一并附上，如《公务员录用违规违纪行为处理办法》。条文并列式按照条文形式，逐条列出，且行文思路和逻辑与章断条连式基本一致，如《创建示范活动管理办法（试行）》

（三）办法的写作要求

一是有据可依。办法的依附性较强，它的制定与实施需按照所依据的文件精神和内容来制定，可对原文件的相关原则与目标进行阐释，相关条件进行列举说明，相关术语进行解释，相关范围进行界定，不能出现脱离或背离原文件精神的内容。

二是切实可行。不论是管理办法，还是实施办法，都要求办法的内容接地气，比所依据的政策规定更具体，更细化，更切合实际。

三、规定与办法的区别

规定与办法均可作为国家法律法规、企事业单位内部规章制度的文件。规定是用来解决或处理某个方面问题的原则和要求，办法是处理和解决某个具体问题的方法。办法比规定的涉及面更细、更小，性质比规定更轻，可操作性更强。

四、范文解析

【例文1】

推进领导干部能上能下规定

（2015年6月26日中共中央政治局会议审议批准 2015年7月19日中共中央办公厅发布 2022年8月19日中共中央政治局常委会会议修订 2022年9月8日中共中央办公厅发布）

第一条 为了全面推进党的政治建设、思想建设、组织建设、作风建设、纪律建设，健全能上能下的选人用人机制，建设德才兼备、忠诚干净担当的高素质专业化干部队伍，完善从严管理干部队伍制度体系，根据《中国共产党组织工作条例》、《党政领导干部选拔任用工作条例》等党内法规和《中华人民共和国公务员法》等法律，制定本规定。

第二条 推进领导干部能上能下，坚持以习近平新时代中国特色社会主义思想为指导，贯彻新时代党的建设总要求和新时代党的组织路线，落实新时代好干部标准，坚持党要管党、全面从严治党，坚持实事求是、公道正派，坚持事业为上、人事相宜，坚持依法依规、积极稳妥，着力解决不担当、不作为、乱作为等问题，促使领导干部自觉践行“三严三实”要求，推动形成能者上、优者奖、庸者下、劣者汰的用人导向和从政环境。

第三条 本规定适用于各级党的机关、人大机关、行政机关、政协机关、监察机关、审判机关、检察机关，以及列入公务员法管理的其他机关和参照公务员法管理的机关(单位)中担任领导职务的干部。国有企业、事业单位中担任领导职务的人员，参照本规定执行。

第四条 推进领导干部能上能下，重点是解决能下问题。应当结合实际分类施策，严格执行问责、党纪政务处分、组织处理、辞职、职务任期、退休等有关制度规定，畅通干部下的渠道。

本规定主要规范对不适宜担任现职干部的领导职务所作的组织调整。

第五条 不适宜担任现职，主要指干部的德、能、勤、绩、廉与所任职务要求不符，不宜在现岗位继续任职。干部具有下列情形之一，被认定为不适宜担任现职，应当及时予以调整：

(一)政治能力不过硬，缺乏应有的政治判断力、政治领悟力、政治执行力，在不折不扣贯彻落实党中央决策部署、结合实际推动落地见效上存在明显差距的；

(二)理想信念动摇，在涉及党的领导、中国特色社会主义制度等重大原则问题上立场不坚定、态度暧昧，关键时刻经不住考验的；

(三)担当和斗争精神不强，在事关党和国家利益、人民群众生命财产安全等紧要关头临阵退缩，在急难险重任务、重大风险考验面前消极逃避或者应对处置不力的；

(四)政绩观存在偏差，不能坚持以人民为中心的发展思想，不能准确把握新发展阶段、完整准确全面贯彻新发展理念，在构建新发展格局、推动高质量发展上不积极不作为，搞“形象工程”、“政绩工程”乱作为的；

(五)违背党的民主集中制原则，独断专行或者软弱涣散、自行其是，不执行或者擅自改变组织作出的决定，在领导班子中闹无原则纠纷，或者任人唯亲、拉帮结派，破坏所在地方、单位政治生态的；

(六)组织观念淡薄，不严格执行重大事项请示报告、个人有关事项报告等制度，无正当理由拒不执行组织的分配、调动、交流等决定的；

(七)事业心和责任感不强，精神状态差，对职责范围内的事项敷衍塞责，对群众急难愁盼问题不上心、不尽力，工作推拖绕躲、贻误事业发展的；

（八）领导能力不足，不能有效履行职责、按要求完成目标任务，重大战略、重要改革、重点工作推进不力，所负责的工作较长时间处于落后状态或者出现较大失误的；

（九）违规决策或者决策论证不充分、不慎重，造成公共资金、国有资产、国有资源损失浪费，生态环境破坏，公共利益损害等后果的；

（十）作风不严不实，执行中央八项规定精神不严格，形式主义、官僚主义问题突出，造成不良影响的；

（十一）品行不端，行为失范，违背社会公德、职业道德、家庭美德，造成不良影响的；

（十二）因存在配偶、子女移居国（境）外，配偶、子女及其配偶经商办企业等情况，按照有关规定需要组织调整的；

（十三）年度考核被确定为不称职，或者连续两年被确定为基本称职，以及民主测评优秀和称职得票率达不到三分之二，经认定确属不适宜担任现职的；

（十四）因健康原因无法正常履行工作职责1年以上的；

（十五）其他不适宜担任现职的情形。

第六条　党委（党组）及其组织（人事）部门按照干部管理权限，履行组织调整的有关职责。

各级组织（人事）部门应当把功夫下在平时，深化对干部的日常了解，定期分析研判考核考察、巡视巡察、审计、统计、个人有关事项报告、民主评议、信访举报等有关领导班子和干部队伍情况，动态掌握干部现实表现，对存在苗头性、倾向性或者轻微问题的，及时予以提醒、谈话、函询、批评教育、责令检查或者诫勉，对不适宜担任现职的及时启动调整程序。

第七条　调整不适宜担任现职干部，一般按照以下程序进行：

（一）核实认定。组织（人事）部门综合分析各方面情况，对不适宜担任现职的情形进行核实，作出客观评价和准确认定。注重听取群众反映、了解群众口碑，特别是听取工作对象、服务对象等相关人员的意见。必要时可以与干部本人谈话听取说明。

（二）提出建议。组织（人事）部门根据调查核实和分析研判结果，对不适宜担任现职干部提出调整建议。调整建议包括调整原因、调整方式、安排去向等内容。

（三）组织决定。党委（党组）召开会议集体研究，作出调整决定。作出决定前，应当听取有关方面意见。涉及干部双重管理的，主管方应当按照有关规定程序征求协管方意见。

（四）谈话。党委（党组）或者组织（人事）部门负责同志与调整对象进行谈话，宣布组织决定，认真细致做好思想工作。

（五）按照有关规定履行任免程序。一般在1个月内办理调整干部工资、待遇等方面的手续。对选举和依法任免的干部，按照有关法律法规、章程和规定的程序进行。

第八条　干部本人对调整决定不服的，可以按照有关规定申请复核或者提出申诉。复核、申诉期间不停止调整决定的执行。

第九条　对不适宜担任现职干部，应当根据其一贯表现和工作需要，区分不同情形，采取平职调整、转任职级公务员、免职、降职等方式予以调整，符合提前退休条件的可以办理提前退休。

对非个人原因或者健康原因不能胜任现职岗位的，应当从事业需要和关心爱护干部出发，予以妥善安排。

调整不适宜担任现职干部，原则上在职数范围内安排。暂时超职数的，应当报经上一级党委组织部门和机构编制部门同意，并明确消化时限，一般应在1年内消化。

第十条　对被调整的干部，应当跟踪了解其思想动态和工作状况，有针对性地做好教育管理工作。根据工作需要，对认真汲取教训、积极努力工作，德才表现和工作实绩突出且经考察符合任职条件的，可以进一步使用、晋升职级或者提拔职务。

第十一条　各级组织（人事）部门应当对不适宜担任现职干部的调整原因、安排方式和后续管理等情况进行纪实，每年1月底前向上一级党委组织部门报备上年度相关情况。

第十二条　健全和落实推进领导干部能上能下工作责任制，党委（党组）应当坚决扛起主体责任，党委（党组）书记应当切实履行第一责任人的责任，组织（人事）部门应当自觉承担具体工作责任，坚持原则、敢于负责，做到真管真严、敢管敢严、长管长严，结合日常干部选拔任用、管理监督、领导班子换届等工作，推进能上能下常态化。

第十三条　坚持严管和厚爱结合、激励和约束并重，落实"三个区分开来"要求，正确把握政策界限，保护干部干事创业、改革创新的积极性，宽容改革探索、先行先试等工作中的失误。

第十四条　严明推进领导干部能上能下工作纪律，不得搞好人主义，不得避重就轻、以党纪政务处分规避组织调整或者以组织调整代替党纪政务处分，不得借机打击报复。

第十五条　积极营造推进领导干部能上能下的制度环境和舆论氛围，加强督促检查，把本规定执行情况纳入党委（党组）履行全面从严治党主体责任、"一报告两评议"、巡视巡察、选人用人专项检查等内容，纳入党委（党组）书记年度考核述职内容。对严重不负责任，或者违反有关工作纪律要求的，应当追究党委（党组）及其组织（人事）部门主要负责人和有关领导成员、直接责任人的责任。

第十六条　各地区各部门可以根据本规定，结合自身实际，制定实施细则。

第十七条　本规定由中央组织部负责解释。

第十八条　本规定自发布之日起施行。

点评

这是一篇典型的条文并列式公文。标题采用的是“事由+文种”格式，在标题下方注明签署历程。正文前四条具体介绍了公文出台的目的、依据、目标、适用对象以及涉及范围等，通过“本规定主要规范……”一句话正式进入正题，逐项列出调整原因、调整程序、调整措施等。

【例文2】

四川省食盐储备管理办法

第一章　总　则

第一条　根据《食盐专营办法》《盐业体制改革方案》和《四川省盐业体制改革实施方案》的要求，为规范政府食盐储备组织实施和监督管理，确保全省食盐安全稳定供应，结合我省实际，制定本办法。

第二条　本办法所称食盐储备是指省人民政府为应对自然灾害和突发事件发生时，或其他因素导致食盐市场异常波动，委托承储企业储备保障供应的食盐政府储备。

第三条　食盐储备的基本原则：

（一）统一管理，统一调度；

（二）保障质量，确保安全；

（三）合理布局，保障供应；

（四）政府储备，财政支持。

第四条　经济和信息化厅负责以公平公正方式确定承储企业，制定政府食盐储备方案并组织实施绩效管理及监督检查工作。

财政厅负责政府食盐储备补贴资金筹措、拨付，组织开展重点绩效评价。

各市（州）经济和信息化主管部门负责配合辖区内食盐储备库（点）储备任务落实情况的监督检查。

第二章　储备管理和实施

第五条　承储企业与经济和信息化厅签订政府食盐储备承储协议，明确各方权利、义务和违约责任等事项。

第六条　承储企业应具备以下基本条件：

（一）具有省级食盐定点生产或省级食盐定点批发资质；

（二）具备保障全省范围内政府食盐储备的仓储设施设备和能力；

（三）仓储条件达到《食盐批发企业质量等级及技术要求》(GB/T18870)A级或A级以上标准；仓储点位交通便利，在短时间能够到达相关区域；

（四）食盐应从食盐定点生产企业或者其他食盐定点批发企业购进，质量符合国家食用盐标准；

（五）管理规范，诚信良好，无违法经营记录，未发生过食盐质量安全事故。

第七条　承储企业应承担以下责任：

（一）承储企业是政府食盐储备的责任主体，应严格落实储备计划，严禁掺杂使假，以次充好。未经批准不得调整、更改、拖延储备计划，不得擅自动用政府储备食盐和变更储备库（点）；

（二）承储企业应建立健全政府食盐储备的卫生、防火、防盗、防潮、防洪等安全管理制度，加强储备库（点）现场管理和检查，确保储备食盐数量、质量达标和储存安全；

（三）政府食盐储备实行专仓或专垛储存，与其他库存商品分区存放。严格执行出入库登记和盘点制度，挂牌标注、专人保管、专账记载，保证食盐储备账账相符、账实相符；

（四）承储企业采用滚动储备、定期轮换的管理模式，自主安排每年对储备食盐至少轮换两次。轮换出的食盐应在30日内补足库存；

（五）承储企业按季度将承储情况向经济和信息化厅书面报告，不得虚报食盐储备的数量。

第八条　政府食盐储备的动用由经济和信息化厅提出方案，报省政府批准。出现下列情况，可以动用政府食盐储备：

（一）全省或部分地区食盐明显供不应求或价格异常波动；

（二）发生重大自然灾害或其他重大突发事件。

第九条　动用政府食盐储备时，承储企业根据经济和信息化厅的指令要求，在规定时间内将食盐发送到指定地区和单位，并与接收单位衔接，办理食盐签收和货款结算等有关事宜。

承储企业应按照食盐存储成本价格供应，有关价格损溢，按会计核算制度处理。政府食盐储备动用后，承储企业要及时补齐储备数量。

第三章　补贴资金管理

第十条　省级财政负担省级政府食盐储备的补贴费用，主要包括贷款贴息和管理费用，采用包干使用方式核定。

政府食盐储备实行有偿调用，调入方不得以任何借口或理由拖延、拒付。

第十一条　经济和信息化厅会同财政厅对储备规模、规格和补贴资金标准进行审核，报省政府同意后执行，原则上一定三年不变。

第十二条　按照绩效管理要求，对承储企业的政府食盐储备量、储备质量合格率、储备轮换率、社会效益等绩效目标进行考核。经济和信息化厅负责组织承储企业每年开展绩效自评，适时会同财政厅开展重点绩效评价。

第十三条　承储企业应当建立资金管理制度，规范使用财政资金，专人专账管理，严禁挪用政府食盐储备补贴资金，不得将政府食盐储备对外进行担保或者清偿债务。

第四章　监督与检查

第十四条　经济和信息化厅、财政厅负责对承储企业落实食盐储备情况和财政补贴资金使用进行监督检查，配合开展储备补贴资金审计工作，接受社会监督。

第十五条　各级经济和信息化主管部门要加强对辖区内政府食盐储备库（点）储备计划落实情况的监督检查，对在监督检查中发现存在问题的，要责成承储企业限期改正。经济和信息化厅每年安排全省政府食盐储备现场检查、抽查。

第十六条　承储企业要落实承储责任，对有关部门的监督检查，应予以配合，不得拒绝、阻挠。

第十七条　承储企业违反本办法和承储协议，存在管理混乱、弄虚作假、延误食盐应急调用等情形，或在实施食盐储备计划过程中无故拒绝、阻挠监督检查，拒绝限期改正等，由经济和信息化厅商财政厅取消其政府食盐承储资格，造成严重后果和损失的，依法追究责任。

第十八条　在实施食盐储备过程中国家机关和承储企业工作人员存在滥用职权、玩忽职守、徇私舞弊等违法违纪行为的，按照有关规定追究相应责任；涉嫌犯罪的，移送司法机关处理。

第十九条　违反本办法规定的行为，法律、法规和规章已有法律责任规定的，适用其规定。

第五章　附　则

第二十条 本办法由经济和信息化厅会同财政厅负责解释。

第二十一条 本办法自2022年8月1日起执行，有效期5年。

点评

《四川省食盐储备管理办法》是一篇章断条连式结构公文。它在标题中交代了发文的省份、事由和文种。办法具有一定的依附性，这篇例文的制定主要参考了《食盐专营办法》《盐业体制改革方案》和《四川省盐业体制改革实施方案》的要求。同时，在正文总则中交代了“食盐储备”的范围内容与基本原则。分则分别就储备管理和实施、补贴资金管理、监督与检查进行了明确的说明。最后，附则中规定了解释权与有效期。本篇例文体式规范，内容细化，对相关概念进行了界定，有效避免了因多义、歧义而产生误解的情况。

第三节　制度与细则

一、制度

（一）制度的适用范围

制度包含两种义项，《现代汉语词典（第七版）》中明确其为名词，一种释义为在一定历史条件下形成的政治、经济、文化等方面的体系；另一种释义为要求大家共同遵守的办事规程或行动准则。这两种释义可以解释为广义和狭义之分。本书中所讲的“制度”指的是后者，也就是相关部门人群所要共同遵守的办事规程或行动准则。

（二）制度的写作格式

制度由标题、正文和落款三部分组成。

标题	标题写法主要包括两种。一种由“发文机关+事由+文种”构成，如《××大学奖学金制度》《××公司考勤管理制度》；另一种由“事由+文种”构成，如《外事接待管理制度》《合同档案管理制度》。制度在正式实施前，一般会在文种后标明“试行”且加注括号，如《宝钢集团有限公司团干部研修制度（试行）》。除此以外，制度常常和其他文种套用，如《河北省燕赵英才服务卡制度暂行办法》《注册消防工程师制度暂行规定》
正文	正文主要有三种形式，第一，章断条连式；第二，条文并列式；第三，多层条文式。章断条连式可分为总则、分则和附则三部分，如《清华大学奖学金制度》。条文并列式按照条文形式，逐条列出，如《湖南农业大学外国专家楼管理制度》。多层条文式是文中采用“一、二……（一）（二）……1.2.3.”形式逐条列出，如《常州市扶持个体工商户发展联席会议制度》

续表

落款	有些公文正文右下角注明制文机关及发布日期(也可在标题下方正中加括号注明制发单位名称和日期)。单位内部的制定行文不必盖章,政府部门制度及需要广泛下发执行的系统制度则应加盖公章。[①]实际上,大部分制度都没有落款

(三)制度的写作要求

一是体式规范。制度作为规范性公文之一,在编制体式上应保证规范性。不论是章断条连式、条文并列式,还是多层条文式,都应遵循行文逻辑。

二是内容严谨。制度在一定范围内具有法律效力,它对工作程序的规范化、法规化与科学化都发挥着重大作用,因此,内容编排要兼具指导性与约束性,不能出现内容前后矛盾、错误或疏漏等情况。

三是语言简洁。语言表述应当简洁、明晰、朴实。有些企事业单位将制度挂在墙壁上,内容逐项列出,用语简单,让人一目了然,一读就懂。

二、细则

(一)细则的适用范围

细则用于根据法定职责或专门明确授权对法律、法规、规章和其他规定性公文中的有关事务或概念作出具体解释,规定具体的实施办法与规则,明确各种事物与概念间精细的界线,为这些法律、法规、规章等的有效实施确立保证[②]。简而言之,细则是为了其他法律法规更好地贯彻实施而进行的详细且具体的补充与说明。

(二)细则的写作格式

细则包括标题、签署和正文三部分。

标题	标题写法主要包括三种。第一种由“发文机关+规范性文件名称+文种”构成,如《广东省教育厅关于中小学生学籍管理的实施细则(试行)》《北京大学学位授予工作细则》;第二种由“规范性文件+文种”构成,如《中华人民共和国矿产资源法实施细则》《中华人民共和国专利法实施细则》《中央八项规定实施细则》;第三种由“事由+文种”构成,如《中国共产党发展党员工作细则》《安全生产奖惩实施细则》。细则在正式实施前,一般会在标题文种前冠以“暂行”字样或在文种后附“试行”加注括号,如《东莞市特色人才认定评定暂行细则》《高等学校岗前培训暂行细则》《互联网诊疗监管细则(试行)》《山东省本科毕业论文(设计)抽检实施细则(试行)》

①滕新贤,金晔.应用文写作教程 第2版[M].上海:同济大学出版社,2018:161.

②王泽军,赵国俊.秘书工作实用全书[M].北京:中国商业出版社,1996:349.

续表

签署	签署一般是在标题下方注明该细则批准的时间与机构、修订的时间与次数等，如《中华人民共和国计量法实施细则》中的签署为：1987年1月19日国务院批准 1987年2月1日国家计量局发布 根据2016年2月6日国务院令第666号第一次修订 根据2017年3月1日国务院令第676号第二次修订 根据2018年3月19日国务院令第698号第三次修订 根据2022年3月29日国务院令第752号第四次修订。有些细则没有签署，如《江苏省体育事业发展专项资金（大型体育场馆免费或低收费开放）项目实施细则》
正文	正文内容既可采用章断条连式，也可采用条文并列式。章断条连式可分为总则、分则和附则三部分。行文思路与“规定”一致，如有附件，可一并附上，如《云南省建筑工人实名制管理实施细则（试行）》。条文并列式按照条文形式列出，公文行文思路与章断条连式基本一致，有的细则甚至会在分条标题上直接概括目的、依据、适用范围、资助对象等，如《黄浦区高新技术企业认定资助操作细则（试行）》

（三）细则的写作要求

一是有理有释。细则的依附性很强，是为贯彻执行相关规范性文件而制定的，因此，在细则最初部分应先说明制定细则的根据，并对相关内容与词语进行释义，不可随意增减。

二是一条一事。一条内容中只讲一个方面的内容，条项间内容应独立、清晰明了。

三是实地实事。细则的制定要与当地实地情况、实际事实相结合，提出切实可行的解决方法与实施策略。

三、制度与细则的区别

第一，范围不同。制度既可以是对某方面工作具有法令性质的法规性制度，也可以是对某一岗位工作的指导性规范。细则一般是具体某部法律法规的实施细则。

第二，可操作性不同。制度侧重于规范与约束，而细则更侧重于将相关法律法规落地，更具有可操作性。

第三，独立性不同。制度可以独立存在，而细则的出台必须依附其他法律法规，因此，制度更具有独立性。

四、范文解析

【例文1】

常州市扶持个体工商户发展联席会议制度

一、主要职责

贯彻落实党中央、国务院，省委、省政府和市委、市政府关于扶持个体工商户发展的决策部署，研究并推进实施扶持个体工商户发展的重大政策措施；加强部门协作，统筹协调扶持个体工商户发展工作中的重大事项，研究解决重点难点问题；指导督促各地区各有关部门抓好扶持个体工商户发展任务落实，总结推广经验做法；完成市委、市政府交办的其他事项。

二、成员单位

联席会议由市市场监管局、市发改委、市工信局、市司法局、市财政局、市人社局、市住建局、市交通运输局、市商务局、市文广旅局、市医保局、市金融监管局、市税务局、人民银行常州分行、常州银保监分局等15个部门组成，市市场监管局为牵头单位。

联席会议由市市场监管局主要负责同志担任召集人，市市场监管局分管负责同志担任副召集人，其他成员单位分管负责同志为联席会议成员（名单附后）。联席会议成员因工作变动需要调整的，由所在单位提出，联席会议确定。联席会议可根据工作需要调整成员单位。

联席会议办公室设在市市场监管局，承担联席会议日常工作，办公室主任由市市场监管局有关处室主要负责同志担任。联席会议设联络员，由各成员单位有关处室负责同志担任。

三、工作规则

（一）会议制度。联席会议根据工作需要定期或不定期召开会议，由召集人或召集人委托副召集人主持。成员单位根据工作需要可以提出召开会议的建议。在联席会议召开之前，可召开联络员会议，研究讨论联席会议议题和需提交联席会议议定的事项及其他有关事项。专题研究特定事项时，可视情况召集部分成员单位参加会议，也可邀请其他相关部门、地方和专家参加。联席会议以纪要形式明确会议议定事项并印发有关方面。

（二）报告制度。各成员单位应将履行扶持个体工商户发展工作职责、落实联席会议议定事项等情况及时报告联席会议。联席会议办公室及时汇总有关工作情况和存在的困难问题，向成员单位通报有关情况。重大事项按程序报省政府。

（三）调研制度。联席会议可根据工作需要，不定期组织成员单位赴相关地区开展联合调研，督促指导工作。

四、工作要求

市市场监管局要牵头做好联席会议各项工作。各成员单位要按照职责分工，深入研究扶持个体工商户发展重大问题，制定有针对性的政策措施，并抓好工作落实；积极参加联席会议，认真落实联席会议确定的工作任务和议定事项；加强沟通，密切配合，相互支持，形成合力，充分发挥联席会议作用，共同做好扶持个体工商户发展工作。联席会议办公室要加强对联席会议议定事项的跟踪督促落实。

常州市扶持个体工商户发展联席会议成员名单

召 集 人:王竹林　市市场监管局局长

副召集人:王　冰　市市场监管局副局长

成　　员:朱建江　市发改委副主任

薛庆林　市工信局副局长

庾爱民　市司法局副局长

徐　磊　市财政局副局长

苏　叶　市人社局副局长、市人力资源和就业创业管理中心主任(兼)

经　焱　市住建局总工程师

周旭栋　市交通运输局副局长

朱　惠　市商务局副局长

姜　海　市文广旅局副局长

彭伟中　市医保局副局长

周　玮　市地方金融监管局副局长

戚浩东　市税务局二级高级主办

张秋冬　人民银行常州分行副行长

薛春芳　常州银保监分局副局长

点评

这篇制度体式简单明了,仅由四部分内容组成,分别为主要职责、成员单位、工作规则、工作要求。在主要职责部分虽然仅有一段,却充分介绍了制度发布的背景、目的、内容、手段与目标。文末没有落款和结束语,主要内容说清讲明自然而然结束,总体内容简洁利落,不拖泥带水。

【例文2】

中华人民共和国反间谍法实施细则

第一章　总　则

第一条　根据《中华人民共和国反间谍法》(以下简称《反间谍法》),制定本实施细则。

第二条　国家安全机关负责本细则的实施。

公安、保密行政管理等其他有关部门和军队有关部门按照职责分工,密切配合,加强协调,依法做好有关工作。

第三条　《反间谍法》所称“境外机构、组织”包括境外机构、组织在中华人民共和国境内设立的分支(代表)机构和分支组织;所称“境外个人”包括居住在中华人民共和国境内不具有中华人民共和国国籍的人。

第四条 《反间谍法》所称“间谍组织代理人”,是指受间谍组织或者其成员的指使、委托、资助,进行或者授意、指使他人进行危害中华人民共和国国家安全活动的人。

间谍组织和间谍组织代理人由国务院国家安全主管部门确认。

第五条 《反间谍法》所称“敌对组织”,是指敌视中华人民共和国人民民主专政的政权和社会主义制度,危害国家安全的组织。

敌对组织由国务院国家安全主管部门或者国务院公安部门确认。

第六条 《反间谍法》所称“资助”实施危害中华人民共和国国家安全的间谍行为,是指境内外机构、组织、个人的下列行为:

(一)向实施间谍行为的组织、个人提供经费、场所和物资的;

(二)向组织、个人提供用于实施间谍行为的经费、场所和物资的。

第七条 《反间谍法》所称“勾结”实施危害中华人民共和国国家安全的间谍行为,是指境内外组织、个人的下列行为:

(一)与境外机构、组织、个人共同策划或者进行危害国家安全的间谍活动的;

(二)接受境外机构、组织、个人的资助或者指使,进行危害国家安全的间谍活动的;

(三)与境外机构、组织、个人建立联系,取得支持、帮助,进行危害国家安全的间谍活动的。

第八条 下列行为属于《反间谍法》第三十九条所称“间谍行为以外的其他危害国家安全行为”:

(一)组织、策划、实施分裂国家、破坏国家统一,颠覆国家政权、推翻社会主义制度的;

(二)组织、策划、实施危害国家安全的恐怖活动的;

(三)捏造、歪曲事实,发表、散布危害国家安全的文字或者信息,或者制作、传播、出版危害国家安全的音像制品或者其他出版物的;

(四)利用设立社会团体或者企业事业组织,进行危害国家安全活动的;

(五)利用宗教进行危害国家安全活动的;

(六)组织、利用邪教进行危害国家安全活动的;

(七)制造民族纠纷,煽动民族分裂,危害国家安全的;

(八)境外个人违反有关规定,不听劝阻,擅自会见境内有危害国家安全行为或者有危害国家安全行为重大嫌疑的人员的。

第二章　国家安全机关在反间谍工作中的职权

第九条　境外个人被认为入境后可能进行危害中华人民共和国国家安全活动的,国务院国家安全主管部门可以决定其在一定时期内不得入境。

第十条　对背叛祖国、危害国家安全的犯罪嫌疑人,依据《反间谍法》第八条的规定,国家安全机关可以通缉、追捕。

第十一条　国家安全机关依法执行反间谍工作任务时,有权向有关组织和人员调查询问有关情况。

第十二条　国家安全机关工作人员依法执行反间谍工作任务时,对发现身份不明、有危害国家安全行为的嫌疑人员,可以检查其随带物品。

第十三条　国家安全机关执行反间谍工作紧急任务的车辆,可以配置特别通行标志和警灯、警报器。

第十四条　国家安全机关工作人员依法执行反间谍工作任务的行为,不受其他组织和个人的非法干涉。

国家安全机关工作人员依法执行反间谍工作任务时,应当出示国家安全部侦察证或者其他相应证件。

国家安全机关及其工作人员在工作中,应当严格依法办事,不得超越职权、滥用职权,不得侵犯组织和个人的合法权益。

第三章　公民和组织维护国家安全的义务和权利

第十五条　机关、团体和其他组织对本单位的人员进行维护国家安全的教育,动员、组织本单位的人员防范、制止间谍行为的工作,应当接受国家安全机关的协调和指导。

机关、团体和其他组织不履行《反间谍法》和本细则规定的安全防范义务,未按照要求整改或者未达到整改要求的,国家安全机关可以约谈相关负责人,将约谈情况通报该单位上级主管部门,推动落实防范间谍行为和其他危害国家安全行为的责任。

第十六条　下列情形属于《反间谍法》第七条所称“重大贡献”:

(一)为国家安全机关提供重要线索,发现、破获严重危害国家安全的犯罪案件的;

(二)为国家安全机关提供重要情况,防范、制止严重危害国家安全的行为发生的;

(三)密切配合国家安全机关执行国家安全工作任务,表现突出的;

(四)为维护国家安全,与危害国家安全的犯罪分子进行斗争,表现突出的;

(五)在教育、动员、组织本单位的人员防范、制止危害国家安全行为的工作中,成绩显著的。

第十七条　《反间谍法》第二十四条所称“非法持有属于国家秘密的文件、资料和其他物品”是指：

（一）不应知悉某项国家秘密的人员携带、存放属于该项国家秘密的文件、资料和其他物品的；

（二）可以知悉某项国家秘密的人员，未经办理手续，私自携带、留存属于该项国家秘密的文件、资料和其他物品的。

第十八条　《反间谍法》第二十五条所称“专用间谍器材”，是指进行间谍活动特殊需要的下列器材：

（一）暗藏式窃听、窃照器材；

（二）突发式收发报机、一次性密码本、密写工具；

（三）用于获取情报的电子监听、截收器材；

（四）其他专用间谍器材。

专用间谍器材的确认，由国务院国家安全主管部门负责。

第四章　法律责任

第十九条　实施危害国家安全的行为，由有关部门依法予以处分，国家安全机关也可以予以警告；构成犯罪的，依法追究刑事责任。

第二十条　下列情形属于《反间谍法》第二十七条所称“立功表现”：

（一）揭发、检举危害国家安全的其他犯罪分子，情况属实的；

（二）提供重要线索、证据，使危害国家安全的行为得以发现和制止的；

（三）协助国家安全机关、司法机关捕获其他危害国家安全的犯罪分子的；

（四）对协助国家安全机关维护国家安全有重要作用的其他行为。

“重大立功表现”，是指在前款所列立功表现的范围内对国家安全工作有特别重要作用的。

第二十一条　有证据证明知道他人有间谍行为，或者经国家安全机关明确告知他人有危害国家安全的犯罪行为，在国家安全机关向其调查有关情况、收集有关证据时，拒绝提供的，依照《反间谍法》第二十九条的规定处理。

第二十二条　国家安全机关依法执行反间谍工作任务时，公民和组织依法有义务提供便利条件或者其他协助，拒不提供或者拒不协助，构成故意阻碍国家安全机关依法执行反间谍工作任务的，依照《反间谍法》第三十条的规定处罚。

第二十三条　故意阻碍国家安全机关依法执行反间谍工作任务，造成国家安全机关工作人员人身伤害或者财物损失的，应当依法承担赔偿责任，并由司法机关或者国家安全机关依照《反间谍法》第三十条的规定予以处罚。

第二十四条　对涉嫌间谍行为的人员，国家安全机关可以决定其在一定期限内不得出境。对违反《反间谍法》的境外个人，国务院国家安全主管部门可以决定限期离境或者驱逐出境，并决定其不得入境的期限。被驱逐出境的境外个人，自被驱逐出境之日起10年内不得入境。

第五章　附　则

第二十五条　国家安全机关、公安机关依照法律、行政法规和国家有关规定，履行防范、制止和惩治间谍行为以外的其他危害国家安全行为的职责，适用本细则的有关规定。

第二十六条　本细则自公布之日起施行。1994年6月4日国务院发布的《中华人民共和国国家安全法实施细则》同时废止。

点评

《中华人民共和国反间谍法实施细则》是根据《中华人民共和国反间谍法》而制定的实施细则。在总则中交代了负责机关、相关名词界定、涉及的相关行为等内容。细化原法相关内容需注明的相关款项。附则中明确了施行日期，同时废除以往内容相冲突细则。该细则的实施有助于人们理解原法，并能够更好地遵守与践行原法。

本章小结

规范类公文是国家各类组织、社会团体开展行政工作中所涉及的各种规章制度公文。章程根据其性质不同可分为组织章程与业务工作章程两类，本章所指的章程主要是指组织章程。条例是具有长期执行效力的法规性公文，具有法律条文和党政机关公文双重属性。规定与办法均可用作国家法律法规、企事业单位内部规章制度的名称，但办法比规定涉及面更广，性质比规定更轻，可操作性更强。制度与细则相比，制度的使用范围更大，更具独立性，而细则的可操作性、依附性更强。

学习评价

请根据以下评价维度、项目、内容和标准，对自己的学习情况进行评价。

维度	项目	内容	标准(满分:100分)		
			不太了解	基本了解	完全了解
知识与技能	了解规范类公文的文种	章程、条例、规定、办法、制度、细则均属于规范类公文	1	2	4

续表

维度	项目	内容	标准(满分:100分)		
			不太了解	基本了解	完全了解
知识与技能	了解章程与条例的适用范围	章程是组织、团体的根本性规章制度;条例具有法律条文和党政机关公文双重属性,是组织和个人在有关方面的行为准则	1	2	4
	了解规定与办法的区别	规定与办法均可作为国家法律法规、企事业单位内部规章制度的名称,但办法比规定涉及面更广,性质比规定更轻,可操作性更强	1	2	4
	了解制度与细则的区别	制度与细则相比,范围不同、可操作性不同、独立性不同	1	2	4
过程与方法	掌握章程的写作格式与要求	章程通常包括标题、签署和正文三部分内容。章程要求语言简洁、结构严谨、布局清晰	3	6	9
	掌握条例的写作格式与要求	条例由标题、签署和正文三部分构成。条例的编制要求依法依规、合情合理、条分缕析	3	6	9
	掌握规定的写作格式与要求	规定主要由标题、签署、正文三部分组成,要求逻辑严谨、结构简明、用语规范	3	6	9
	掌握办法的写作格式与要求	办法主要由标题、签署、正文三部分组成。在编写过程中,要求有据可依、切实可行	3	6	9
	掌握制度的写作格式与要求	制度主要包括标题、正文、落款三部分,有些也没有落款。制度编制时要求体式规范、内容严谨、语言简洁	3	6	9
	掌握细则的写作格式与要求	细则由标题、签署、正文三部分组成,编写要求做到有理有释、一条一事、实地实事	3	6	9
情感态度与价值观	养成观察身边规范类公文意识	掌握规范类公文使用范围,明确公文使用差别	3	7	10
	养成规范编排公文的意识	提高公文书写与处理的效率,确保文件、材料格式统一、严肃与规范	3	7	10

续表

维度	项目	内容	标准(满分:100分)		
			不太了解	基本了解	完全了解
情感态度与价值观	养成自觉提高公文写作语言能力的意识	明确公文写作的语言要求,能够从身边例文中学习并掌握公文语言使用要点。能够准确、规范、简洁表述公文,切忌浮夸	3	7	10
自评得分					

推荐阅读

1.舒雪冬.公文写作范例大全:格式、要点、规范与技巧[M].北京:清华大学出版社,2016.

2.王致诚,任翔.新党政机关公文与办公室写作:白金版[M].广州:广东人民出版,2019.

3.岳海翔.文秘通:办公室常用公文写作与范文学习大全[M].北京:东方出版社, 2020.

本章自测

1.填空题

(1)章程根据其性质不同可分为__________与__________两类。

(2)条例的写作要求包括________、________、________。

(3)规定根据其内容不同可分为________、________与________三类。

2.简答题

(1)规定与办法的区别?

(2)制度与细则的区别?

3.论述题

如何区别本章中所谈到的各种规范类公文的写作格式?

4.实践题

请根据个人所在社团、学生会、班级等组织的情况,撰写一份相关组织例会制度。字数控制在300字内。

参考文献

[1]公文网.公文写作范本大全:范例、格式、技巧、指导[M].北京:台海出版社, 2019.

[2]王致诚,任翔.新党政机关公文与办公室写作:白金版[M].广州:广东人民出版,2019.

[3]黎嘉梓.实用文体简编[M].北京:现代出版社, 2016.

[4]岳海翔.文秘通:办公室常用公文写作与范文学习大全[M].北京:东方出版社, 2019.

[5]舒雪冬.公文写作范例大全:格式、要点、规范与技巧[M].北京:清华大学出版社,2016.

[6]滕新贤,李丹.应用文写作教程 第2版[M].上海:同济大学出版社, 2018.

[7]王泽军,赵国俊.秘书工作实用全书[M].北京:中国商业出版社,1996.

资料链接

条例是清代的例中最重要的一类。这是因为清代的律典中只有条例能与律文合编在一起,在司法实践中条例和律文同等适用,具有完全相同的效力。

(1)清代的条例制定一方面沿用明例,另一方面是在司法实践中进行的立法活动。

(2)条例往往因事而生,带有案件的痕迹。

(3)清代的条例与律文相比缺乏概括性。

(4)条例的灵活性需要通过庞大的数量来体现。

——张朝晖.论清代律、例的关系[D].山西大学,2008.

第七章　事务类公文

本章概要

本章主要讲解计划、总结、简报、建议、合同这几种常用的事务类公文，主要包括事务类公文的文体特征、主要类型、规范写法及范文点评等。认真学习本章内容，将帮助学生掌握事务类文书的选材立意、谋篇布局等写作技能，助其在社会实践活动中灵活运用与书写，促进工作的高质高效完成。

学习目标

1. 了解计划、总结、简报、建议、合同这几种事务类文书的概念、主要类型。

2. 掌握事务类文书的主要特点及实际功用，了解其书写规范。

3. 通过案例阅读与分析掌握事务类文书的写作技巧，能够在实践活动中熟练地进行写作。

学习重难点

学习重点

1. 了解事务类文书的文体特征。

2. 掌握事务类文书的写作要领。

学习难点

掌握事务类文书写作的基本要求，能将理论知识转化为写作技能。

思维导图

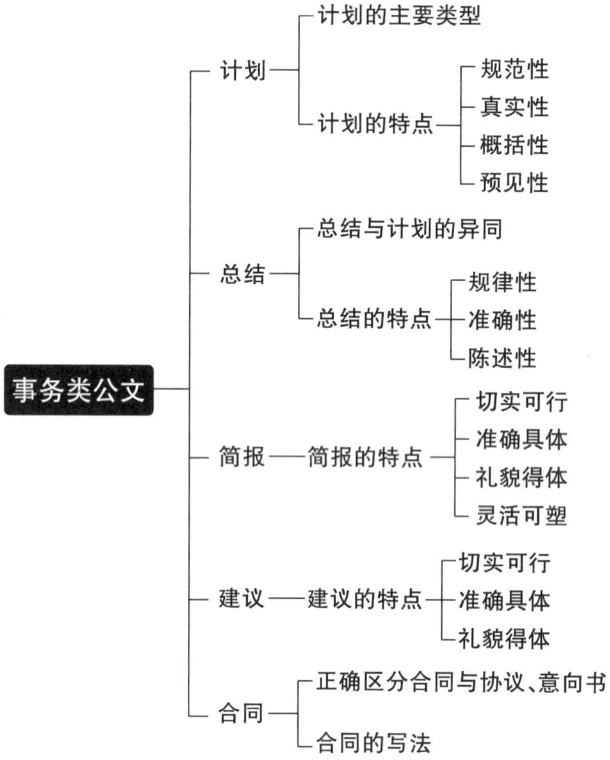

所谓事务类公文,是指党政机关公文中并未纳入,却在日常工作生活中约定俗成、普遍认同、广泛使用的一类文书,“是各级党政机关、企事业单位和社会团体在日常公务活动中为处理事务、实施管理、履行职能、沟通信息、指导工作而制作和使用的法定公文之外的各种事务性文书的统称”。[1]它是单位或个人在日常实践活动中进行工作部署、问题探讨、信息交流的得力工具,一般包括计划、总结、简报、建议、合同、办法、调查报告等,书写相对灵活,辅助性、适用性强,具有现实效用和实际价值。“恰当得体的事务文书,既能推进工作便捷开展,又能促进互相交流沟通;既能在事务工作中发挥传递信息、交流情况与经验、处理公务、解决实际问题等功用,又可以帮助人们有效沟通、交流情感,实现了解、信任、沟通、协调、合作的目的。”[2]

①岳海翔.中国党政机关事务文书写作技巧与范例指导全书[M].杭州:浙江人民出版社,2016:3.
②施秋香.常规要素 别样建构 ——谈事务写作的创新性[J].秘书之友,2020(5):28-30.

第一节　计划

一、计划的概述

古人云“谋定而后动”(《孙子·计篇》)、“三思而后行”(《论语·公冶长》),计划帮助人们在事前对实践活动进行积极思考和筹划,通过借鉴以往的经验,将更多的人力、物力、财力等资源应用到更有价值的领域,做到事前有准备、思想有引领、行动有抓手、实施有保障,可以使事情更加顺利地开展。

所谓计划,是指团体或个人对一定时限内的某一实践活动进行事前设想、规划与统筹安排的事务文书。这一类文书,可以为实践活动提供目的依据、工作思路等,帮助执行者明确后续实践活动的目标、措施、时限等,避免实践活动的盲目性,从而更好地统筹协调、合理安排、规范管理,更高质高效地完成各项事务与既定目标。

二、计划的主要类型

计划是一类文书的统称,其可细分为“规划”“设想”“安排”“方案”等,本节主要讲以下几种计划类文书:

(一)安排

“计划是安排的母体,安排是计划的分解与消化。”①安排一般是较为短期的具体工作要求,内容相对单一,范围相对较小,较侧重时间和步骤的排布,将短期需要达成的目标和工作要求都一一规范与协调,如《关于二月份城区绿地养护管理的工作安排》等。

(二)纲要

举一纲而万目张,纲要多用于全局性、远景式的计划性公文,其制定的机关级别较高,适用时间较长,与经济社会发展状况密切相关,内容严谨凝练、提纲挈领,不可随意制发,如《国家标准化发展纲要》《气象高质量发展纲要(2022—2035年)》等。

①岳海翔.新文风:公文写作基本知识与写作艺术大全[M].北京:东方出版社,2020:230.

（三）规划

规划是某一地区或某一行业、产业在较长时间内的部署方案，是较为长远、宏大、全面的工作筹划。规划需着眼全局、深入调研、反复推敲，做到科学严谨，如《中华人民共和国国民经济和社会发展第十四个五年规划和2035年远景目标纲要》（简称“十四五”规划）等。

（四）设想

设想是较为粗略的、初步的非正式计划，如《××中学20××年工作设想》《××课程标准初步设想》等。

（五）方案

方案是对某项实践活动较为全面、详尽的布置，将意义、目标、实践活动的方式方法及具体步骤都进行整体安排与细致阐释，分章、节、条写明具体任务措施，如《××市关于深入打好污染防治攻坚战的实施方案》等。

（六）要点

要点较为凝练概括，常为下行文，即上级领导向下级布置某项工作时使用，主要将实践活动的重点内容分条列项予以说明，如《××市发改委20××年工作要点》。

计划还可根据内容来划分，如学习计划、工作计划、生产计划、科研计划等；也可根据计划的范围大小来划分，如国家计划、地区计划、部门计划、单位计划、个人计划等；亦可将时间长短作为划分计划种类的依据，如年度计划、季度计划、月计划、旬计划、周计划等；此外，计划还可分为各要素齐全的综合计划和针对某一工作或某一方面进行重点谋划的专题计划。

三、计划的特点

（一）规范性

计划具有规范性的特点。做计划并非凭空构想，而是需要有力的依据作为支撑。这就要求计划的写作要严谨规范，根据党和国家的方针、政策，相关部门的指导意见和相关行业的行为准则来制订计划，要贯彻落实相关要求，学习和研究上级的指示，做到引用规范，行文准确。

（二）真实性

计划需实事求是。做计划并非构造一个极难企及的宏伟目标，而应结合目前的工作实际和实践要求，深入调研后制订出切实可行的行动方针和指南。这就要求计划不夸大、不虚饰，措施真实明确，具备实际价值和可操作性，以确保实践活动的顺利开展。

（三）概括性

计划需具备概括性。计划并非把所有的工作事项一一罗列，而是将实践活动的重点、难点信息予以着重强调，并根据中心内容提供相应的工作措施和可行方案。这就要求在撰写时注意事项的轻重缓急、主次顺序，做到条理清晰、重点突出，要点凝练。

（四）预见性

计划是针对未来实践活动的谋划与部署，因此计划具有预见性。在工作中，常会出现各种各样的问题，这就需要我们能够未雨绸缪，提前构想好一段时期内的工作任务，有明确的目标和指标，以适应未来出现的各种实际问题和突发情况。通过“做什么”“怎么做”“做到什么程度”等问题的思考，为实践活动提供多重思路和解决方案，避免在后续的实施过程中手足无措，造成工作的盲目与被动。

四、计划的写法

（一）标题

1.全要素式标题

常用的公文式标题常包含以下四个要素：单位/个人名称、时限、主要内容、文种。如《××公司20××年药品安全工作计划》《20××年全市生态环境保护工作要点》等。

2.省略式标题

省略式标题是将全称式标题中的某一或某几个要素省略后呈现出的计划标题。

（1）省略时间：如《××局××工作要点》《××省现代水网建设规划》等。

（2）省略单位名称：如《20××年宣传工作计划》。需注意的是，若标题中省略了单位名称，需在文末落款处标注清晰。

（3）省略单位名称和主要内容：如《20××年工作安排》。

（4）省略单位名称和时间：如《原材料工业“三品”实施方案》。

应注意的是，若计划并未最终敲定，仍有讨论、修正、补足与完善的空间时，应在未确定的稿件标题后加注“草案”“初稿”“讨论稿”等来说明其文稿的应用效力，如《施工进度计划（初稿）》等。

（二）正文

1.开头

开头又称前言或导言，在文章的开篇位置进行导入，主要说明制定计划的目的、背景、意义和依据等。一方面，开头可从外部环境着手，从政治、经济、文化、生态等方面寻找支撑工作顺利开展的政策、方针、制度、方式方法；另一方面，也可从内部工作动机着手，针对该项工作的基本情况、组织性质、管理模式、资源调配、重点难点等进行分析，从而明晰计划的制定方向。

2.主体

主体部分是整个计划的核心，一般采用分条列项的方式，拟出若干个小标题，内容应准确具体，主要包括“做什么”“怎么做”“做到什么程度”等内容，用以明确工作的整体目标、具体安排、实施的方法、步骤和指标要求，需要具备真实性和可执行性。主体部分的写作要注意以下几点。

（1）点明总的目标与要求

首先，计划应写明一定时期内的总目标和总任务，明确需要做什么工作、开展哪些实践活动。有了清晰的纲目，再去驾驭繁杂的事务便会简单许多。需要注意的是，制定的总目标与要求要符合实践活动的客观规律，前期需进行细致调研，不能脱离实际，避免目标过低、过高或偏离现象的发生。

总目标及要求的书写，可以使用动宾结构短语。在具体的写作中，我们常用到的动词有“贯彻”“深化”“实施”“完善”“推动”“提升”等，可搭配成如“贯彻××理念”“深化××改革”“实施××战略”“完善××制度”“推动××格局”“提升××水平”“强化××管理”“优化××结构”“加强××建设”等短语，中间则补充说明实践活动的具体内容，从而构成明确清晰的计划条目。我们也可在其之前加上“全面”“不断”“着力”“奋力”“积极”“坚决”“牢固”“尽快”“扎实”等状语来反映实践活动实施的力度、态度和程度，如“着力提升县域经济发展水平”“全面加强生态文明建设”等。

（2）过渡语。

过渡语是连接开头和主体的桥梁，能够起到承上启下的作用。常用的过渡词汇有：“为此”“据此”“依此”“特”“特此”“特将”“如下”等。也常用一些过渡语来接驳下文，如：“为实现这一目标/要求，现制定以下措施”“现计划如下”“为此，现制定如下计划”“面对当前××形势，制定本计划”“今年的重点工作是”等。在过渡语后，一般书写冒号，引出具体的计划内容。

（3）点明具体的任务和措施。

该部分应针对上述总的目标和依据提出具体的设想和对策，分条列项点明实践活动的各项任务和工作内容。例如怎样完成既定指标，运用什么方法、策略、手段，怎样进行人员的调配、物资的划分、资金的统筹，如何分工合作等，要帮助工作人员明确今后需要“怎么做”，避免工作混乱、效率低下、职责不明等现象。

（4）明确工作的指标要求。

该部分应以简洁明了的语言点明该工作应做到何种程度，什么时候完成，先做什么、后做什么等，在计划中设定好未来实践活动所要达到的预期指标，将所做工作的质量、数量、截止时间、工作的先后步骤等进行简述，以做到统筹统支。

除了分条列项的形式外，我们亦可采用表格的形式来体现工作计划，在表格中清晰呈现相关的目标、指标、工作内容、分工安排等具体信息，美观整洁、一目了然。此外，也可将分条列项的文字和清晰明确的表格两者结合，共同将该实践活动的计划表述明晰。

3.结语

结尾并非必须，可以自然收束；也可对这一工作的发展前景作符合客观实际的展望，从而激发斗志；亦可交代完成该工作的具体时限或是对工作人员提出期望和要求，以期更加顺利高效地完成既定工作。

（三）落款

计划的落款位于正文的右下方。需写明制定计划的单位名称（或个人姓名）和撰写计划的具体日期，即“××××年××月××日”。若为公开发文，需加盖单位公章。

五、范文解析

【例文1】

四川省应急救援能力提升行动计划

（2019—2021年）

为深入贯彻党中央国务院关于推进应急管理体制改革的总体部署，认真落实省委省政府提升应急能力的工作要求，显著提升全省应急救援综合能力，防范化解重大安全风险，结合我省实际，制定本计划。

一、总体要求

（一）指导思想。以习近平新时代中国特色社会主义思想为指导，全面贯彻党的十九大和十九届二中、三中、四中全会精神，深入贯彻落实习近平总书记对四川工作系列重要指示精神，坚持以人民为中心的发展思想，牢固树立安全发展理念，坚持生命至上、安全第一，以科学高效救援为目标，以夯实基层基础为重点，以强化科技创新为支撑，提升重大自然灾害和生产安全事故应急救援能力，最大限度降低灾害事故风险和损失，走出一条符合四川实际、体现四川特色的应急管理新路子。

……

二、总体目标

通过三年努力，应急救援设施设备按国家标准达标配备，应急救援短板基本补齐，应急救援的针对性和实效性明显增强，基本建成符合国家要求、满足四川急需、可靠有效的应急救援体系。到2021年，全省应急救援的系统性、整体性、协同性进一步增强，指挥协调、救援处置、风险防范和监管执法能力显著提升，重大安全风险得到有效管控，自然灾害防治能力不断提高，应急救援能力整体水平跃上新台阶。

三、主要任务

针对我省自然灾害和安全生产形势，以及应急救援基础现状，按照“强基础、明责任、建机制、抓落实、重考核、看结果”的工作要求，衔接自然灾害防治“九大工程”，做好与应急产业的对接，扎实推进项目建设，稳步提升应急救援能力。

(一)夯实基层基础，全面推进达标建设。

对照国家标准，建设城乡消防站队、专职消防力量和危险化学品重大危险源监测预警系统，实现全面达标。

1.推进城乡消防站、队建设……

2.推进专职消防力量建设……

3.推进危险化学品重大危险源监测预警系统建设……

(二)紧贴实战需要，着力补齐能力短板。

以提升应急救援实战能力为目标，建设应急指挥系统、应急救援基地和森林航空消防基础设施，显著提升应急响应、指挥、处置能力和基础保障能力。

4.加强应急管理信息化及指挥场所建设。……

5.加强应急救援基地建设……

6.加强森林航空消防基础设施建设……

(三)突出灾害特点，不断增强应急救援针对性和实效性。

立足四川实际，建设专业应急救援队伍，配备先进救援装备，提升危险化学品、森林火灾、地震、地质灾害、矿山、城市消防等重点行业(领域)灾害事故应急救援效能。

7.提升危险化学品重大风险防范和应急救援能力……

8.提升森林消防装备现代化水平……

9.提升地震、地质灾害和矿山事故应急救援能力……

10.提升城市消防救援攻坚能力……

11.四、保障措施

12.

13.(一)加强组织领导……

14.(二)明确工作职责……

15.(三)强化资金保障……

16.(四)严格监督考核……

点评

该计划标题为公文型标题，计划的内容、时间、文种均表述清晰。开头阐述了开展应急救援能力提升行动的原因和依据："为深入贯彻党中央国务院关于推进应急管理体制改革的总体部署，认真落实省委省政府提升应急能力的工作要求，显著提升全省应急救援综合能力，防范化解重大安全风险。"后跟过渡句："结合我省实际，制定本计划"。全文共分为总体要求、总体目标、主要任务、保障措施四个部分，主要任务和保障措施两部分分条列项，根据相应的目标、依据，结合本省基础现状和形势，来制订具体的行动措施和相应指标，表述清晰明确，结构完整合理。

【例文2】

新时代基础教育强师计划

高质量教师是高质量教育发展的中坚力量。为贯彻落实《中共中央 国务院关于全面深化新时代教师队伍建设改革的意见》，按照《中华人民共和国国民经济和社会发展第十四个五年规划和2035年远景目标纲要》要求，着力推动教师教育振兴发展，努力造就新时代高素质专业化创新型中小学(含幼儿园、特殊教育，下同)教师队伍，为加快实现基础教育现代化提供强有力的师资保障，制定本计划。

一、总体要求

(一)指导思想……

(二)基本原则……

(三)目标任务……

二、具体措施

(一)提升教师思想政治素质……

(二)加强和改进师德师风建设……

(三)建设国家师范教育基地……

(四)开展国家教师队伍建设改革试点……

(五)建立教师教育协同创新平台……

(六)实施高素质教师人才培育计划……

(七)实施中西部欠发达地区优秀教师定向培养计划……

(八)深化精准培训改革……

(九)改进师范院校评价……

(十)进一步完善教师资格制度……

(十一)优化义务教育教师资源配置……

(十二)优化教职工编制配置……

(十三)深化教师职称改革,完善岗位管理制度……

(十四)加强教师工资待遇保障……

(十五)推进教师队伍建设信息化……

三、实施保障

(一)组织保障……

(二)政策保障……

(三)经费保障……

点评

该计划标题为省略型标题,省略了单位名称和时间信息。开篇简要介绍了制定本次计划的依据和目的,以《中共中央 国务院关于全面深化新时代教师队伍建设改革的意见》和《中华人民共和国国民经济和社会发展第十四个五年规划和2035年远景目标纲要》为制定计划的依据,目的则是为了“着力推动教师教育振兴发展,努力造就新时代高素质专业化创新型中小学(含幼儿园、特殊教育,下同)教师队伍,为加快实现基础教育现代化提供强有力的师资保障”。开头后跟过渡语:“为×××,制定本计划”,承上启下,引出后文具体计划。主体部分分为总体要求、具体措施、实施保障三个模块,每个模块分条列项,十五条具体措施分别围绕提升教师能力素质、推动优质师资均衡、加强教师教育体系建设、深化管理综合改革四个方面展开,结构完整,内容丰富。

第二节 总结

一、总结概述

“前事不忘,后事之师。”(《战国策·赵策一》)要想出色地完成工作任务,需要做到我们日常所说的“事前有计划,过程有跟踪,事后有总结”。所谓总结,是对某一团体或个人在一定时期内实践工作进行回顾梳理与系统评析的事务类公文。总结是理论知识外化再升华的有效路径,它通过对工作、学习、生产、科研等实践活动经验的归纳与梳理,提炼出切实有效的工作规律,从而给予实践活动客观严谨的评价与切实可行的指导性意见。借由总结的经验，可以帮助人们明确前期实践过程中的突出成就与不足，帮助其改进实践过程中的不足之处，截长补短，将总结的经验应用至后续工作中。

总结一方面是前期实践活动实绩的回顾与记录，具有一定的留存意义和资料价值；另一方面也能够起到沟通工作的作用，汲取成功之经验与失败之教训，帮助我们改进实践活动。

二、总结的分类

按照时间划分，总结可分为年度总结、学期总结、季度总结、月度总结、阶段总结、周总结等，如《20××年度工作总结》。

按照内容划分，总结可分为学习总结、活动总结、思想总结、生产总结、工作总结、科研总结、教学总结等，如《个人学习总结》。

按照范围划分，总结又可分为地区总结、行业总结、部门总结、单位总结、班组总结、个人总结等，如《市政府办公室20××年工作总结》。

当然，总结也可划分为综合总结和专题总结两种。综合总结相对全面，对整个工作的不同面向、基本状况、成绩与不足、问题与方法都有较为全面的书写；而专题总结则是针对实践活动中的某一具体问题或某一方面进行书写，内容明确且有针对性。

三、总结与计划的异同

计划是总结得以顺利完成的基础和依据，而总结又能在一定程度上发现计划中存在的缺陷和不足，为下一次计划的提升提供方法和手段。

需要注意的是，计划是在事前完成的，它对整个实践活动具有预见性和全局性，从而保证决策的实现、工作的顺利开展。而总结则是在事后进行的，在完成某项实践活动后，对已经发生过的事件进行反思、查验和评析。

四、总结的特点

（一）规律性

总结并非是各项实践活动内容的堆砌、罗列，而是在已发生的实践中寻找、提炼出共性规律与症结所在，吸取成功的经验和失败的教训，为今后工作的高质高效实施提供依据与方案。因此，相较于详细具体的报告，总结不再运用大量的叙述来说明情况、解释问题，而是提供概括性的文字、书写规律性的内容、呈现实质性的问题来反思工作，指导实践。

（二）准确性

为呈现实践活动的具体成绩与缺陷，总结中常会出现相关的案例、数据和各类佐证材料，这些内容都应做到真实准确，不夸大、不空泛，为今后的实践活动提供依据和范本。

（三）陈述性

总结是对过去一段时间某项工作或实践活动的经验反思，因此应该采用陈述的方式，客观阐述过往的工作方法、工作经验、优缺点等，应避免使用夸张、双关等修辞手法，避免抒情或过度刻画。

四、总结的写法

总结主要由三个部分组成，分别为标题、正文和落款。

（一）标题

总结的标题可分为公文型标题与文章型标题、文章—公文型标题三种。标题应做到凝练醒目、准确恰切。

1.公文型标题。

此类标题与党政机关公文中“发文机关名称+事由+文种”的标题形式较为类似，可分为全要素型标题和简略要素型标题两种。

（1）全要素型标题

全要素型标题是“单位名称/个人名称+时间+总结内容+文种”。如《××公司2022年度财务工作总结》。

（2）简略要素型标题。

简略要素型标题常省略一个或一个以上的要素。但需注意，不能省略文种。如《××年度工作总结》，该标题省略了单位名称/个人名称要素。《××学校考研经验分享会总结》该标题省略了时间要素。

2.文章型标题

文章型标题无公文要素的严格限制，可将文章的主要内容或主题主旨进行精练概括，也可采用一些新颖生动的表达方式吸引受众的关注。例如《回眸五年路 奋进新征程》，该标题中的“回眸”便有回过头看的意思，该标题实际巧妙隐含了对过去五年工作进行回顾的意思，两个对称动宾结构的表达也使得标题既美观生动，又内涵丰富。

3.文章—公文型标题

文章—公文型标题格式又称为主副双行标题。主标题为文章型标题，用以揭示正文主旨或中心思想，生动鲜明，吸引受众的注意；副标题为公文型标题，用以说明单位名称、时间、总结内容、文种等，内容严谨规范。主副标题间用破折号加以衔接，排列方式常为上梯形、下梯形或菱形结构，做到整齐匀称。如《修身立师德 初心育栋梁——××学院20××年师德师风建设经验总结》《披沙拣金 砥砺前行——2021—2022年度学习总结》等。文章—公文型标题常采用对仗结构，字数相等、结构相似、意义相近，工整对仗，不仅在语言表述中呈现韵律美、节奏美，也在整饬的标题中容纳进更多的总结要素与信息。应注意的是，一般的总结不放个人姓名到标题中，多在落款处予以呈现。

（二）正文

元代陶宗仪《南村辍耕录》中言“作乐府亦有法，曰凤头、猪肚、豹尾六字是也”。[①]总结的正文亦由“凤头、猪肚、豹尾”三部分构成，即精彩的开头、丰富的主体和有力的结尾三个部分。

1. 开头

开头应用语精简凝练，概述实践活动的基本情况，对某一阶段的实践活动进行总体评价，不宜铺陈过多、套话连篇，忌冗杂拖沓，一般有简述式、总结式和对比式三种开头。

（1）简述式开头。简述式开头需简要交代实践活动的时间、地点、依据、目的、意义等，概述实践活动的基本情况。

（2）总结式开头。总结式开头常进行因果的倒置，先果后因，开篇先亮出结论，几句话说明整篇文章的中心思想和主旨所在，重点要明确清晰。

（3）对比式开头。对比式开头采用横向对比或纵向对比的方式，或在同一历史时期中进行实践成果的比较，或利用数据信息来呈现今昔发展变化，以凸显此次实践活动中的成就或不足之处，内容直观鲜明。

2. 主体部分

总结的主体部分不应是各项具体工作罗列出的“流水账”，而应着重呈现实践活动中的重点、难点，归纳概括出共性的规律和经验。可将总结内容分成不同的模块，如措施步骤、突出成绩、不足之处、改进方案、努力方向等，对实践活动进行回顾、梳理与反思，要求条理清晰，要点明确。一般主体部分包括以下内容。

（1）基本情况简述。可以简述此次实践活动的实施经过，包括工作中采用的方法、选用的措施、主要的步骤等，梳理工作的整体流程与相关有意义的工作信息。

（2）突出成绩与经验。可以归纳、提炼此次实践活动中的成功经验与意义价值，为今后工作提供依据和经验。总结中突出成绩与经验的常用表达有：“××日

①张建业.《文学概论新编》参考资料[M]. 北京：中国书籍出版社，1990：92.

趋完善”“××不断提升”“××逐步发展”“××扎实推进”“××持续加强”等，亦可列举具体的数据信息作为业绩支撑。

(3)存在的问题与教训。总结应体现辩证思维，不能仅仅归纳梳理成功经验，也应反思此次实践活动中存在的问题和局限，寻找影响工作成效的根源所在，吸取教训，总结经验，以更好地为今后的工作做准备。

3.结尾

结尾部分，可以自然收束，前面提及的内容不必重复；也可基于上述的经验和教训，明确今后的努力方向和发展目标，提出切实可行的改进措施，促成提出问题——分析问题——解决问题的全过程，进而表决心、展信心，为下次实践活动的顺利开展做好充分准备，为今后的各项工作提供行之有效的实施路径。

(三)落款

落款应包括署名和日期。单位名称处应加盖部门公章。若要在报纸或杂志上发表，则署名位于标题之下；若单位名称已在标题中或标题下，则无需在落款处标注单位名称。

第三节　简报

一、简报的含义

简报即简要报道实践活动情况的文字材料，又可称作简讯或情况反映。简报是以生动简要的文字来反映问题、推广典型、交流经验、指导实践、信息互通的一类文书，可分为“动态”“内部参考”“情况交流”等，较为方便、迅捷、灵活。

简报以千字左右为宜，要求用语简洁、要点明确、层次清晰、材料典型。但简报不能代替通知、通报使用，它并非个人创作，而是代表机关单位或社会团体使用的一种非正式事务文书，一般由采写人员进行采访、取材、撰写，再交由编辑人员，对稿件进行复核、整理、修订、润色后编辑成最终简报，需经历“选材——剪裁——缝合”的简报裁制过程。

二、简报的特点

简报具有时效性、真实性和简洁性的特点。

(一)时效性

为了快速解决实践活动中的各项问题,提升沟通、交流、执行、决策的效率,简报应注重时效性。新闻的实际价值常随时间的流逝而骤减,简报和新闻类似,亦是如此,它讲求时效性,需要在第一时间,将第一手资料呈现给读者,将出现的新情况、新问题及时报道,编发迅速。

(二)真实性

当然,时效性要以真实性为前提,单纯求快不求真,凭空虚构与捏造,极有可能导致数据的错漏和消息的失实,造成不可估量的影响。这就要求编写者要深入调查研究,对事件的前因后果、来龙去脉都了然于胸,并对数据信息和文字表达认真核对,引用"他山之石"要做到不增添、不篡改,做到文字平实准确,在客观真实的基础之上引导读者发现与思考。

(三)简洁性

简报的简洁性要求不拖沓、不废话,力避行文的唠叨,能将最近发生的实践活动进行浓缩概括,呈现有价值的数据信息和中心主旨,将典型事例、有启发性的经验做法、需要注意的问题与不足之处重点呈现,避免过于夸张的语汇和过于华丽的修辞,应做到言简意赅、言近旨远,形象灵活,"善于抓支点、抓热点、抓沸点、抓亮点"。①

三、简报的类型

(一)按照内容划分

按照内容划分,简报可分为会议简报、工作简报、信息简报等。

会议简报是在会中或会后对会议基本情况和重点信息进行报道的文书,一般包括:会议议题、议程、发言要点等,例如《中国文学艺术工作者第×次代表大会简报》。

工作简报则用以推动日常工作的顺利开展,主要报道日常工作中的基本情况、突发情况、实施过程、方法步骤、成就经验、问题教训,以及上级的部署、意见、指示等,如《××经济工作简报》。

信息简报又称动态简报,一般着重报道所处部门、单位发生的新情况、新问题、新动态、新举措,编发迅速、动态新鲜,使用频率高,如《学生信息道德培养活动简报》。

①余良杰,蒋传红.新编实用写作教程[M].南京:南京师范大学出版社,2006:93.

（二）按照范围划分

按照范围划分，简报可分为综合性简报与专题简报。

综合性简报较为全面，针对政治、经济、思想文化等工作的多重面来展开报道，如《××公司情况简报》。

专题简报即针对某项工作、某项任务而进行专题报道的文书，如《人口普查简报》《德育简报》《法制工作简报》《安全生产简报》等，具有一定的时效性，跟随这项工作的开展而跟踪报道，针对工作问题、工作经验、工作典型案例、工作动态等内容进行重点阐述。

（三）按照行文去向划分

按照行文去向来看，又可分为下行简报（上级向下级安排事项时使用）、上行简报（下级向上级汇报工作情况时使用）和平行简报（不相隶属的、没有领导与指导关系的同级机关、单位部门等使用）三类。

此外，还有信息、情况快报、内部参考、宣传动态等简报类型。

四、简报的写法

简报主要分为报头、报体和报尾三个部分。

（一）报头

报头位于简报首页的上部，约占正文纸面的三分之一，以一条分隔线区隔报头和报体部分。主要内容包括：

1.简报的名称

简报名称位于报头中央，名称一般套红。一般工作简报题目为《××工作简报》等，若涉及具体主题、行业信息、单位名称等内容，则可写作如《创业富民工作简报》《经营核算专题会议简报》《四川经济简报》《环保督察简报》等。

2.简报的期数

简报的期数一般按照本年度的编发次序或是总期数排序，位于简报名称的正下方，由期数或年度期数+总期数构成，如“第13期”“2022年第10期（总第123期）”等。

3.简报的编发单位

简报的编发单位位于简报期数的左下方，处于分隔线之上，如“××专项小组办公室”“××市机关事务管理局”“××市××区城市综合管理委员会”等。

4.简报的编发日期

简报的编发日期位于简报期数的右下方，处于分隔线之上，需写清印发该简报的具体日期，标明“××年××月××日”。

5.简报的保密要求

简报的保密要求位于版头的左上方，可标注“秘密”“机密”“绝密”等，或在报头标注“内部资料”“内部参考”“内部文件”“内部刊物”“注意保存”等字样。文章若无保密要求则无需标注。

6.简报的编号

简报的编号位于报头的右上角，以便登记、核查，如“001”“003”等。

7.分隔线

分隔线位于编发单位和印发日期的下方，将报头和报体分开。

（二）报体

报体位于报头分隔线以下，包括目录、按语、标题、开头、主体和结尾。

1.目录

当简报中存在多篇文章时，为使简报更加清晰明了，常在简报报体的开头部分设置目录，标明报体的标题和页码。若只涉及一篇文章，则无需目录。

2.按语

若为转发、转抄、转录或编发性质的简报，则需要在报体开头标注按语，如“编者按”“编者的话”等，提供倾向性的意见以供读者参考和对照。这是编者对文章进行的说明、评论和提示，或明确编者态度或提示简报要点或强调重点信息或交代活动背景一般较为凝练简短。可分为以下几种形式：

（1）提示性按语：用以提示文章的中心内容和重点信息，表明观点、亮明态度。

（2）说明性按语：用以介绍背景、目的、原因、意义、范围等。

（3）批示性按语：相关领导对简报内容进行的批示，下级机关可根据其指示来遵照执行。

应注意的是按语并非命令或指示，只是帮助读者了解实践活动信息的助推剂。因此，应以谦逊的口气来写作按语，常加“供参考”“请加以研究”等。

3.标题

简报的标题类似新闻标题，要求恰切、醒目，能够概括出简报的中心主旨和主要思想。简报标题一般采用单行标题的形式，如《××省××市城市运行管理中心举办揭牌运行仪式》《首届校园模拟招聘大赛圆满结束》等。在一定情况下也可使用双行标题来深化主题，主标题用以揭示文章的主旨思想，而副标题进行简短的补充说明。

4.开头

简报的开头部分类似新闻的导语，应开宗明义，总览全文。简短一句话或一段话帮助读者快速了解文章的中心内容，了解重点、要点信息，同时通过语言表达的技巧，吸引受众的注意力，引发读者的阅读兴趣。

(1)提问式开头：根据简报的要点信息设置问题，采用设问或反问的形式，吸引读者注意，引发受众的阅读兴趣和反思。

(2)简述式开头：把简报中心思想、主旨大义在开头部分呈现，帮助读者快速了解文章信息。

(3)结论式开头：呈现一种“倒金字塔”式结构，将最重要的信息放在最开头的位置，开头先亮出观点、结论。

5.主体

主体部分应将导语所提及的关键信息展开说明，进行具体化阐述，要内涵丰富、事例典型、阐释清晰、内容完整，避免出现“极为重要”“触动很深”“倍感振奋”等空泛的话语。主体常用以下几种书写方式：

(1)顺序式书写。将所有内容按照一定的时间顺序或逻辑顺序进行描述，将事件的起因、经过、结果阐释清晰。

(2)模块式书写。将简报内容划分为不同的模块、单元，将复杂多元的内容分条、分区进行阐释，各模块间是平行并列的关系，从不同角度、不同侧面展示实践活动的面貌。

(3)结论式书写。在主体部分先亮出结论，将事件的结果在开头处开门见山地点明，吸引受众关注，使其有继续探寻和了解的欲望，然后详述事件原因、取得的成绩经验、存在的问题、具体的工作做法等，用以补充和说明结论。

(4)叙议结合式书写。为了更清晰地阐释简报信息，做到内容新颖、观点清晰、真实可信，简报除了有具体客观的事实书写外，还常常加入作者或编者对该事件、事实的议论和评析，叙述和议论巧妙糅合，以引导读者从不同面进行审思。

6.结尾

结尾并非简报所必须，若主体部分已阐释清晰，则可自然收束，无需再专门设置结尾。有时，为了使文章结构更为完整，也会选用以下几种结尾写法：

(1)总结全文式结尾。此种结尾将全文的中心思想和主旨大义进行提炼和浓缩，再次提示要点、重点信息，帮助读者加深对此简报的理解和认识。

(2)意义评析式结尾。此种结尾对全文的目的、性质、意义、影响等方面进行综合评析，借由传达观点的方式为读者提供理解文章的视角和思路。

(3)提出问题式结尾。针对简报中出现的问题和情况，提出发人深省的问题，引发读者思考。

(4)展望未来式结尾。针对简报中出现的问题,提出美好展望,希望能够引起相关部门的重视,从而切实解决目前存在的一系列问题;或提出新的努力方向和奋斗目标。

(三)报尾

报尾处于整篇简报的末尾部分,位于报体分隔线之下,与正文相区隔。有些内部参考、印发的简报则无需报尾。

1.发送单位信息

发送单位信息包括单位的级别和单位的名称,位于报尾左侧。按照发送的级别和范围,可以分为向上级单位的“报”、向同级单位的“送”以及向下级单位的“发”。

2.份数

位于报尾末条分隔线右侧,写明本期所印份数。

第四节 建议

一、建议概述

建议又称意见书,它是机关、团体、企事业单位或个人针对某一社会实践活动提出合理化见解和方案措施的一种书面材料。早在古代,就有“谏”“讽”“劝”“倡”等语汇用以给他人提出可行方法和解决方案,如今,我们也需要通过建议搭建起沟通的桥梁,为他人和集体排忧解难。

按照适用范围,建议可分为个人建议和集体建议;按照内容性质,建议则可分为项目建议、审计建议、投资建议、管理建议、需求建议等。

二、建议的特点

(一)切实可行

建议应从实际出发,实事求是,结合实践活动的性质、特点、背景、条件,有针对性地调研后,再提出具体可实施的解决方案和改进措施,不能脱离实际,不能提出过分要求。

(二)准确具体

建议应避免夸大其词、言语空泛,要做到准确精练、片言居要,无需过度渲染、论证、修饰与分析,可针对某一具体问题或某一问题的具体方面来展开建议,并说明具体的操作方法和可行步骤。

(三)礼貌得体

建议并非命令或指示,只是对某项实践活动提供的建设性意见或可行方案,所以用语应谦虚谨慎、礼貌得体,结尾处最好加上敬语、祝福语,以示尊重。

(四)灵活可塑

好文章是改出来的,只有根据实际情况不断地修改完善,才能提升文字表达与文书质量。建议并非最终定论,可根据实际情况进行修改、增删、修正、审定,是灵活可塑的。

三、建议的书写

建议一般包括标题、称谓、正文、落款等。

(一)标题

建议的标题有以下几种类型:

1.直接点明文种式标题

即直接在标题写明文种信息,如《建议书》。

2.事由+文种式标题

在“建议”前加上建议的事由,如《关于××的建议》《关于暑期社会实践活动的建议》《关于改善城市环境的建议》等。

(二)称谓

建议的受文单位或个人称呼,位置处于标题的下一行,顶格书写,后加冒号,如“××局”“××同志”“××(职务)”“××(单位名称)”等。

(三)正文

1.开头

开头一般介绍建议提出的背景、目的、依据等,表明此建议的适用性、合理性与必要性,即“为什么要建议”,也可介绍自己对该实践活动的见解和体会,让读者对该实践活动有初步的了解。

2.过渡语

过渡语在开头和主体之间，起到承上启下的作用。可用“为此，我们建议”“现建议如下”“为此，本人特提出以下几点建议”等作为过渡语。

3.主体

主体应详写建议的具体内容，写清楚建议“做什么”“如何做”“做到什么程度”“做多久”等，分条列项呈现出具体的改善措施和解决方案，措施方案应简洁准确、切实可行。

4.结语

表明希望建议被采纳的想法，并且表达自己深切希望实践活动得到改善的美好愿望，态度要谦和谨慎，语气不能过于强硬。

(四)敬语

敬语即对被建议单位表示尊敬和祝愿，如“此致敬礼”等，与书信格式大致相同。

(五)落款

写建议者的姓名或单位名称+建议日期，注意日期应标明完整的年、月、日，避免使用“本学期”“去年”“22年”此类模糊性的表达。

第五节　合同

合同、协议、意向书、备忘录都是关于权利与义务约定的事务类、契约类公文，其中，合同在工作中尤为常用。总的来讲，契约类公文都具有自愿性、协商性的特点。任何带有胁迫性质的、未经协商而签订的合同都是无效或可撤销的。

一、合同概述

《中华人民共和国民法典》(以下简称《民法典》)规定：合同是民事主体之间设立、变更、终止民事法律关系的协议。最常见的合同包括买卖合同、借款合同、租赁合同、赠与合同、技术合同、承揽合同、运输合同、保管合同、仓储合同、委托合同、居间合同等。广义的合同除了上述民事合同之外，还包括行政合同、劳动合同等。

二、正确区分合同与协议、意向书

合同与协议、意向书同属于契约类文书，意向书是协议和合同的前奏，是签订协议和合同的基础。三者主要有以下几点区别：

一是详尽程度不同。协议和意向书一般而言比较笼统，只是概要地表达对协商事项达成的初步共识或一致意见。合同比协议、意向书的条款更全面，更具体，更便于执行。

二是签订时间不同。一般达成初步共识就可以先签署意向书，待进一步协商一致再签署协议，如果有必要，最后还需要签署邀约与承诺都更为清晰、更便于兑现的合同。

三是适用范围不同。协议的外延更大，适用范围更广。合同更多的时候主要是用于具有平等地位的主体约定经济关系方面的事项。

四是法律效力不同。意向书一般主要起一个及时记录、互相提醒、便于推进的作用，如果没有关于具体的民事权利、义务关系的明确约定，则不具有法律效力。但是合同一旦签订，在符合法律要求的情况下，会产生法律效力，并对签约各方产生一定的约束作用。

三、合同的写法

订立合同都是采取要约和承诺的形式。要约一定要条款完备，表述明确，对答复期限的规定要确定清楚。承诺必须是受要约人本人对要约人做出的答复。

（一）确保签约主体资格及事项本身的合法性

合同约定各方应当具有民事行为能力，例如，未成年不得签订与其年龄不符的合同。当主体方从事需国家特许经营性业务的应当取得相应的特许经营权。合同内容的合法性一般包括不得约定交易禁止流通的商品；不得胁迫某一方签订合同；不得有失公平；不得违反现行法律、法规等。如《民法典》中有系列规定：第146条行为人与相对人以虚假的意思表示实施的民事法律行为无效；第148条一方以欺诈手段，使对方在违背真实意思的情况下实施的民事法律行为，受欺诈方有权请求人民法院或者仲裁机构予以撤销；第153条违反法律、行政法规的强制性规定的民事法律行为无效；第154条行为人与相对人恶意串通，损害他人合法权益的民事法律行为无效等。又如，近年来不少人因为缺少法律知识而陷入网络高利贷“合同”的圈套，事实上，有关高利贷的各种“合同”本身就是违法的。

上述情况即使签订了合同也是无效或者可撤销的，其直接后果是合同自始没有法律约束力。

(二)确保各项要素与约定表达精准,没有歧义

一份完整的合同,应当具有标题、订立合同的当事人名称或者姓名和住所、正文、落款等结构要素。其中,法人和组织的名称必须是经工商行政管理等机关登记、核准的名称,自然人的名称必须写明真实姓名;同一名称的表述前后要一致;合同中第一次出现的名称一律要用全称。正文的开头,应当简要交代订立合同的依据和目的。正文的主体部分,最好用条文或表格逐项写明数量、质量、价款或者报酬、履行合同的期限、地点和方式,以及违约责任、解决争议的办法等。表述尽量采用规范的书面语,并注意概念清晰和前后一致。

如果涉及货物,不但要写明数量、质量,还应该标注名称、品牌、生产商家、规格、型号、品种、等级、花色等准确信息,否则交付时极易造成纠纷。数量表达一般应该用确切的阿拉伯数字,并且最好在阿拉伯数字后面再用括号标注数字的汉字表达,这是因为汉字表达一旦被涂改更容易鉴别。此外,要准确选用合同专用词语,尤其要区分“定金”与“订金”的区别。

(三)确保合同的约定完整,不要漏项

比如房屋租赁合同,不能只约定租金,还要约定物管费、水费、电费、垃圾清运费等的承担方;如果房屋漏水、开裂由谁来修缮,修缮费用谁来承担;房屋租赁期间,承租方有没有权利转租;房子面临拆迁,又应该如何处理,等等。出租方还要特别注意,在合同中明确要求承租方在任何情况下都不得改变房屋的承重结构,其他方面如装修需要改变房屋的水、电等设施和空间布局的,也应事先征得出租方和物业的书面同意后方可实施,并约定好承租方若违反上述条款应承担的违约责任,如恢复原状、赔偿损失等。否则,因为约定不明确,上述本来可以清晰界定责任的事项可能引起纠纷。

本章小结

事务类文书是党政机关、企事业单位、社会团体或个人在参与日常社会实践活动、处理日常工作事务时使用的常用文书,适用范围广泛,具有现实指导意义。计划是事前完成的,用以指导今后应“做什么”“如何做”“做到什么程度”,而总结是事后进行的,查验和评析前期“做了什么”“做得如何”,思考“今后应如何做”。简报具有时效性、真实性和简洁性的特点。建议的书写需做到切实可行、准确具体、礼貌得体、灵活可塑。合同的书写要确保签约主体资格及事项本身的合法性,确保各项要素与约定表达精准,没有歧义,确保合同的约定完整,不要漏项。

学习评价

请根据以下评价维度、项目、内容和标准，对自己的学习情况进行评价。

<table>
<tr><th rowspan="2">维度</th><th rowspan="2">项目</th><th rowspan="2">内容</th><th colspan="3">标准(满分:100分)</th></tr>
<tr><th>不太了解</th><th>基本了解</th><th>完全了解</th></tr>
<tr><td rowspan="2">知识与技能</td><td>了解事务类公文的概念</td><td>事务类公文是党政机关、企事业单位、社会团体或个人在参与日常社会实践活动、处理日常工作事务时使用的常用文书，适用范围广泛，具有现实指导意义</td><td>3</td><td>6</td><td>10</td></tr>
<tr><td>了解事务类公文的主要类型</td><td>计划可分为安排、纲要、规划、设想、方案、要点等；总结可按时间、内容、范围等进行划分；简报可按照内容、范围、行文去向进行分类；建议按照内容性质，可分为项目建议书、审计建议书、投资建议书、管理建议书、需求建议书等。合同除民事合同外，还有行政合同、劳动合同等</td><td>12</td><td>15</td><td>20</td></tr>
<tr><td rowspan="4">过程与方法</td><td rowspan="4">理解事务类公文的文体特点</td><td>计划具有规范性、真实性、概括性、预见性</td><td>3</td><td>6</td><td>10</td></tr>
<tr><td>总结具有规律性、准确性、陈述性</td><td>3</td><td>6</td><td>10</td></tr>
<tr><td>简报具有时效性、真实性、简洁性</td><td>3</td><td>6</td><td>10</td></tr>
<tr><td>建议应切实可行、准确具体、礼貌得体，灵活可塑</td><td>3</td><td>6</td><td>10</td></tr>
<tr><td rowspan="3">情感态度与价值观</td><td>养成敏锐的新闻意识</td><td>注重事务性公文的时效性、实用性、真实性、专业性</td><td>3</td><td>6</td><td>10</td></tr>
<tr><td>养成正确的政治意识</td><td>将理论知识转化为切实可行的基本技能，促进各项实践活动的高质高效完成，提升工作效率</td><td>3</td><td>6</td><td>10</td></tr>
<tr><td>养成规范的文体意识</td><td>明确不同文体之间的细微差异，语言应准确、简洁、凝练、规范</td><td>3</td><td>6</td><td>10</td></tr>
<tr><td colspan="3">自评得分</td><td colspan="3"></td></tr>
</table>

推荐阅读

1. 岳海翔. 新文风：公文写作基本知识与写作艺术大全[M]. 北京：东方出版社，2020.

2. 岳海翔. 高效化：公文写作疑难问题解析200问[M]. 北京：东方出版社，2020.

3. 张浩. 新编应用文写作全书[M]. 北京：中国文史出版社，2018.

本章自测

1. 填空题

在总结的双行标题中，主标题为______________(文章型标题/公文型标题)，主要阐明文章的中心思想和主旨精神，副标题为______________(文章型标题/公文型标题)。

2. 简答题

(1)总结的特点是什么？

(2)简报由哪几个部分构成，各个部分又包含哪些要素？

(3)建议具有什么特点？

3. 论述题

(1)计划和总结有哪些区别和联系？

(2)如何理解撰写合同要确保签约主体资格及事项本身的合法性？

4. 实践题

假设你是学生会某部门部长，请你根据本章节所学知识，为你所在的部门撰写一份下学期部门的工作计划，字数要求在800字以上。

参考文献

[1]岳海翔. 中国党政机关事务文书写作技巧与范例指导全书[M]. 杭州：浙江人民出版社，2016.

[2]岳海翔. 新文风：公文写作基本知识与写作艺术大全[M]. 北京：东方出版社，2020.

[3]《汉语成语词典》编写组. 汉语成语词典[M]. 北京：中共中央党校出版社，2002.

[4]张建业.《文学概论新编》参考资料[M]. 北京：中国书籍出版社，1990.

[5]郗仲平.新编应用写作教程[M].北京:首都经济贸易大学出版社，1997.

[6]余良杰，蒋传红.新编实用写作教程[M].南京:南京师范大学出版社，2006.

[7]杨霞.公文写作规范与范例解析(第二版)[M].北京:北京大学出版社，2013.

[8]叶圣陶.公文写得含糊草率的现象应当改变[N].人民日报.1957-7-8(8).

[9]施秋香.常规要素 别样建构 ——谈事务写作的创新性[J].秘书之友.2020(5).

第八章　礼仪类文书

本章概要

本章学习礼仪类文书的写作，包括了解礼仪类文书的基本知识，理解礼仪类文书的基本格式和写作的注意事项，掌握基本礼仪文书的写作技巧。

学习目标

1. 了解礼仪类文书的基本知识和适用范围，感受中华礼仪文化的博大精深，增强中华礼仪文化认同感。

2. 理解礼仪类文书的重要性及学习礼仪类文书写作的重要意义。

3. 掌握邀请函、欢迎词和答谢词的写作范式、技巧和注意事项，能够胜任常见情境下三种礼仪类文书的写作。

学习重难点

学习重点

1. 了解礼仪类文书的基本概念、内涵和外延。

2. 掌握邀请函、欢迎词和答谢词的写法和技巧。

学习难点

1. 了解礼仪类文书的基本概念、内涵和外延，理解礼仪类文书写作的重要性和必要性。

2. 掌握邀请函、欢迎词和答谢词的写法和技巧。

思维导图

- 礼仪类文书
  - 邀请函
    - 定义及特点
    - 基本结构
    - 写作的注意事项
      - 称谓得体
      - 邀请真诚
      - 语言典雅庄重
  - 欢迎辞
    - 定义及特点
    - 结构
    - 写作的注意事项
      - 热情礼貌
      - 实事求是
      - 讲究文采
      - 简明扼要
  - 答谢词
    - 定义及分类
    - 结构
    - 写作的注意事项
      - 态度真诚
      - 语气有力
      - 表达贴切
      - 篇幅简洁

礼仪类文书是政府机关、企事业单位及个人在礼仪活动中使用的应用文体，又称“社交礼仪文书”“公关礼仪文书”等。中华民族是礼仪之邦，礼仪文化源远流长。伴随着文字的产生，礼仪类文书随之出现。我国礼仪类文书与几千年文明礼仪史同步发展，是历朝历代公务处理及人际交流的重要手段，也是中华礼仪文化的重要组成部分。

礼仪类文书具有交际性、规范性和礼仪性的特点。目前常用的礼仪类文书有邀请函、欢迎辞、答谢词、贺信、贺电、请柬、悼词等。根据不同的应用场合可以分为迎送类文书、庆贺类文书、祭悼类文书、邀聘类文书和感慰类文书。本章重点介绍邀请函、欢迎辞和答谢词。

第一节　邀请函

一、邀请函的定义

邀请函，顾名思义是用于邀请的信函，是党政机关、企事业单位或个人举办某类特定活动（如会议、晚会、展览、宴会等）时，用于邀请单位、个人前来参加的信函。

二、邀请函的特点

邀请函是函的一种。函属国家法定公文的15种之一。在活动中使用邀请函体现了活动的正式、隆重和主办方对受邀者的尊重和友好盛情，反映了单位和个人之间的人际关系。因此邀请函具有沟通和礼仪性双重属性。

第一，沟通性。邀请函的沟通属性主要体现在除了表达邀请外，邀请函还要告诉对方活动的基本情况，如活动的目的、主办单位、时间、地点及参加的要求。很多时候还需要对方明确答复能否参加，以便主办方的活动安排。因此，邀请函除主体内容外，通常还应包括回执。

第二，礼仪性。作为一种礼仪类文书，邀请函的礼仪属性主要体现在社交功能上，在表达邀请的同时还要体现对受邀者的尊重和希望未来保持良好合作的意愿，因此在制作形式和语言表达方面都应特别重视。

三、邀请函的结构

和所有的公文一样，作为函的一种，邀请函也包括四大要素，即标题、称谓（受文者）、正文和落款。

（一）标题

邀请函的标题，一般由活动名称和文种构成，如“×××文化研究中心成立大会邀请函”“×××市春节健步走活动开幕式邀请函”等。一些邀请函由于印刷在特定的纸张上，为节约空间、方便印刷，直接简称为“邀请函”。有时为了让受邀方快速、准确理解活动主题，也可以在邀请函标题中加入活动主题，如“网聚财富主角×××年终客户答谢会邀请函”，在邀请函中加入了活动主题“网聚财富主角”，点明活动的目的和意义，对邀请对象更具有吸引力，提升参与的意愿。

(二)称谓

称谓就是受文者。邀请函的受文者包括组织和个人。如果邀请的对象是某个组织,称谓就是该组织名称,通常也被称为“主送机关”。若邀请的对象是个人,那么称谓就是对个人的尊称,可以加职务,也可以直接称“先生”“女士”,并在前面加上“尊敬的”三个字以示对受邀者的尊重。如:“尊敬的××先生”“尊敬的××女士”“尊敬的××部长”等。

值得注意的是,即便邀请的对象是组织,也应在邀请函中写明参加人员及要求。

(三)正文

邀请函正文一般包括:邀请缘由、活动安排、邀请事项和结语。

1.邀请缘由。一般先说明行文的缘由、目的,强调活动的重要性和必要性,为邀请的提出作好必要铺垫。

2.活动安排。写明活动的时间、地点、日程安排和接待程序。这是活动能否正常开展的关键,一定要准确无误,注重细节,避免因安排不周而影响活动的顺利进行。

3.邀请事项。这是邀请的核心内容,即邀请对方干什么,要求明确、具体地提出,做到合“礼”合“规”。如果希望对方致辞、讲话等要提醒,必要时还需要电话沟通。

4.结语。邀请函的结尾常用“敬请光临”“敬请光临指导”“请届时出席”“诚望拨冗出席”“特此致函,切望慨允”之类的敬语。有些邀请函可以用“此致敬礼”“顺致节日问候”等敬语。

(四)落款

落款写明发文单位及时间。正式邀请函要加盖公章,以示庄重。

四、邀请函写作的注意事项

作为一种礼仪类文书,邀请函具有函的沟通特点和邀请的礼仪属性,因此,在写作上除了和一般的“函”要简明、准确外,还要特别注意以下几点。

一是称谓要得体。在社会中,每个人都会有不同的身份。在撰写邀请函的时候需要注意,被邀请人是以何种身份参加,并在称谓上体现出来。比如:某市副市长在作为家长身份受邀参加学生毕业典礼时就应称其为“尊敬的学生家长”,而在邀请其到学校为师生作形势政策报告时应称其为“尊敬的××副市长”。

二是邀请要真诚。确定好邀请人之后,要诚恳地表达邀请和希望对方参加之意，让受邀者感受到尊重和主办方的诚意，确保参与率和活动效果。

三是语言要典雅庄重。作为礼仪之邦，中华文化礼仪文化源远流长，表达邀请的语言非常丰富。作为正式邀请的文书，邀请函的语言显示了主办方的组织文化，因此要特别注意表达。除简洁准确外，敬辞、感盼等应用频率较高的词语，在使用时应正确选择，准确表达意图。

五、范文解析

“一带一路”国际中文教育国际学术研讨会邀请函

新时代国际中文教育事业和学科发展面临许多挑战和机遇，为推动国际中文教育尤其是“一带一路”合作伙伴中文教育发展和学术交流。×××学院拟于近期主办“一带一路”国际中文教育学术研讨会。诚挚邀请国内外专家学者和研究生参与、投稿。

一、会议时间

2022年9月23日至25日。

二、会议形式

大会拟采用线上、线下相结合的方式进行，以线上为主。

三、会议主题

包含但不限于以下内容：

1.“一带一路”合作伙伴国际中文教育高质量发展研究

2.“一带一路”背景下国际中文教育发展战略与政策研究

3.国际中文教育教师、教材、教法研究

4.国际中文教育教学内容与模式研究

5.国际中文教育的保障机制研究

6.汉语本体研究

四、参会方式

1.参会报名

参会人员可扫描二维码在线填写参会回执。也可下载参会回执版，于2022年8月10日前发送至会务组邮箱××××@163.com。

2.论文提交

参会者需提交论文全文或详细摘要。论文格式请参考《世界汉语教学》要求；如仅提交论文摘要，则字数不少于800字。请于2022年9月5日前发至会务组邮箱××××@163.com。邮件统一命名：姓名+论文题目+电话号码。

主办方将邀请相关领域知名专家对参会论文予以评审，并发放获奖证书和纪念品。

3.会议邀请

主办方于2022年9月10日前统一以邮件形式发送电子邀请函。

五、会议费用

本次会议不收取会务费。会议期间餐饮由主办单位免费提供。参会人员的交通费、住宿费自理。

六、联系方式

1.地址:四川省×××市××区××路10号,×××学院文学院,邮编617000

2.联系人:

×××:138××××××××

×××:187××××××××

"一带一路"国际中文教育国际学术研讨会会务组

2022年7月15日

附件:

"一带一路"国际中文教育国际学术研讨会会议回执

<table>
<tr><td colspan="6">会议回执</td></tr>
<tr><td>姓名</td><td></td><td>性别</td><td></td><td>职称</td><td></td></tr>
<tr><td>工作单位</td><td></td><td>联系电话</td><td></td><td>邮箱</td><td></td></tr>
<tr><td>论文题目</td><td colspan="5"></td></tr>
<tr><td>内容摘要</td><td colspan="5"></td></tr>
<tr><td>参会方式(线上或线下)</td><td colspan="5"></td></tr>
<tr><td>交通方式及报到时间</td><td colspan="5"></td></tr>
<tr><td>住宿(单间或标间)</td><td colspan="5"></td></tr>
</table>

点评

这是一个学术研讨会的邀请函,标题由活动名称+文种构成。由于其邀请对象为不确定对象,所以没有写称谓。正文首先明确了活动举办的目的、时间、地点、主办单位；然后写明了邀请事项及参会要求；最后落款，还附上了回执。这是一个较为完整的邀请函，条理清晰，表达清楚，用语得体，可以作为学习邀请函的参考。

第二节　欢迎辞

一、欢迎辞的定义

欢迎辞是机关、团体和企事业单位在迎接宾客的仪式、集会和宴会上对宾客的光临表示欢迎时使用的一种礼仪类文书。

根据不同使用场合，欢迎辞可以分为现场讲话和公开发布两类。前者以讲话稿的形式出现，通常由活动主办单位主要负责人或分管该项工作的负责人讲话。后者通常发表在报纸杂志或其他公开的刊物或媒体上，比如某个特定的期刊、单位的微信公众号等。

二、欢迎辞的特点

欢迎辞具有欢乐喜庆和口语化的特点。

（一）欢乐喜庆

子曰："有朋自远方来，不亦乐乎。"在欢迎的场合，作为东道主一定要展示出待客的热情，所以致欢迎辞要始终保持愉悦的基调，遣词造句要富有激情，展示出真诚的态度，让人如沐春风，有宾至如归之感。与此同时，来参加同一活动的受邀群体相互之间往往也具有某种联系，或者本来就认识，因为活动的举办相聚在一起，营造轻松愉快的氛围有助于宾客之间的沟通和交流，为活动的圆满举办打下良好基础。

（二）口语化

一般而言，欢迎辞是东道主现场向宾客口头表达的，即便是公开发表也有专门的受众，目的是表达欢迎，传递友谊，所以口语化是欢迎辞的必然要求，在遣词用语上要运用生活化的语言，既简洁又富有生活的情趣。口语化会拉近主人同来宾的距离，可以使用"我们""你们""您""同志""各位"等词语，体现礼仪类文书的互动性。

三、欢迎辞的结构

作为一种礼仪类文书,欢迎辞包括四个部分:标题、称谓、正文和落款。

(一)标题

欢迎辞的标题一般由“致辞人+致辞活动+文种”组成。如《××校长在“一带一路”国际中文教育学术研讨会开幕式上的致辞》;也可以省略致辞人,只以“活动+文种”为题,如《在××学院成立10周年庆典上的欢迎辞》;还可以直接以“欢迎辞”作为标题。

(二)称谓

欢迎辞作为讲话稿的一种,是一种即时性文体,所以不存在主送机关。欢迎辞的称谓就是对被欢迎宾客的称呼。作为主办方,对宾客一定要尊重、热情、礼貌、得体,因此在对宾客的称谓上用语要确切、亲和,一般应根据宾客身份在称呼之前冠以“尊敬的”“亲爱的”之类的修饰语,并在其后加上宾客的头衔,也可加“先生”“女士”“夫人”之类的称谓。如“尊敬的××教授”“尊敬的××师长”“亲爱的同学们”“亲爱的战友们”等。

(三)正文

正文部分是欢迎词的主体,根据不同场合和目的表达略有不同。通常情况包含以下内容:①

一是交代致辞人在何种情况下,代表谁,向宾客表示欢迎、感谢和问候。二是阐明宾客来访(活动举办)的目的、意义和作用。三是回顾宾主双方交往的历史与友谊,对宾客在交往过程中所作贡献予以赞扬并表示感谢,突出双方合作的成果,并表示希望继续加强合作。既然希望继续合作就一定要让对方有合作的意愿,因此写作时要让宾客感受到合作或为主办方提供帮助是值得的,要用充满激情的笔调对合作的前景作出展望,以增强行文的鼓动性,动之以情,晓之以理,让宾客愿意加强合作。四是要对宾客表示祝福,预祝活动取得圆满成功。

(四)落款

在正文的右下侧,由致辞单位、致辞人具名,并署上日期。有时候致辞人姓名也可在标题之中载明。

---

①岳海翔.常用礼仪文书——欢迎词的写作[J].办公室业务,2012(2).

四、欢迎辞写作的注意事项

作为一种礼仪类文书,欢迎辞适用的场合是活动启动过程中主宾双方的第一次正式见面,其内容很大程度上体现了主办方对宾客的态度和期望,因此,在写作中要特别注意以下几点。

一是要热情礼貌。要根据活动的具体情况,真诚热情地表达出对客人的尊重和期盼友好合作的意愿。在提出希望对方能够提供帮助、支持时,要尽量做到委婉、含蓄,不要强人所难。

二是要实事求是。无论是讲述活动举办的意义、主客双方过去的合作以及曾经取得的成就等,都要实事求是进行表达,不能为了讨好宾客而明显夸大,更不能胡编乱造。说大话、假话、空话,会让人感到不可信任。同时还要避免过度使用没有实际意义的空洞词语,以免让人反感,产生负面效果。

三是要讲究文采。作为一个重要活动的开端,欢迎辞有确定基调、渲染气氛的作用,为了让宾客对参与活动和未来合作充满期待,在行文过程中遣词造句一定要讲究文采,始终饱含热情,充满激情。可以根据实际多引用一些古典诗文、佳词名句,多使用成语,合理利用修辞手法等,让欢迎辞更有文采。很多欢迎辞在正文的开始通常会用诗情画意的语句点出活动举办的情景,烘托氛围,如:“阳春三月,风和日丽”“金风送爽,丹桂飘香”“丹桂吐蕊,金菊匝地”等。

四是要简明扼要。欢迎辞适用于隆重的典礼、仪式等活动的开始阶段,仅仅只是一个开场,其后还有正式的活动要开展,因而在篇幅上应力求简短,不宜占用太多时间,一般以三百字至五百字为宜,特别重要的活动也最好不要超过一千字,以免喧宾夺主,让人失去耐心,影响活动效果。

五、范文解析

全国钒资源清洁高效利用技术交流

开幕式致辞

(2020年11月3日)

尊敬的×××院士,各位专家、各位嘉宾:

大家上午好!

时值攀枝花建市55周年之际,“全国钒资源清洁高效利用技术交流会”在著名的钒钛之都、美丽的阳光花城——攀枝花市召开。今天我们在这里举行开幕仪式,我谨代表攀枝花学院对本次会议的成功召开表示热烈祝贺,向×××院士和远道而来的各位专家、各位嘉宾表示热烈的欢迎。

攀枝花资源富集，被誉为“富甲天下的聚宝盆”，钒钛资源储量丰富，钛储量居世界第一，钒储量居世界第三、中国第一，已成为国内规模最大钒钛产品及含钒钛钢铁生产基地；有国内一流特大型钢铁钒钛企业集团——攀钢，正在加快建设世界级钒钛产业基地；为各专业学科的应用研究提供了得天独厚的实验基地和产教融合的绝佳场所。攀枝花学院作为教育部布点在川西南、滇西北唯一一所以工为主的综合性普通本科院校，拥有国家钒钛检测重点实验室、钒钛资源综合利用四川省重点实验室、四川省钒钛材料工程技术研究中心、四川省冶金矿产二次资源高效利用研发中心等16个省级及以上钒钛类科研平台。多年来，学校坚持扎根攀西沃土，深耕“钒钛+”领域，主动融入攀西资源创新开发，建立了全国首个国际钒钛学院和国际钒钛研究院，围绕钒钛资源综合利用和技术创新，构建了包括采矿、选矿、冶金、化工、环境、材料、机械等较为完整的具有钒钛特色的优势学科专业群，为钒钛产业培养了一大批专业人才，在高端钛合金、钒钛功能材料、钒钛基硬质合金、含钒钛二次资源清洁利用等领域开展了广泛研究，为钒钛企业提供了大量技术服务。

本次“全国钒资源清洁高效利用技术交流会”是国内钒资源清洁高效利用领域的一场盛会，希望通过本次会议的沟通交流和研究探讨，进一步加强各科研单位、高等院校、有色冶金企业、工程设计单位及公司、设备供应单位之间的交流与合作，促进各方的技术研发合作，迸发学术新火花，产生科技新成果。攀枝花学院将进一步加大改革创新力度，加快产学研用一体化步伐，持续深入开展交流合作、实现优势互补，为有色金属工业的创新发展培养更多优秀人才，贡献更多智慧和力量。

最后预祝本次会议圆满成功，祝各位专家身体健康、万事如意，谢谢大家！

点评

这是一个学术交流活动开幕式上的欢迎辞，落款放到可标题下面，这其实也是讲话稿写作中的常见做法，可以一下子就让人知道致辞时间。致辞正文属于“三段式”。首先点明了致辞的背景，站在主办单位的角度代表学校表达了对参加活动人员的欢迎。然后介绍了学校所在的城市和在该领域所开展的工作，提出了本次会议的重大意义，表达了希望开展合作交流的意愿。最后表达了对交流会和参会人员的祝福。致辞结构完整，发言身份贴切，语言简明，表达有力，听后让人备受鼓舞。

第三节　答谢词

一、答谢词的定义

答谢词是在礼仪活动中用于表达谢意的致辞，属于一种社交礼仪类文书，多用于颁奖、救助、离职等专门的仪式上，或在研讨会、纪念日、招待会等活动中对有关方面的热情接待、支持和帮助等表示感谢。

二、答谢词的分类

根据不同的用途，答谢词可以分为谢遇型和谢恩型两类。其中谢遇型是用于表达对他人给予自己招待的感谢，如在活动开幕式或闭幕式上，嘉宾代表的发言，与欢迎辞相对；谢恩型用于表达对他人对己方恩情的感谢，如《在接受捐款仪式上的答谢词》《×××在××××论坛上致答谢词》等。虽然都是表示感谢，但二者着笔重点不同。前者重在表达对对方给予的帮助、支持的感恩、感激之情。后者重在回应活动主办方对今后加强合作的诉求，表达合作的意愿和期望。

三、答谢词的结构

答谢词由四个部分组成，即标题、称谓、正文和落款。

（一）标题

和欢迎辞一样，答谢词的标题较为灵活。通常由“致辞人+致辞的活动+文种”组成，有时候也可以省略致辞人将其放在落款中或标题下面，还可以直接以文种或“致辞人+文种”作为标题。如《联合国教科文组织通讯事务助理总干事阿布杜拉·罕在首届世界开放大学校长会议闭幕式上的答谢词》、《诗人贺敬之》研讨会答谢词、答谢词、×××同志的答谢词等。

在实际工作中，很多领导和嘉宾的致辞，虽然没有点明为“答谢词”，但实际上也具有答谢词的功能，大家在写作时要注意把握。

（二）称谓

答谢词的称谓和欢迎辞一样，是对表示感谢的人的称呼，一般在前面要冠以“尊敬的”“亲爱的”之类表示尊重的修饰语，并在其后加上被感谢人员的头衔，也可加“先生”“女士”“夫人”之类的称谓。如果活动参加人员较多，不能做到一一称呼，可以对少数特别重要的人物用独立称谓，对大多数人员用群体称谓。比如：尊敬的××主席、××校长、亲爱的老师和同学们。值得注意的是，中国共产党党内活动中党员之间都应相互称呼“同志”而不是“书记”“副书记”等职务。党的十八大后，党中央重申了这一要求。

（三）正文

这部分是答谢词的核心，要精心构思以全面传达致辞人的意图。根据不同的使用场合，答谢词的正文也有所不同。

1.“谢遇型”答谢词要强调双方的合作。表达对接待工作的感谢的答谢词，既要表达对招待的感谢，更要表达对关系的珍惜和合作的期待，展望合作的美好蓝图，并号召大家为此不懈努力。通常的模式为：首先祝贺活动取得的成功，简要总结活动所取得的效果。然后对活动期间或双方交往过程中所感受到的主办方的热情接待、严谨务实的工作作风和出色的工作业绩等加以赞赏，并表示衷心的感谢。接着要对主宾双方共同关心的一些问题表达出自己的观点、态度和愿望，回应主办方的需求。最后对主办方的热情接待再次表示感谢，祝福大家未来更美好。即祝贺、简要总结——回忆、赞扬、感谢——合作意愿——再次感谢。

2.谢恩型答谢词要强调“义举”。懂得感恩是良好的品质，中国人崇尚滴水之恩当涌泉相报，在接受了他人的友好相助之后，要表达感激之情。私下场合表达感激双方都对感谢的事项心知肚明，所以不用详述。但是在公开场合，参会人员很多，表达感激要让大家都清楚是因为什么缘由而感谢，对方做了什么要说得清楚明白，让人听后倍感钦佩，深受鼓舞。接受帮助后不能心安理得坐享其成，而应传承精神、奋发有为，因此还要表达自己的决心和希望。其通常的写法是：首先表达受助的心情；接着要写清楚致谢的缘由；接着表达谢意和回报对方及社会的决心。即：受助心情——受助缘由及对方“义举”——感谢及表态。

（四）落款

就是在文末右下角写下“致辞单位+致辞人”和致辞时间。

四、答谢词写作的注意事项

作为一种礼仪类文书，答谢词表现了答谢者的感恩之情，同时还对今后的进一步合作具有重要意义，写作中一定要把握好要求和尺度，以达到良好的效果。

一是态度真诚。情之所至方能有感而发。答谢词虽然是一种场面文章，但也要兼顾内容与形式，形式是外在，内容是根本，二者都很重要。要达到致谢和今后继续保持良好关系的目的，一定要在内容上下功夫，真心诚意表达感谢，使宾主双方的友谊得到进一步升华，以“精诚所至”达到“金石为开”的效果。

二是语气有力。语言是形式，但是也不可或缺，否则“皮之不存毛将焉附”，再好的内容也将失去依托。表达感谢要直抒胸臆，热情洋溢，让对方感受到感激之情。

三是表达贴切。首先，身份要贴切。社交场合每个人都应该说适合自己身份的话，既不能随意代表别人去答谢，也不能把该代表的人忘记了。其次，内容要贴切，要针对不同情况表达相应的谢意，无关的内容不宜多写，以免冲淡感谢之情，还会给人“不着边际”之感。

四是篇幅简洁。一般情况下，答谢是一种礼节性的社交活动，时间安排一般较短，讲话不宜太长。答谢词一定要内容实在，简洁明了，短小精干。通常情况应在500字以内。特别重大的活动可不受此限制。比如：四川省党委书记彭清华在“5·12”汶川特大地震对口援建感恩致谢座谈会上的讲话，这一类的讲话具有更为丰富的内容，不仅是礼节性表达，几百字是不够的。

五、范文解析

【例文1】

联合国教科文组织助理总干事阿布杜拉·罕在首届世界开放大学校长会议闭幕式上的答谢词

主席先生、上海开放大学校长、迪谢特教授、来自各组织、各国家的校长和贵宾：

首先，祝贺首届世界开放大学校长会议取得极大成功。一个人有机会目睹如此重大事件的机会并不多见，迪谢特教授称它创造了历史。我想建议你们保留这些文件以备研究，也许有一天它会成为收藏品。如果从现在开始就加以保留，将来你们会看到开放远程学习成为教育的主流，那时成百万无法接受教育的人们会从远程教育中获益，感谢远程教育系统给他们带来的美好礼物。我想你们一定会感到非常高兴，今天你们取得了这项极好的成果。我坚信开放远程学习系统会继续发展，会继续以指数级扩展。我想再次祝贺你们。

在离开之前，我想感谢东道主上海远程教育集团，特别是上海开放大学，感谢你们的热情迎接和非常非常慷慨的接待。我想请大家向我们的东道主致谢。

有许多事情已被纳入计划之中，只待时间能够作出总结。有许多人为本次会议而努力工作，也许他们并不在这里，但我想只有感谢所有在幕后工作的人才是公平的。他们应得到我们大家的感谢，是他们使会议取得成功。我祝大家旅途顺利，不断成功。谢谢！

点评

这是一个闭幕式上的答谢词。首先对活动的成功举办表示祝贺，并赞扬了活动取得的成效。然后表达了对东道主和幕后工作人员的感谢。最后表达了对所有参会人员的祝福。这是常用的答谢词写法，可以作为学习答谢词写作的模板。

【例文2】

在"一带一路"国际中文教育学术研讨会议闭幕式上的致辞

（攀枝花学院 ××）

尊敬的各位专家、各位老师、同学们：

大家上午好。经过两天紧凑高效的学术研讨，由攀枝花学院和泰国易三仓大学联合举办的"一带一路"国际中文教育学术研讨会即将落下帷幕，我代表主办单位向全体参会人员、专家学者和所有参与、支持、奉献"一带一路"国际中文教育学术研讨会议的朋友和同志们表示衷心的感谢！

在两天时间里，来自国内外各地、各个学府的专家学者们虽然是在云端展示分享自己的学术成果，但是在思想碰撞、观点交流中依然展示了精深的思想和广博的学识，为我们呈现了一场异彩纷呈的学术盛宴。

三人行，必有我师焉。此次学术研讨会，群贤毕至，各位学者的专业素养、专业知识、治学态度、治学方法、学术精神、学术成果，令所有参会人员感到由衷地钦佩，让我们旁听的老师、同学们开阔了视野、拓宽了思维、增长了见识，可谓是获益匪浅。

感谢×××先生，感谢×××先生，感谢所有参与此次学术研讨会的专家学者们，真诚欢迎各位专家学者在疫情过后到攀枝花做客，甚至定居。攀枝花是著名的阳光康养旅游城市，非常适合居住。我们热烈欢迎各位专家学者、老师和同学们到攀枝花旅游度假，零距离体验攀枝花的"有东有西、有盐有米、有山有水、天地仁和"；也特别欢迎各位到攀枝花学院为我们做学术讲座，传经送宝，交流学术思想，我们一定扫榻待君来，只为闻贤音；我们也真诚欢迎各位专家成为攀枝花学院的客座教授，聚"自律攀豆(攀枝花学院对学生的爱称)"以育之。

大鹏展翅乘风起，风劲扬帆正当时。我们将借这次学术研讨会，充分吸收各位专家学者分享的学术前沿成果、经验做法，紧紧依靠各兄弟院校搭建的平台，进一步加强国内外合作交流，让更多优秀的教师增长才干，成就事业；让更多的攀大学子走向学术，拥抱学术。

星光不负赶路人，学术研究永远在路上。希望各位专家学者朋友们记住攀枝花，记住攀枝花学院，记住此次群贤毕至的研讨会，让我们共同为学术研究奋斗，为国际中文教育事业奋斗！再次感谢大家，祝大家身体健康、生活愉快，咱们山高水长，后会有期。

点评

这是一个主办方在闭幕式上的致辞。贯穿始终的是感谢，首先对全体参会人员表示感谢，并赞扬了活动取得的成效。然后对两位参加闭幕式的特邀嘉宾和所有参会专家学者单独表示了感谢，并欢迎大家到本地做客。最后表达了再次合作的愿望和对未来发展的美好愿景。这是主办方的答谢词的写法。

本章小结

礼仪类文书是政府机关、企事业单位及个人在礼仪活动中使用的应用文体，具有交际性、规范性和礼仪性的特点。根据不同的应用场合可以分为迎送类文书、庆贺类文书、祭悼类文书、邀聘类文书和感慰类文书。本章重点介绍了礼仪类文书中最常用的邀请函、欢迎辞和答谢词的使用范围、基本结构和写作注意事项。

学习评价

请根据以下评价维度、项目、内容和标准，对自己的学习情况进行评价。

维度	项目	内容	标准(满分:100分)		
			不太了解	基本了解	完全了解
知识与技能	了解礼仪类文书的概念	礼仪类文书是政府机关、企事业单位及个人在礼仪活动中使用的应用文体，具有交际性、规范性和礼仪性的特点	1	3	5
	了解礼仪文书的发展历史	我国礼仪文书与几千年文明礼仪史同步发展，是历朝历代人际交流的重要手段，也是中华礼仪文化的重要组成部分	1	3	5
	了解礼仪文书的主要类型	根据不同的应用场合，礼仪类文书可以分为迎送类文书、庆贺类文书、祭悼类文书、邀聘类文书和感慰类文书	1	3	5

续表

维度	项目	内容	标准(满分:100分)		
			不太了解	基本了解	完全了解
过程与方法	了解邀请函的基本知识	邀请函是党政机关、企事业单位或个人举办某类特定活动时,用于邀请单位、个人前来参加的信函,具有沟通和礼仪双重属性	1	3	5
	熟悉邀请函的基本结构	标题+称谓+正文+落款	1	3	5
	掌握邀请函写作的注意事项	一是称谓得体。二是邀请真诚。三是语言典雅庄重	3	6	10
	了解欢迎辞的基本知识	欢迎辞是机关、团体和企事业单位在迎接宾客的仪式、集会和宴会上对宾客的光临表示欢迎时使用的一种礼仪文书。可以分为现场讲话和公开发布两类。具有欢乐喜庆和口语化的特点	1	3	5
	熟悉欢迎辞的基本结构	标题+称谓+正文+落款	1	3	5
	掌握欢迎辞写作的注意事项	一是要热情礼貌。二是要实事求是。三是要讲究文采。四是要简明扼要	3	6	10
	了解答谢词的基本知识	答谢词是在礼仪活动中用于表达谢意的致辞,可分为谢遇型和谢恩型两类	1	3	5
	熟悉答谢词的基本结构	标题+称谓+正文+落款	1	3	5
	掌握答谢词写作的注意事项	一是态度真诚。二是语言有力。三是表达贴切。四是篇幅简洁	3	6	10
情感态度与价值观	增强对礼仪文化的认识	中华民族是礼仪之邦,礼仪文化源远流长。在各类活动举办和讲话发言中,都要讲究礼仪,尊重他人、礼貌待人	3	6	10

续表

维度	项目	内容	标准(满分:100分)		
			不太了解	基本了解	完全了解
情感态度与价值观	培养待人的真诚和感恩、合作意识	无论在何种礼仪类文书写作中,情感都要真诚,不能因文造情,虚情假意,无病呻吟	1	3	5
	养成求真务实的工作作风和简洁明快的写作风格	准确理解三种礼仪类文书的写作特点和注意事项,按照规范写作,切忌假、大、空	3	6	10
自评得分					

推荐阅读

1. 舒雪冬.公文写作范例大全：格式、要点、规范与技巧[M].北京:清华大学出版社,2016.

2. 老笔头,公文写作精讲:思路、模式、场景应用.上册,为言[M].北京:人民邮电出版社,2021.

本章自测

1.填空题

根据不同使用场合,礼仪类文书可以分为__________、__________、__________、__________、__________五种类型。

2.简答题

(1)邀请函包括哪些基本结构?

(2)欢迎辞具有什么特点?

(3)答谢词有哪两种类型,分别用在什么场合?

3.论述题

撰写礼仪类文书要注意哪些问题?

4.实践题

文学院近期将举办“一带一路”汉语国际教育研讨会,届时将有教育部的领导,国内外相关高校、科研院所有关专家、老师和研究生参加,请你为主办方草拟一个欢迎辞。

参考文献

[1] 柳宏. 论公关礼仪文书的特点[J]. 常州工学院学报，2001(1).

[2] 史华楠. 论我国社交礼仪文书的起源与演进[J]. 扬州大学学报(人文社会科学版)，2001(5).

[3] 任剑婷. 礼仪文书语体计量研究[J]. 应用写作，2016(9).

[4] 杨琳. 几种常用礼仪文书的写作要领[J]. 办公室业务，2007(1).

[5] 岳海翔. 常用礼仪文书——欢迎词的写作[J]. 办公室业务，2012(2).

[6] 李展. 答谢词表达谢意的“三重奏”[J]. 应用写作，2017(4).

[7] 韩大伟. 谈谈答谢词的写作[J]. 应用写作，2006(1).

[8] 联合国教科文组织通讯事务助理总干事阿布杜拉·罕在闭幕式上的答谢词[J]. 开放教育研究，2003(6).

[9] 贾漫.《诗人贺敬之》研讨会答谢词[J]. 文艺理论与批评，2000(3).

[10] 编辑部. 答谢词[C]//《内蒙古金融研究》钱币文集(第八辑).[出版者不详].2006.

第九章　策划方案

本章概要

本章主要讲解策划与策划方案的相关概念，介绍策划的定义、要素与原则，阐述策划方案的文体特征、主要类型、写作要素等。具体讲述项目策划方案、活动策划方案、营销策划方案等现实中广泛应用、具有代表性的策划方案的写作方法和基本格式，以及其中的注意事项，并以典型案例做示范，进行点评分析。

学习目标

1. 了解与策划方案有关的概念、主要类型、基本格式。
2. 理解策划方案的文体特征。
3. 掌握策划方案写作的要领，能够运用于实践。

学习重难点

学习重点

1. 理解策划方案的文体特征。
2. 掌握策划方案写作的要领。

学习难点

理解策划方案与文案的区别，以及各类策划方案的写作重点。

思维导图

- 策划方案
  - 策划与策划方案
    - 策　划
      - 策划的概念
      - 策划的分类
      - 策划的要素
      - 策划的基本特征
        - 前瞻性
        - 目标性
        - 创新性
        - 变通性
      - 策划与计划的区别
    - 策划方案
      - 策划方案的概念
      - 策划方案的类型
      - 策划方案的文体特征
        - 创意性
        - 综合性
        - 说服性
      - 策划方案与文案的区别
      - 策划方案的基本格式
  - 项目策划方案
    - 项目的概念
    - 项目策划方案写作要点
      - 遵循基本格式
      - 符合语言风格要求
      - 突出项目的主要特色
  - 活动策划方案
    - 活动策划方案的概念
    - 活动策划方案写作要点
      - 遵循基本格式
      - 符合语言风格要求
      - 突出活动的主要特色
  - 营销策划方案
    - 营销策划的概念
    - 营销策划方案写作要点
      - 遵循基本格式
      - 符合语言风格要求
      - 突出营销的主要特色

随着社会经济文化的快速发展，特别是近年来文化产业的繁荣，各种富有创意的策划活动越来越受到重视，相应的策划方案迅速成为一种应用非常广泛的文体，它是策划过程中的重要环节，是策划的书面表达，对策划的顺利实施有着重要的作用，因此熟练掌握策划方案的写作方法已经成为必然要求。

第一节　策划与策划方案

一、策划

（一）策划的概念

所谓策划，即“出谋划策”，是一种目标明确而过程复杂的人类思维活动，其形式和过程均具有科学性和艺术性，同时也是一种实用性和针对性很强的社会实践活动。在中国古代，有着许多策划成功的典型案例，比如“田忌赛马”“完璧归赵”“草船借箭”等，均是运用智慧进行策划的结果。在当前社会竞争十分激烈的环境中，策划显得尤其重要，人们为了实现预定的目标，确保社会管理活动的顺利进行，均离不开策划。特别是在文化产业大发展大繁荣的当下，策划已成为热门关键词，策划正在成为极富活力的新兴学科。

正如《哈佛企业管理》对策划的定义：策划是一种程序，在本质上是一种运用脑力的理性行为，基本上所有的策划都是关于未来的事物，也就是说策划是针对未来要发生的事情作当前的决策。换言之，策划是找出事物因果关系，衡量未来可采取之途径，以为目前决策之依据。亦即策划是预先决定做什么，何时做，如何做，谁来做。策划如同一座桥，它连接着我的目前之地与未来我们要经过之处。[①]由此可见，策划是根据各种现有的条件，预测发展变化的趋势，围绕特定的目标，全面设计切实可行的行动方案的过程。

（二）策划的分类

按照不同的分类标准，我们可以把策划分为不同的类别，比如从策划对象的角度，可分为商业策划、创业策划、广告策划、活动策划、会展策划、营销策划、项目策划等；对应社会结构，有经济策划、政治策划、文化策划等；按照行业类别，可以分为企业策划、事业策划、行政策划等。但无论是哪一种策划，都有一些共同的特征和需要遵循的基本原则。

（三）策划的要素、基本特征和遵循原则

策划的要素包括策划主体、对象、目的、方案、效果等。策划主体策划者，是策划活动的创意者和组织者，在整个策划活动中起着主导作用，是策划活动的核心。

①李东.广播节目创优论[M].北京：中国广播电视出版社，2003：144-145.

策划对象是指策划所面对的特定范围的公众,也就是受众,只有明确策划对象,有的放矢,策划才能取得最后的成功。策划目的就是策划需要达到的目标,只有目标明确,策划才有具体的方向,才能选择适当的途径和方法。策划方案是策划活动过程的书面体现,是策划的最终表现形式,一份优秀的策划方案可以吸引客户或领导的兴趣。策划效果是对策划是否成功的最后检验,往往是在策划活动实施结束之后进行评估,以总结经验得失。

策划的基本特征主要有前瞻性、目标性、创新性、变通性等。策划是对未来的设计与筹划,因此必须具有前瞻性,根据现实条件和事物的发展变化趋势或潜在风险做出准确的预测,通过缜密的思考比较,设计最优方案。任何策划都带有一定的目标性,策划所确立的目标可以分为总体目标和阶段性目标,但阶段性目标应当朝向总体目标不断推进。创新性是策划能否取得成功的关键,策划是一种创造性的活动,不是简单重复,在策划的每一个环节都需要运用创新思维,才能出奇制胜。策划是一个复杂的过程,会受到众多因素的制约与影响,而外界条件可能随时发生变化,因此策划者应有变通心理和敏锐反应,实时调整,使策划始终保持一定的弹性,实现动态策划。

策划要遵循的原则主要有可行性原则、整体性原则、权变性原则、价值性原则等。可行性原则是指策划要基于现实客观条件,选取具体可行的路径,达到一定目标和效果,如果只是一味不切实际的幻想,那就是纸上谈兵,策划也没有意义。策划是一个系统性的工程,其中的各个环节、各种要素都要相互衔接协调,注重整体性,才能取得良好的效果。权变性原则就是要求策划者在策划过程中随机应变,根据条件和形势的变化调整策划的目标和方案。策划是为了达到特定的目标而进行的活动,价值性是策划的前提,也是策划的价值所在,因此策划的结果需以价值来衡量评价。

(四)策划与计划的区别

值得注意的是策划与计划的区别和联系。二者虽然含义相近,但并不等同。策划是全局性、整体性的决策,需要回答“为什么”“做什么”的问题,把握的是原则与方向,关键在于创意和创新;计划则是具体性、操作性的实施,着重回答“怎么做”的问题,侧重执行过程,是一种常规性的工作流程。二者当然是紧密联系的,策划最终要落实成多个计划来执行。

二、策划方案

(一)策划方案的概念和类型

策划方案,也被称为“策划书”,是策划的要素,是整个策划过程的书面表达,是策划最终的表现形式，因此策划方案的写作是策划活动的重要环节。创意思维是不可见的，但语言文字可以使其成为可见的、可阅读的文本，也就是说，有了策划之后，如果想让受众更好地了解策划活动，让团队更好地实施策划活动，那么就需用语言文字将策划书写下来，形成策划方案。因策划的类型不同，策划方案的类型也多种多样，可以说有什么样的策划就有什么样的策划方案，特别是随着文化创意产业的迅速发展，策划方案也成为应用广泛的文体，比如项目策划方案、活动策划方案、营销策划方案，等等。

（二）策划方案的文体特征

策划方案具有的显著的文体特征。如果我们把现有的文本分为欣赏类阅读文本、工具类功能文本、生产类创意文本三大类的话，那么策划方案就是生产类创意文本，这类创作文本本身不作为阅读欣赏的终端产品，也不是作为艺术欣赏消费的直接对象，而是作为创意活动与设想的文字展现，对应着创意活动的各个环节，其功能主要是加速生产新的创意文本及创意活动，具有再生产性[①]。这种文本具有创意性、综合性、说服性等特征。策划本身就具有创意性，策划方案的写作更需要用语言文字创意地表达策划的理性，需要在准确、严谨的基础上用较为生动、形象的语言给受众留下深刻的印象，那么如何将数据、材料等描述得更加丰满，就需要通过创意来实现。策划方案的写作是打破文体规范的综合性写作，是系统性的写作，需要考虑策划过程中的各个环节和各种因素，需要与主办方、资助方、承办方等各方利益代表协商，因此最终的策划方案往往是综合衡量的结果。策划方案写作的目的是推动活动的顺利实施和目标的达成，需要说服各方利益代表以及广大普通受众，因此又具有明显的说服性。

（三）策划方案与文案的区别

此外，还需要注意策划方案与文案的区别与联系。策划方案是对策划活动整个过程的文字记录。文案是策划方案中“集中体现活动中心主题、理念、定位、期许、承诺，以及展示形象、传达信息、表现价值等的语言与文字部分，是创意活动的继续、升华与提升”[②]。也就是说，文案是策划方案中最具有创意的那一部分。

（四）策划方案的基本格式

尽管策划方案的种类繁多，但其写作有着基本的格式要求。主要包括封面、目录、内容提要、序言（或称前言、引言）、正文、时间进度、任务分工、经费预算、前景预

①许道军，葛红兵．创意写作：基础理论与训练［M］．桂林：广西师范大学出版社 2012：75.

②许道军，葛红兵．创意写作：基础理论与训练［M］．桂林：广西师范大学出版社 2012：75-76.

测及效果评价等。在语言方面，需要做到主题鲜明、表达凝练、逻辑合理。策划方案应该尽可能简洁、生动、形象，可以采用表格、图片、音频、视频等多种形式，增加整个方案的观赏性、可读性和说服力。但不同的策划方案有着不同的侧重，需要针对不同的策划活动，灵活调整写作的重点，突出策划活动的创意点。

第二节　项目策划方案

一、项目的概念

何为项目？美国项目管理协会(PMI)这样定义："项目是为完成创造某一独特的产品或服务所做的一项有时限的努力。"①有美国学者认为，项目就是以一套独特而又相互关联的任务为前提，有效利用资源，为实现一个特定的目标所作的努力"②。由此可见，项目就是在一定时间范围之内为了达到某种特定目标而完成的一系列任务或活动，它可以是一种产品，也可以是一种服务。在当前经济社会活动中，项目有着多种形态，其中常见的有产品或服务开发项目、技术改造更新项目、科学技术研发项目、建筑设计开发项目、文艺产品项目等。从不同的角度可以把项目分为各种类别，比如按规模可以分为大型项目、中型项目、小型项目，按复杂程度可以分为复杂项目、简单项目，按行业可以分为工业项目、农业项目、教育项目等。项目具有目的性、独特性、一次性、制约性等特征。

二、项目策划方案写作要点

由于项目具有多种类型，这里以文化产品项目策划为例，说明项目策划方案写作的要点。文化产品又称文化商品，主要包括文化遗产、书籍、媒介等核心文化产品，以及设备、图纸、广告等相关文化产品。文化产品具有多重属性，策划需要遵循个性化与普适性结合、现实性与延续性结合、市场性与公益性结合等原则，策划方案的写作也需要充分考虑这些因素，针对不同产品，应有不同侧重点。文化产品项目策划方案写作的要点如下。

(一)遵循基本格式

封面：包括产品名称、策划者、策划日期等要素。

①张立波.文化产业项目策划与管理[M].北京：北京大学出版社2013:12.

②强海涛，等.项目策划[M].北京：首都经济贸易大学出版社，2013:2.

目录:展示策划方案内容章节。

内容概要:对本项目策划的基本情况进行简要概述。

引言:简述策划背景、目标、指导思想、思路、预期效果等。

策划环境分析:包括宏观环境分析,如政策、人口、经济等方面;行业背景分析,如行业发展状况、各类企业状况、竞争分析等。

企业背景分析:即SWOT分析,S代表Strength(优势),W代表Weakness(弱势),O代表Opportunity(机会),T代表Threat(威胁)。

市场分析:包括市场环境分析,分析市场现有产品的品种、规格、品牌、价格、经营方式等;顾客需求分析;目标市场分析;等等。

概念产品描述:描述产品构成的每一部分,包括产品的名称、样图、功能、特性、材料、包装、价格等。

产品营销方案:包括营销渠道、促销策略、广告宣传、价格档次等。

产品核心价值:即"卖点",产品最能吸引顾客的利益点,如情感、文化、品质、服务等。

人员组成及分工:人员组成和各自任务安排。

项目时间进度:分阶段目标及时间节点。

经费预算:列出可能遇到的花费。

资源保障措施:物质保障、人员保障等。

效果预测:投入分析、收益分析、效益预测等。

方案调整:即备案,可随时根据市场的反馈及时对方案进行调整。

结束语:对该项目策划的意义及整体情况进行归纳总结。

附录:相关资料附件,如数据、图表等。

(二)符合语言风格要求

文化产品项目策划方案的语言要准确、简练、生动形象,让读者对本产品留下深刻印象。

(三)突出项目的主要特色

对文化对产品的描述和核心价值发掘部分要尽量详细,充分展现该文化产品的独特性。

第三节　活动策划方案

一、活动策划方案

活动的类型多种多样,常见的有节日庆典类活动、比赛类活动、商业类活动、新闻公关类活动、公益类活动等。任何一场圆满成功的活动都离不开策划,活动策划是活动顺利展开的前提,可以深化阐释活动的价值,扩大活动的传播影响。活动策划方案是人们为了实现一定的目的,对准备实施的活动事先做出筹划、预谋而写成的有针对性的活动执行方案,是活动策划过程中不可缺失的一环。

二、活动策划方案写作要点

活动策划方案写作包括确定主题、日期、地点、参加者、费用预算等基本步骤。活动策划方案的写作要点如下。

(一)遵循基本格式

封面:包括标题(涵盖单位名称、活动内容、文种等信息,如《××公司“××周年店庆酬宾”活动策划方案》)、策划者、策划日期等。

目录:展示策划方案主要内容。

内容概要:简要概述本次活动策划的基本情况及预期效果。

引言:简述策划的背景,需要采取何种专题活动及其意义,明确活动主题,说明活动的基本内容。

活动目的:要具体化,便于实施和检查,指出目的与内容之间的联系。

受众分析:对活动所要影响的公众进行分析,并预测将会产生的效果。

活动细则:具体描述活动怎样展开,比如其中可能涉及的规则、奖惩措施等。

活动传播:本次活动所需的信息传播方式,比如媒体平台等。

经费预算:活动中可能支出的费用,尽量详细准确。

时间安排:本次活动的时间表或流程。

资源保障措施:物质保障、人员保障等。

紧急预案:由于参加活动的人较多,可能会遇到突发情况,需要有特殊情况预案。

效果评估:对活动可能取得的效果进行评价。

结束语:对该活动的意义及整体情况进行归纳总结。

(二)符合语言风格要求

活动策划方案的语言要准确、简练、有条理性。

(三)突出活动的主要特色

包括活动的主题、活动细则等需要详写。总之，活动策划方案的写作，要做到简明扼要、细致周全，可操作性强，根据不同的活动类型和性质，调整写作要点，突出活动重点和特色创意。

第四节　营销策划方案

一、营销策划方案

营销策划方案是营销策划创意的书面表现，是人们开展营销活动的行动指南，可以有效地说明决策者，扩大营销活动的影响，是执行营销活动的主要依据。营销策划方案的分类也是丰富多样的，比如根据营销对象的不同，可以分为品牌营销策划方案、产品促销策划方案、企业广告营销策划方案等。营销策划方案的主要特点有鲜明的目的性、强烈的针对性、突出的操作性等，写作过程中需要做到目标明确、细致具体、简洁明了。

二、营销策划方案写作要点

(一)遵循基本格式

营销策划方案的写作较灵活，没有固定的格式，会根据产品或营销活动内容的不同而变化，但是其中有些要素是策划方案共同的。

封面：这是策划书的脸面，包括营销策划的全称、策划者、策划时间等信息。封面的表现形式除文字之外，还可以配上与内容相关的照片、插图等。

目录：使读者对营销策划方案的结构一目了然，便于查寻具体内容。

概要：概述方案的背景、目的、思路等，须简明扼要。

引言：介绍策划的原因、重要性、必要性、效果等，吸引阅读者进一步阅读正文。

环境分析：分析现实中存在的问题、矛盾，得出必要的结论，说明这一结论的必然性，并注意只需分析相关环境，一般环境、竞争对手、消费者、产品、企业条件等。

SWOT分析：归纳总结所在企业面临的机遇与挑战、优势与劣势。针对产品目前营销现状分析其优势、劣势等。

营销目标:明确任务,如销售量、利润、市场占有率等。

营销战略战术:这是营销策划的核心部分,包括产品、价格、销售渠道、广告宣传等。

具体行动方案:根据时间节点,制定具体行动方案。

经费预算及效益分析:包括营销过程中的各项费用和最终效益。

营销控制:策划方案的补充,对方案执行过程和进度进行管理。

结束语:对整个策划的要点进行归纳和总结。

附录:相关附件和备选方案。

(二)符合语言风格要求

营销策划方案的语言也要做到准确、简练、逻辑性强、生动形象,此外可以通过图片、视频等增加艺术性。

(三)突出营销的主要特色

充分挖掘所营销对象的潜在价值,详细分析营销的战略战术,艺术形象地展示卖点。

营销策划方案写作需要突出重点和卖点,可以适当举例,或者使用数据和图表增强说服力。

【范文解析】

三江社区“三江书院”亲子乐学社教体系建设项目
策划方案

作者:周毅　谯洁

一、项目实施背景

传承着两百年余杨氏家训的三江社区拥有较为深厚的儒释道文化底蕴和优良家风传统。子曰:“知之者不如好之者,好之者不如乐之者。”(《论语·雍也》)“学而时习之,不亦说乎?有朋自远方来,不亦乐乎?人不知而不愠,不亦君子乎?”(《论语·学而》)位于怡心街道的三江社区,原住居民集中安置在三江悦府小区,心仪于怡心湖美景和三江社区锦绣前程的四海宾朋志同道合,比邻居住在棠湖泊林城、宏达世纪丽景。“怡心”“悦府”与孔子“乐”“说(通‘悦’)”教育理念一脉相承。拆迁安置的原住居民、购房入户的商住楼业主与租房暂住的流动人口之间还有待融合。

辖区还有万佛寺、万缘宫等佛寺、道观。

经过社区两委的深耕，全体居民的培育，三江社区已经荣获“全国学习型社区”“成都市示范社区教育工作站”等十余项荣誉。“大学之道，在明明德，在亲民，在止于至善。”（《礼记·大学》）为进一步挖掘社区文化、强化社区教育、提升居民素质，以社区教育促进小区治理、社区营造和居民融合，社区拟与有著名高校、省级学会资源的5A级社会组织××志愿服务与研究中心联手打造“三江书院”这一成都社区教育品牌，共同探索和建设亲子乐学社教体系，力争百尺竿头更进一步，使社区教育臻于完美。

二、目的目标

目的：充分用好三江社区深厚的儒释道文化底蕴和优良家风传统；继续挖掘社区文化、强化社区教育、提升居民素质，以社区教育促进小区治理、社区营造和居民融合；提高各类教学阵地和“家风亭”“劝学亭”“爱莲亭”“文化长廊”“乡愁健康步道”等配套设施的使用率；将社区教育从青少年延伸到家长，营造全家乐学、邻里共学的全民学习氛围，打造“三江书院”这一成都社区教育品牌，共同探索和建设亲子乐学社教体系。

目标：全年举办各类特色教育活动约30场；居民知晓度不低于80%；受益人次不低于2000人次。

三、总体设计思路

为了以社区教育促进小区治理、社区营造和居民融合，用好社区文化底蕴和家风传统，进一步挖掘社区文化、强化社区教育、提升居民素质，扩大公共教育覆盖面，营造全家乐学、邻里共学的全民学习氛围，“三江书院”亲子乐学社教体系建设项目将秉承孔子的“乐”“说（通‘悦’）”教育理念，整合5A级社会组织拥有的高校、学会资源，发挥博士助学团队课程研发优势，综合采用“课堂互动+高校研学+参访体验+线上倾听+现场交流+名家分享+积分有礼”的方式，破除应试教育与素质教育二元对立的僵化思维，改变学校教育、家庭教育、社区教育分离的窘迫困境，通过“乐阅三江”社区数字图书馆、“乐善三江”家长学校、“乐学三江”亲子学堂、“乐趣三江”儿童之家、“乐融三江”邻里学院五大类30余场参与性、互动性较强的社区教育特色活动，提高各类教学阵地和配套设施的使用率，激发青少年及其家长参与学习的积极性和主动性。举办“新时代 新教育”首届成都城乡社区教育发展论坛暨成果展，倡议成立社区教育联盟，展示社区教育成果，总结社区教育的经验教训，探索新时代语境下新教育模式，打造“三江书院”这一成都社区教育品牌，共同探索和建设亲子乐学社教体系，满足社区居民日益增长的个性化、多元化的文化教育需求，从而提高居民幸福感、满意度。

四、实施计划(本部分尽量用一目了然的表格呈现,避免大段叙述)

1.项目启动阶段安排(含时间、服务内容等)

活动时间	活动目标	主要举措
2020.8–2020.9	前期宣传、活动预告和调研	1.与主流媒体合作,做好宣传预热 2.与三江社区现有居民志愿者合作,摆点宣传和张贴海报,进一步扩大项目知晓度及影响力 3.深入走访三江社区各个院落,并与三江社区更多热心居民建立良好互动关系,为后期活动开展奠定良好的基础

2.项目中期阶段安排(含时间、服务内容等)

活动板块	主题	形式	主要内容
打造“三江书院”社区教育品牌	全家乐学,邻里共学	成立仪式+机制建设+理论提升+媒体推广	1.成立三江书院 2.建立多方联动社区教育长效机制 3.探索建设亲子乐学社教体系 4.通过四川电视台、成都电视台、成都日报、中国网、新华网、四川社区网等主流媒体和人民日报客户端、封面新闻、百度新闻、凤凰新闻、搜狐新闻、成都新观察等新媒体宣传推广三江书院近30场特色教育活动
“乐阅三江”社区数字图书馆	乐享阅读,多媒体学习	数字图书+视频讲座+音频下载	与超星数字图书馆合作,提供半年免费的社区阅读资源。关联社区微信公众号,向全社区所有居民赠送海量图书、视频、音频资源
“乐善三江”家长学校	从善如流,听书有礼	高校研学+线上倾听+现场交流+名家分享+积分有礼+家风故事会	1.邀请四川大学人文艺术实践与转化中心专家指导优化“你凭什么做家长”线上课程 2.邀请培养过清华北大学子的成都××中学特级教师或知名中小学校长、著名大学高才生面对面交流,分享学习方法 3.高校研学,走进四川大学,参访珍藏着郭沫若、巴金、朱德、江姐等知名校友珍贵文物的川大校史馆、江姐纪念馆,接受爱国主义教育,参观川大校园,感受名校氛围 4.举办“家风故事会”,用好三江社区宝贵的百年家训资源 5.听课打卡,积分奖励。家长可以通过线上听课打卡、转发集赞等方式获得积分,每月兑换一次图书、文具、玩具或生活用品

续表

活动板块	主题	形式	主要内容
“乐学三江”亲子学堂	与孩子共成长	职业体验+心理沙盘+参访体验+专家讲座+财商游戏	1.举办小小消防员或我是大法官、小中医、护眼大使等职业体验活动。将职业生涯规划、安全教育、法治教育、健康教育融入职业体验中 2.开展心理沙盘游戏，邀请著名心理学家培养家长和孩子的积极心理，增进面对各类挫折的勇气，增强战胜各类困难的信心 3.举办超级记忆法讲座，传授××书院博士助学团队联合研发的记忆秘籍，达到好文章过目不忘、经典诗词过耳不忘的神奇效果 4.举办英语魔方单词速记讲座，主要传授高效的英语单词记忆技巧，也会旁及英语学习中其他板块的方法 5.举办“智慧的体操：国际象棋与数学思维”活动，感受国际象棋大师风采，培养数学学习兴趣 6.开展“小小理财家”财商游戏，邀请银行等金融机构高管或者西南财大博士指导如何管好零花钱
“乐趣三江”儿童之家	玩伴童年，趣味人生	玩具DIY+亲子绘本+创意写作+熊猫读书会+文创体验+走进自然+时间管理	1.乐高益智积木玩具DIY体验 2.亲子绘本童话小屋活动。邀请知名童书传播专家带领孩子们走进儿童文学的奇妙世界 3.邀请知名作家、《读者报》主编、《熊猫明历险记》作者蒋林指导阅读 4.邀请小小志愿者参观动物园、植物园，并摄影、撰文传播爱好自然、保护环境的理念 5.“三江缘”文创体验。邀请成都工匠现场指导
“乐融三江”邻里学院	缘汇三江，邻里相融	志愿服务+文明观察+礼仪传承+表达沟通+公益传播+膳食DIY	1.举办华夏礼仪体验暨忠孝传家讲座。邀请中华传统文化研习专家亲自指导 2.举办“非暴力沟通”交流活动，邀请喜马拉雅FM知名主播传授高效沟通的艺术，告别“伪沟通”时代 3.举办“无冕之王”文明观察者活动，邀请资深媒体人亲临指导 4.开展公益传播官新媒体技能培训及实践演练 5.举办“遇见新成都”社区摄影家活动，邀请市摄影家协会摄影导师现场教学 6.举办膳食营养讲座暨晒出你的拿手菜活动

活动板块	主题	形式	主要内容
首届成都城乡社区教育发展论坛暨成果展	新时代新教育	高端论坛+成果展示+评奖评优+现场展播+线上宣传	1.首届成都城乡社区教育发展论坛，邀请政府分管领导和高校专家及成都社区教育优秀书记、公益机构创始人参与 2.举办社区教育成果展，展示社区教育活动图片、教学作品、证书奖杯 3.倡议成立社区教育联盟在线传播 4.录制三江社区教育宣传片，现场展播并通过新媒体矩阵传播 5.评选2020年度社区教育十佳个人

3.项目完成阶段安排(含时间、服务内容等)

活动时间	活动目标	主要举措
2021.7	三江社区“三江书院”亲子乐学社教体系建设项目总结与品牌提升	项目资料归档整理，确保20次以上媒体报道，进一步传播三江社区居民素质提升先进经验，持续传播三江社区正能量，并在三江社区微信公众号、相关微信群等平台广为传播

五、项目服务预期效果

1.打造“三江书院”这一成都社区教育品牌，提升三江社区“全国学习型社区”的知名度和影响力。

2.孟母三迁择邻处，诗礼传家继世长。通过开展“乐善三江”家长学校系列活动，进一步传承百年家训，培育优良家风，学习先进的教育理念、科学的教育方法。

3.“乐学三江”亲子学堂为改善亲子关系创造机会，在共同参与中学会作合格家长、友好邻里，为家族、为社区、为城市培育优秀接班人。 增进亲子情，使三江社区教育进入“春风化雨，润物无声”的境界。

4.“乐趣三江”儿童之家系列活动，旨在寻找生活之趣，感受自然之美，感受艺术之巧，培养实践能力，提高时间管理实效。

5.“乐融三江”邻里学院旨在促进拆迁安置人员、商品房业主、新市民等各类居民的互相融合。

6.首届成都城乡社区教育发展论坛暨成果展通过全面展示成都社区教育成果，推广三江社区“三江书院”亲子乐学教育体系，推进成都社区教育迈入新时代。

六、项目经费(略)

本部分要写明经费来源、经费预算。经费预算包括业务活动支出、项目活动支出、项目管理费、税费、项目其他支出等。其中，驻点社工费、督导费、专家劳务费、讲解费、志愿者补贴、项目助理劳务费等人员劳务支出不超出申请资金的50%。项目活动支出要具体到科目和明细。

点评

该策划案文字表达以直接陈述和说明为主，直接、明确、简洁，很好地体现了策划方案也是一种应用文书、应当遵循应用文写作简洁实用的原则。

在遵循实用性原则的前提下，该策划方案的相关内容按照背景、目的目标、总体设计思路、实施计划、项目服务预期效果和项目经费的顺序依次展开，逻辑层次清晰，结构完整，清晰呈现了方案策划与组织实施过程中应当注意的各种要素与细节。

该策划方案对方案要素和细节的清晰说明，同时也体现着策划者对方案是进行了充分的可行性、实操性和绩效性审查，足以成为方案实施者的行动指导。

（点评人：刘晓远）

本章小结

策划方案是策划活动中的重要环节，是创意策划过程的文字表现，是策划活动顺利实施的重要保障，在现实中被广泛应用。策划方案是一种生产类创意文本，种类多样，因策划类型的不同而不同，这类文本具有创意性、综合性、说服性等特征。其写作有着基本的格式要求，包括封面、目录、内容提要、序言、正文、时间进度、任务分工、经费预算、前景预测及效果评价等要素。但不同的策划方案有着不同的侧重，比如项目策划方案侧重在对项目特色的挖掘，活动策划方案侧重活动的细节，营销策划方案侧重营销的战术等，在写作过程中需具体问题具体分析，突出策划的创意所在。

学习评价

请根据以下评价维度、项目、内容和标准，对自己的学习情况进行评价。

维度	项目	内容	标准(满分:100分)		
			不太了解	基本了解	完全了解
知识与技能	了解策划的概念、分类、要素、特征、原则和与计划的区别	全面设计切实可行的行动方案的过程；按照不同的分类标准分为不同的类别；包括策划主体、对象、日的、方案、效果等要素；具有前瞻性、目标性、创新性、变通性等；要遵循可行性、整体性、权变性、价值性等原则；策划是全局性、整体性的决策，计划则是具体性、操作性的实施	3	6	10

续表

维度	项目	内容	标准(满分:100分)		
			不太了解	基本了解	完全了解
知识与技能	了解策划方案的概念	策划方案是策划的要素,是整个策划过程的书面表达,是策划最终的表现形式	3	6	10
	了解策划方案与文案的区别	策划方案是对策划活动整个过程的文字记录,文案是策划方案中最具有创意的那一部分	1	3	5
	了解策划方案的主要类型	因策划的类型不同而不同,有什么样的策划就有什么样的策划方案	1	3	5
	了解策划方案的基本格式	包括封面、目录、内容提要、序言(或称前言、引言)、正文、时间进度、任务分工、经费预算、前景预测及效果评价等	3	6	10
过程与方法	理解策划方案的文体特征	创意性、综合性、说服性等	3	6	10
	掌握项目策划方案的写作要点	遵循基本格式,符合语言风格要求,突出项目的主要特色	3	6	10
	掌握活动策划方案的写作要点	遵循基本格式,符合语言风格要求,突出活动的细节	3	6	10
	掌握营销策划方案的写作要点	遵循基本格式;符合语言风格要求;突出营销的战术	3	6	10
情感态度与价值观	养成敏锐的创新意识	注重创意性、独特性	3	6	10
	养成规范的文体意识	明确相关文体之间的细微差异	3	6	10
自评得分					

推荐阅读

1. 许道军,葛红兵.创意写作:基础理论与训练[M].桂林:广西师范大学出版社,2012.

2. 张立波.文化产业项目策划与管理[M].北京:北京大学出版社出版,2013.

本章自测

1.填空题

策划的基本特征有________、________、________、________等。

2.简答题

(1)策划方案与文案有什么联系与区别?

(2)策划方案的文体特征是什么?

(3)策划方案的基本格式要求有哪些?

3.论述题

如何理解不同的策划方案有着不同的写作侧重点?

4.实践题

选择一个活动,撰写一份策划方案,要求具有可操作性。

参考文献

[1]李东.广播节目创优论[M].北京:中国广播电视出版社,2003.

[2]许道军,葛红兵.创意写作:基础理论与训练[M].桂林:广西师范大学出版社,2012.

[3]张立波.文化产业项目策划与管理[M].北京:北京大学出版社出版,2013.

[4]强海涛,等.项目策划[M].北京:首都经济贸易大学出版社,2013.

第十章　政务信息

本章概要

本章主要讲解政务信息的概念、主要类型、历史沿革、文体特征、编排格式，辨析政务信息与简报、消息区别，并传授政务信息写作的要诀。并用真正被上级部门采用或受到领导高度重视的政务信息做示范，辅之精简的点评。

学习目标

1.了解政务信息的概念、主要类型、历史沿革、编排格式。

2.理解政务信息的文体特征，及其与简报、消息的区别。

3.掌握政务信息写作的要领。培养敏锐的新闻意识、正确的政治意识、规范的文体意识。

学习重难点

学习重点

1.理解政务信息的文体特征。

2.掌握政务信息写作的要领。

学习难点

形成规范的文体意识，辨析政务信息与简报、消息的区别。

思维导图

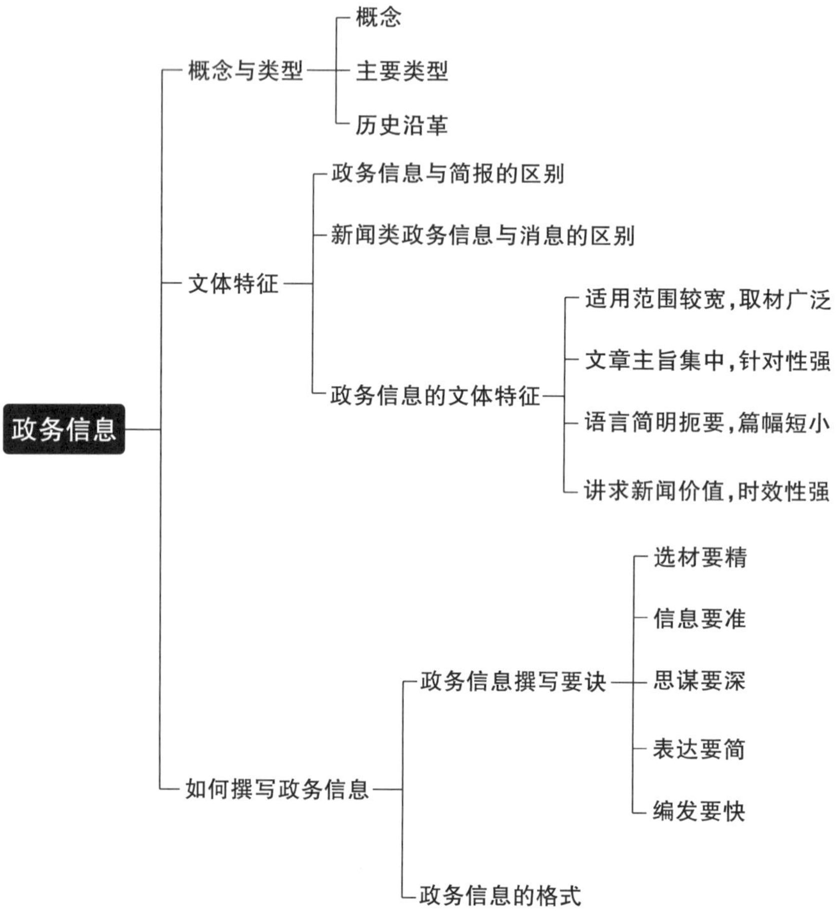

随着政务信息化改革的纵深推进和政务信息网络的日渐完善，政务信息越来越成为各级领导掌握工作动态的重要渠道、做出科学决策的重要参考，也成为各部门政务公开的主要载体，因其具有沟通交流、宣传展示、领导管理、参政咨政等方面不可或缺的综合作用，所以被称为“机关有序运行的重要纽带”。[①]

①曾文芳.政务信息写作[M]，北京：中国人民大学出版社，2014：7.

第一节　政务信息概念与类型

一、政务信息的概念

政务信息是向上级机关、领导汇报工作，向平行机关、业内同行交流经验，向下级通报情况的重要公务文书。政务信息与简报、消息的共同点在于都具有时效性。其篇幅往往比简报更“简”，传播范围一般比简报稍宽，但与广泛发行、不具约束力的新闻相比，政务信息仍然属于政府部门或行业内部传阅的、具有规范性和约束力的公文文种。政务信息是领导科学决策的重要依据，是情况汇报、政策传达的重要渠道，有助于促进政府高效管理、行业及时沟通。

二、政务信息的主要类型

曾文芳在《政务信息写作》中，将政务信息分为新闻类政务信息、网络类政务信息、公文类政务信息、调研类政务信息、广告类政务信息。张浩在《新编政务信息写作全书》中将政务信息分为新闻类政务信息、政务消息、政务通讯、动态性信息、政策性信息、预测性信息、反馈性信息、综合性信息、经验性信息、专题性信息、调研性信息、汇报性信息、建议性信息、问题性信息、分析性信息、电子网络信息等类型，并在此基础上还做了进一步细分。通过上述分类，一方面可见政务信息涵盖面非常广泛，政务信息工作已经成为政府机关秘书处、综合处、信息处等部门日常工作的重要内容；另一方面可见政务信息与消息、通讯、简报、调研报告、建议、总结等其他应用文体交叉融合。但是，如果真要深究起来，其实政务信息还是有其自身鲜明的文体特征。

三、政务信息的历史沿革

1986年，国务院办公厅正式创建了全国各省市区政府办公厅传报信息制度，并建立了全国性的政务信息网络。这一年，河北、湖北、辽宁的政府办公厅信息工作者还联合发起筹建全国省级政府信息网络，并建议用“政务信息”代替原“政府信息”称谓。由此，政务信息概念被正式提出。[①]

虽然政务信息这个称谓是二十世纪八十年代中期才正式提出，但是同类性质的文体其实古已有之，并不是什么新鲜事物。当然，随着时代变迁与文体革新，政务信息自然有了新的时代特征。比如，政府部门近年来纷纷开通了政务微博、政务

①曾文芳．政务信息写作[M]．北京：中国人民大学出版社，2014：6.

微信公众号，此前仅限于内部纸质文件发布的政务信息，现在也会选择一部分公开、已经可以公开的内容通过官方平台正式、主动、及时地告知相关群众，非常有效地回应了广大网友对突发事件、民生事件、政策变化的知情权。公开发布的政务微博、政务微信与纸质版本或党政内网传播的政务信息相比，在积极传播主流价值观、及时反映行业动态方面是共同的，但因政务微博、政务微信的受众更广，所以其话语方式更灵活、更生动、更亲民、更具有互动性。

要深入认识政务信息这种公文，很有必要深入了解这种文体的历史沿革。参考夏海波、曾文芳等学者及《党政机关公文处理与写作实用手册》编写组的研究成果，可以发现，在不同时期，政务信息以情报、报告、简报、动态、简讯、信息、工作通讯、内部参考等名称和形式出现。毛泽东曾为党中央起草的《关于建立报告制度》，对党和军队按时上报活动动态、问题倾向和办法建议提出了要求。新中国成立之后，报告成为法定公文之一。代替情报和此前的报告出现了新的文体样式——工作简报。[①]《工作方法六十条》中明确指出简报是各级领导掌握情况、寻找办法的重要途径。当然，也有一种观点认为，政务信息、简报这类文体可以追溯到汉武帝初年的邸报手抄报，或者唐代的印刷版邸报。[②]关于邸报究竟起源于何时，至今尚有争议，此不赘述。其实，从性质上讲，当代供内部传阅的简报、政务信息与邸报的确有相似之处，都是政府内部、行业内部及时汇报情况、传递信息的载体，而且内容上都是与政府运行、行业发展密切相关的。从这些方面看，邸报与政务信息、简报的关系甚至比对外公开发行、内容比较宽泛的报纸更近一些。

改革开放后，随着各行各业日新月异，部门之间、层级之间的信息交流需求更加迫切，上级部门要统筹协调工作，也需要更加及时、更加全面、更加深入地掌握情况。据曾文芳的《政务信息写作》一书的详细梳理可知，1984年1月内蒙古自治区党委办公厅创办发行的《今天要闻》被认为是第一份较为正式的政务信息刊物。1985年全国政府系统的办公领域全面开始信息化。1988年召开的全国省级政务信息网络第三次年会上，与会专家经过深入研讨后，一致认为，政务信息“内容上需及时反映政府主体工作运转的情况”，“作用上需对政府领导决策和指挥工作发挥积极有效的影响”。[③]1999年发布的《中共中央办公厅关于进一步加强信息工作的意见》，对政务信息工作做了明确指示。此后，政务信息逐渐成为重要的公文。因其内容、形式、作用与传统的简报有较多的交叉和相似，所以不少行业开始用政务信息或者“行业名称+信息”取代简报，甚至有些公文写作教程也直接将信息和简报当作同一种文体。但事实上，二者虽有紧密联系，亦有明显区别。

①夏海波.公文写作与处理(第三版)[M].北京:北京大学出版社,2018:215.

②《党政机关公文处理与写作实用手册》编写组.党政机关公文处理与写作实用手册[M].北京:中国文史出版社,2012:165.

③曾文芳:政务信息写作[M].北京:中国人民大学出版社,2014:6-7.

第二节　政务信息的文体特征

一、政务信息与简报的区别

一是读者范围略有差异。简报仅限于内部交流，特别是涉外机关、专政机关主办的简报一般不宜或者不许公开传播。还有些简报，因为内容的特殊性，仅仅呈报特定级别、特定范围相关领导批阅，具有相应等级的保密性，严禁擅自扩大传播范围。相对而言，政务信息的读者范围要稍微广泛一些，特别是一些行业动态类的政务信息，甚至可以在特定范围内发行。

二是文体风格不同。简报在确保事实准确、数据可靠的前提下，在标题拟制、现象描述、道理阐释等环节追求一定程度的可读性，措辞相对灵活，表达更加形象生动，而纸质版本传播和党政内网报送的政务信息则更加倾向于庄重朴实、简明扼要。

三是类型划分有出入。如果根据性质分，简报一般可以分为工作简报、学习简报、生产简报、会议简报、动态简报等，而政务信息则涉及面更宽，类型也更加丰富。

二、新闻类政务信息与消息的区别

第一，文种性质、功能作用不同。新闻类政务信息是公文，虽然不属于法定公文文种，但因其编写主体是机关单位或企事业单位的信息部门；编写的目的是向上级反馈动态、反映问题，以方便其决策参考；制文发文也是按照特定程序严格进行；所以，具有一般公文的行政导向性、政治约束力、行业规范性。但消息属于新闻文体，其编写的主体是新闻记者或新闻机构；编写的目的是及时向大众报道新近发生的事件、出现的变化；新闻编发主要由新闻机构、媒体平台完成；所以，对政策政事、行业发展的影响往往是间接的、有限的。

第二，传播范围、评价标准不同。消息一般是通过公开发行的纸质媒体、电视媒体或者各类新媒体报道，传播范围越宽越好，点击率、浏览量、发行量往往是衡量一篇消息是否编写及时、是否写得有价值的重要依据，所以不少新媒体都把单篇消息的高浏览量作为目标。而新闻类政务信息的传阅一般都是精准传播，只呈报给非常有限的领导和同事、同行，完全是用于内部交流和领导参考，有些特别重要的新闻类政务信息甚至从材料获取到文稿编写、报送传达整个过程都具有保密性，知道的人越少越好。新闻类政务信息是否写得有价值与阅读量毫无关系，衡量其价值主要看实际影响，例如引起相关领导重视，引起某项政策变化，改变某个重要事件发展动向等。

第三,素材选择、关注重点不同。政务信息选材范围虽宽,但是一般也只选择其中对领导决策、行业发展有参考价值的部分,而新闻消息因为受众面极为广泛,只要是新鲜、有趣、有益,老百姓感兴趣的事件都可以报道,甚至有些负面事件,只要本着警醒世人、正确导向也可以报道。同时,即便是针对同一个事件,例如某地突发山洪多人被冲走,新闻消息和政务信息除了都关注被围困游客救援情况这一共同点之外,其他的关注重点可能就不一样。新闻消息关注的是老百姓应该如何识别各种平台上关于旅游推介中的潜在风险,以及这一事件到底哪些方面应该承担责任等。新闻类政务信息关注的重点是如何增强潜在风险的排除效果、如何建立更加科学高效的预警机制、如何做好善后处理和群众安抚等方面的工作。正如《机关政务信息写作技能指导与规范处理大全》中所言,政务信息更多关注形成某种现象的"动因,即事物发生、发展、变化的规律,并由此预见、推断可能出现的结果"。[①]

三、政务信息的文体特征

曾文芳主编的《政务信息写作》一书将政务信息的写作特点概括为内容和行文的广泛性、信息来源和信息写作的真实性、采编和报送的时效性、编发和传输的政治性、信息搜集和信息处理的研究性、内容和形式上的动态性。[②]另一位学者在《机关政务信息写作技能指导与规范处理大全》中认为,政务信息具有适用性、客观性、时效性、简洁性、广泛性等文体特征。[③]上述两种观点均有可取之处,为了便于读者深入领会和精准把握,我们根据自己多年撰写政务信息的实践经验和研究心得,把政务信息的文体特征简要地概括为以下四点:

一是适用范围较宽,取材广泛。因为政务信息化已经成为一种必然趋势,所以各行业、各部门都越来越普遍地重视政务信息。加之政务信息还有很多细分类型,可以分别适应相关部门、相关行业和相应目的,所以适用范围较宽。同时,为了更加有效地参政咨政,为相关领导和上级部门决策部署提供综合参考,反馈性信息、综合性信息、预测性信息、调研性信息、汇报性信息、建议性信息、问题性信息等政务信息往往需要从影响本行业、本单位、该问题、该情况的政策背景、经济动态、文化氛围、社会心理等多方面搜集信息、获取数据,使用的素材非常广泛。

二是文章主旨集中,针对性强。虽然政务信息这种文体具有展示单位风采、汇报工作动态、提供决策参考等多种功能,但是具体到每一篇政务信息,往往需要在

①胡珊珊.机关政务信息写作技能指导与规范处理大全[M].北京:研究出版社,2016:4.

②曾文芳.政务信息写作[M].北京:中国人民大学出版社,2014:2-4.

③胡珊珊.机关政务信息写作技能指导与规范处理大全[M].北京:研究出版社,2016:2.

综合权衡上级关注重点、单位实际情况、工作进展阶段、行业发展趋势等多方因素之后，明确行文的主要目的，从而有针对性地剪辑素材，有选择性地突出重点。

三是语言简明扼要，篇幅短小。一般而言，政务信息不追求形象生动，而讲求简明朴实。其读者希望快速明白要领，抓住关键，获取最新鲜的资讯，发现最关键的变化，找到最重要的原因，领会最具建设性的意见和建议。正是这种阅读期待要求政务信息的语言必须去除套语，删减虚言，开门见山直奔主题，三言两语切中“要害”。

四是讲求新闻价值，时效性强。政务信息是公文中特别注重新闻价值的一种文体。政务信息采用的数据材料、事实依据尽量要新，编写的速度尽量要快，报送要及时，唯有如此，才能将政务信息的新闻价值发挥好，否则据此作出的判断和决策就跟不上行业趋势，没法把握最佳节点。简单地说，错过时间的政务信息，其价值将大打折扣，甚至会误导读者。

第三节　政务信息撰写

一、政务信息撰写要诀

一是选材要精。从所写信息涉及的相关专业理论视野出发，审慎地观照从各种途径搜集到的冗杂纷繁的海量素材，结合该信息拟定读者圈的工作需要，去粗取精，淘选出最切合行文意图的资讯、片段、数据、要点、问题，与此无关的材料，统统去掉。简单地说，就是要精确聚焦，综合提炼。

二是信息要准。拟用素材中涉及的数字、时间、事实、人名、地名均要通过可靠途径予以核实，确保所有信息准确无误，才能写进去。无法核实的不用，心存疑惑的不用，情况有变的不用，只有先做到言之有据，才可能言之成理、言之有用。

三是思谋要深。撰写政务信息主要是为了给上级部门汇报工作动态、分析本部门或本行业发展中遇到的新情况、新问题，并为领导科学决策当好参谋，所以撰写者要有给领导当好智囊的意识，对现象的分析要全面，对问题的思考要深入，对动态的把握要准确，并在此基础上提出切实可行的建议，供上级部门和同行参考借鉴。

四是表达要简。政务信息撰写者最应惜墨如金，去修饰，戒浮夸，不重文采重数据，不重雄辩重事实。能一句话讲清楚，就不要用两句话；能用短句说透彻就不用长句；能用单句摆明事实、理清关系、表达观点，就不必用复句。简单地说，就是挤掉文句的水分，只留干货。特别是每则信息的标题，应该尽量用极为简要的一句话、一个短语或对仗短句准确地把关键点概括进去。

一般而言,新闻类政务信息可以一段成篇。新闻类政务信息的章法可以借鉴新闻消息的导语写作技巧,尽量在最简短的篇幅里说清楚何时、何地、何因、何人、何事,结果、影响或价值如何。但政务信息不必像新闻消息那样六要素面面俱到,只需要选择其中最必要的、特定读者最感兴趣的一些要素即可。这是因为其读者往往是局中人、内部人士,有些要素是不言自明的。

当然,因为政务信息还有反馈性信息、综合性信息、预测性信息、调研性信息、汇报性信息、建议性信息、问题性信息等多种类型,这些类型可不必拘泥于一段式章法,而要根据内容来决定如何谋篇布局。但是,总的来说,政务信息都要简洁明了,深入浅出。

五是编发要快。政务信息是推进创新驱动发展战略、建设创新型国家的有力助手。此前任何一个时代的科技、经济都不如当今真正地做到了日新月异。政务信息就是要以最快的速度把相关领域的新发展、新突破、新动态、新问题、新倾向第一时间呈报给上级领导和业内同行,以便及时作出相应的调整。在某种程度上,政务信息撰写者承担了搜索引擎和信息处理的功能。搜集信息滞后、编写太拖沓、报送不及时的政务信息很难被决策层重视,将错过其发挥参政咨政的最佳时机。所以,政务信息撰写者必须具备敏锐的新闻意识,及时捕捉最新的素材;必须是一个公文写作的快手,能够在最短的时间内完成文稿编写,然后尽快走公文处理程序,使政务信息能够第一时间进入领导或同行的视野。

二、政务信息的格式

政务信息的格式与简报基本一致。一般也由报头、报体、报尾组成。上述“政务信息撰写要诀”实际上就是在详细讲解如何撰写报核部分。

至于报头,一般在第一页三分之一的地方,用间隔红线与正文隔开,线上部分就是报头。报头的内容包括信息名称、期号、编发机关、印发日期、编号等。如果信息内容涉密,报头部分还需注明相应的密级。信息名称一般居于报头部分版面的正中央,也可以加上单位名称、专项工作名称等。要注意的是,这里所说的信息名称是指政务信息内部刊物的固定名称,例如《会展快讯》《金融动态》《经济信息》之类,而不是报体部分具体某一篇政务信息的标题,千万不要混淆。另外,一期政务信息可以编发同主题、同领域或同事件的多则信息,在间隔红线与第一则信息之间的版面还可以撰写“编者按”,对该期内容做简要提示和概括,或表明编发单位的基本意见和建议。

报尾应该放在最后一页的最下方,并用两条黑色平行线与报体隔开。在这两条黑色平行线内左侧上方表明“报”“送”“发”的范围。注意“报”是向上级单位,

"送"是给同级或不相隶属但与此信息相关的单位,"发"是给下级单位。还需要在两平行线的右侧下方标明该期信息的印发份数、编审人、责任编辑等。

三、范文解析

【例文1】

市贸促会创新机制实现会展经济逆势增长

学习实践活动开展以来,市贸促会(会展办)立足全域某市,创新增长机制,以科学发展观统筹全市会展产业综合发展,成效明显。截至6月,全市共举办会展节庆活动150多个,较上年同期增长24%,实现直接收入8.6亿元,同比增长23%,各类展会和节庆活动整体拉动约110亿元,实现了金融危机和地震灾害双重压力下的逆势飞扬。今年上半年,某市先后荣获最佳会展城市管理奖、中国最佳会展城市奖、中国会展十大新闻人物、会展之星·2008-2009年度人物等十余项会展业界大奖,有力提升了城市美誉度和业界影响力。

点评

该信息坚持用数据说话,用业绩证明。"金融危机和地震灾害双重压力下的逆势飞扬",一句话简明扼要但极具说服力地指出学习实践活动对某市贸促会(会展办)产业带来的显著成效。并在结尾部分用获得的业界大奖再次点明题旨。文章用语极为简练、客观,但是读来令人振奋,能看出该市贸促会(会展办)产业欣欣向荣气象。

【例文2】

市贸促会统筹城乡会展经济科学发展

市贸促会(会展办)坚持"全域某市"的科学发展理念,紧扣"共谋、共创、共享城乡一体化"主题,创新会展节庆模式,打好区(市)县节会经济组合拳,加快区域联动发展。成都购物节在各区主要商圈分别设立主题会场;第五届啤酒节首次推出"3+10"全新模式,即南湖旅游度假区、华侨城·欢乐谷、英国小镇等3个主题会场加都江堰夜啤酒长廊、龙泉洛带古镇等10个特色会场,使主城区和各区县节庆活动形成合力共振效应。

点评

该信息无一句虚言,处处言之有据。用实际活动案例及其成效向上级部门汇报了该部门如何深入贯彻落实科学发展观。

本章小结

政务信息是向上级机关、领导汇报工作,向平行机关、业内同行交流经验,向下级通报情况的重要公务文书。政务信息与简报、消息的共同点在于都具有时效性。但是,政务信息与简报相比,读者范围、文体风格、类型划分有出入。新闻类政务信息与消息相比,文种性质、功能作用、传播范围、评价标准、素材选择、关注重点均有不同。政务信息的文体特征在于适用范围较宽,取材广泛;文章主旨集中,针对性强;语言简明扼要,篇幅短小;讲求新闻价值,时效性强。政务信息的撰写选材要精、信息要准、思谋要深、表达要简、编发要快。政务信息的编写格式与政务简报基本一致。

学习评价

请根据以下评价维度、项目、内容和标准,对自己的学习情况进行评价。

维度	项目	内容	标准(满分:100分)		
			不太了解	基本了解	完全了解
知识与技能	了解政务信息的概念	政务信息是向上级机关、领导汇报工作,向平行机关、业内同行交流经验,向下级通报情况的重要公务文书	1	3	5
	了解政务信息的历史沿革	知道邸报、情报、报告、简报、政务信息的演变过程,以及内在联系和区别	1	3	5
	了解政务信息的主要类型	可以分为新闻类政务信息、网络类政务信息、公文类政务信息、调研类政务信息、广告类政务信息。也可分为新闻类政务信息、政务消息、政务通讯、动态性信息、政策性信息、预测性信息、反馈性信息、综合性信息、经验性信息、专题性信息、调研性信息、汇报性信息、建议性信息、问题性信息、分析性信息、电子网络信息等	1	3	5
	了解政务信息的功能作用	向上级汇报工作,向平行、同行交流经验,向下通报情况。是领导科学决策的重要依据,情况汇报、政策传达的重要渠道,有助于促进政府高效管理、行业及时沟通	1	3	5

续表

维度	项目	内容	标准(满分:100分)		
			不太了解	基本了解	完全了解
知识与技能	了解政务信息的编排格式	政务信息的格式与简报基本一致。一般也由报头、报体、报尾组成	3	6	10
过程与方法	掌握政务信息写作的要领。	选材要精、信息要准、思谋要深、表达要简、编发要快	3	6	10
	理解政务信息的文体特征	与简报相比,读者范围、文体风格、类型划分有出入	3	6	10
		新闻类政务信息与消息相比,文种性质、功能作用、传播范围、评价标准、素材选择、关注重点均有不同	3	6	10
		适用范围较宽,取材广泛;文章主旨集中,针对性强;语言简明扼要,篇幅短小;讲求新闻价值,时效性强	3	6	10
情感态度与价值观	养成敏锐的新闻意识	注重时效性	3	6	10
	养成正确的政治意识	促进政府高效管理,为参政咨政及行业发展服务,当好领导的参谋和智囊	3	6	10
	养成规范的文体意识	明确相关文体之间的细微差异,尽量体现政务信息的文体特征	3	6	10
自评得分					

推荐阅读

1.曾文芳.政务信息写作[M].北京:中国人民大学出版社,2014.
2.夏海波.公文写作与处理(第三版)[M].北京:北京大学出版社,2018.

本章自测

1.填空题

张浩在《新编政务信息写作全书》中将政务信息分为______、______、______、______、______、______等类型。(答对6项即可)

2. 简答题

(1)政务信息的有什么功能作用?

(2)政务信息的文体特征是什么?

(3)新闻类政务信息与消息有什么联系与区别?

3. 论述题

如何理解本章讲到的撰写政务信息的要诀?

4. 实践题

选择一个新近发生的民生新闻热点事件,以该事件发生地市政府信息办的立场,撰写一份专报该市市长的新闻类政务信息。字数控制在300字内。

参考文献

[1]曾文芳.政务信息写作[M].北京:中国人民大学出版社,2014.

[2]夏海波.公文写作与处理(第三版)[M].北京:北京大学出版社,2018.

[3]胡珊瑚.机关政务信息写作技能指导与规范处理大全[M].北京:研究出版社,2016.

[4]张浩.新编政务信息写作全书[M].北京:中国文史出版社,2007.

第十一章 调研报告

本章概要

本章叙述了调研报告的定义、特点、功能、结构及写作时的操作要求等内容，在进行基础理论知识的介绍之后，展示了调研报告的作品案例及点评；叙述了调查问卷的定义、设计原则、设计程序并展示了调查问卷的设计案例，使本章内容具备了知识性、操作性、实践性的学习意义和应用价值。

学习目标

1. 了解调研报告的定义、特点、功能、结构及写作时的操作要求，了解调查问卷的设计程序。

2. 理解调研报告的操作程序和实用价值，培养运用调研报告进行学习调查、就业调查、思想调查、实践调查的素质和操作技能。

3. 掌握写作调研报告的操作方法，掌握借助问卷进行调查的方法，培养写作、阅读、评价调研报告的能力。

学习重难点

学习重点

1. 了解调研报告的特点、功能、结构及写法。

2. 了解调查问卷的设计程序。

学习难点

1. 培养调研报告写作和调查问卷设计的能力。

2. 掌握调研报告写作的操作性、可行性。

思维导图

- 调研报告
  - 调研报告及其写法
    - 调研报告的定义
    - 调研报告的特点
      - 应用性
      - 针对性
      - 真实性
      - 典型性
      - 求是性
      - 对策性
    - 调研报告的功能
    - 调研报告的结构
      - 标题
      - 导语
      - 正文
      - 结语
      - 落款
      - 附件
    - 调研报告的写作
  - 调查问卷的设计
    - 调查问卷的定义
    - 调查问卷的设计原则
      - 有明确的主题
      - 结构合理，逻辑性强
      - 通俗易懂
      - 控制问卷长度
      - 便于资料的校验、整理和统计
    - 调查问卷的设计程序
      - 把握调查目的和内容
      - 搜集调查的资料
      - 确定调查方法
      - 确定调查内容
      - 确定调查问卷结构
      - 其他方面问题

第一节　调研报告及其写法

一、调研报告的定义

什么是调研报告？调研报告是作者对某一特定对象进行深入细致的调查及对调查了解的所有材料进行去粗取精、去伪存真、由此及彼、由表及里的分析研究，并得出理性的、规律性的认识后，所写出的书面报告。

这个概念有四个要点：第一，调研报告有特定的调查和研究的对象，这个对象可以是某一事件、现象、问题，也可以是某一区域、系统、单位甚至是个人。某一事件如韩国梨泰院踩踏事件；某一现象如宗教现象；某一区域如某省、某市、某县；某一系统如教务系统；某一个人如某先进人物或某特殊人物。第二，必须进行深入细致的调查，取得第一手资料。第三，必须对调查所得的材料进行认真的研究，也就是说，这个报告不仅必须以事实为依据，有对客观现象真实有序的描述，而且还要有对事物的本质和发展演变规律的揭示。第四，必须形成文字，是书面报告不是口头报告。

调研报告不同于调查报告，调查报告是因为发生了某件事（如案件、事故、灾情）才去作调查，然后写出报告。调研报告的写作者必须自觉以研究为目的，根据社会或工作的需要，制定出切实可行的调研计划，即将被动的适应变为有计划的、积极主动的写作实践，从明确的追求出发，经常深入到社会第一线，不断了解新情况、新问题，有意识地探索和研究，写出有价值的调研报告。

调研报告是整个调查工作，包括计划、实施、收集、整理等一系列过程的总结，是调查研究人员劳动与智慧的结晶，也是客户需要的最重要的书面结果之一。它是一种沟通、交流形式，其目的是将调查结果、战略性的建议以及其他结果传递给管理人员或其他担任专门职务的人员。因此，认真撰写调研报告，准确分析调研结果，明确给出调研结论，是报告撰写者的责任。

二、调研报告的特点

一般认为，调研报告主要有以下几个特点：

1.应用性

调研报告是应用性文体。按照不同的用途，应用文可以分为两大类：一类是行政机关、团体和企事业单位用来处理公务的，称为公务文书；一类是个人或集体用来处理私事的，称为私用文书（如回忆录、简历、家谱、书信等）。调研报告属于公务文书。公务文书又可以分为两大类，即法定公文和事务公文。法定公文又分为两类，一类是国家行政机关公文，国务院办公厅1993年11月发布的《国家行政机关公文处理办法》规定，我国现行的国家行政机关公文分12类13种，如命令、决定、公告、通告、通知、通报等；一类是各级党的机关公文，中共中央办公厅1996年5月印发的《中国共产党机关公文处理条例》规定，我国现行的各级党的机关公文有14种，如决议、决定、意见、通知、公报、规定等。法定文书有非常规范的格式和办文程序，有特定效力，具有独立对外行文的资格，可以用套红的文件版头行文，通常称为“红头文件”。调研报告、讲话稿、工作计划、工作总结、简报等文种属于事务公文，行文相对灵活，没有那么多严格的规定。

应用文最基本的特点就是“用”。为用而写，有用才写，这是应用文与其他文章的最大区别。调研报告的目的性很强，或是为制定政策寻找依据，或是为提供领导决策参考，或是为总结经验教训，推动工作的顺利进行。总之，是为用而调查研究，为用而撰写报告。

2.针对性

前面已经谈到，调研报告是对某一特定对象调查研究后写出的报告。也就是说，往往是某一事件、某一成功经验、某一社会问题引起了一定程度的注意，为了进一步得到它的详情、真相，认识它的性质，才需要有人专门对它进行调查、研究，向有关机关提供报告。可见，调研报告是一种针对性很强的文体。

3.真实性

调研报告作为调查研究的成果，一个重要的特点就是尊重客观实际，让事实说话，让材料说话，让数据说话，让典型说话。可以说，真实性是调研报告的生命。调研报告所反映的内容必须是经过调查者亲自了解到的情况，决不能是道听途说、东拼西凑的东西。在调研报告中，不仅主要人物和事实要真实，就是事件的时间、地点、过程及各种细节，也要绝对真实，不能有半点浮夸和虚假。调研报告中一些结论，也必须来源于对具体事实的周密考察和分析研究，并以实际材料来说明观点，决不能靠主观臆断。在这一点上，它不仅和可以虚构、想象、夸张的文学作品不同，和靠逻辑推理、思辨论理去阐明道理、说服别人的评论等文体也有显著区别。

4.典型性

典型事物最能反映一般事物的本质与规律。调研报告所调研的对象一般都具有典型性，不是好典型，就是坏典型，或者预示了事物发展的方向，能给人以深刻的启迪。如果调研报告所反映的只是没有任何典型意义的孤立的个别事例，就不会对工作有指导意义。

5.求是性

什么叫“求是”？毛泽东同志说过：“‘是’就是客观事物的内部联系，即规律性，‘求’就是我们去研究。”调查研究的出发点和落脚点是为了“求是”。调查研究包括调查和研究两个方面，调查以“求实”，研究以“求是”。只调查不研究，意义不大。只有把调查与研究、“求实”与“求是”结合起来，在“求实”的基础上“求是”，才能正确认识事物的本质和规律性，把握事物的发展趋势。

6.对策性

对策性是调研报告有别于其他文体的一个很重要的特征。调研报告不仅要有情况、有问题、有分析，还要有在对情况、问题分析基础上提出的对策建议，这是调研报告的真正价值所在。

三、调研报告的功能

调研报告的作用是实事求是地反映和分析客观事实。调研报告是整个调查工作，包括计划、实施、收集、整理等一系列过程的总结，是调查研究人员劳动与智慧的结晶，也是客户需要的最重要的书面结果之一。一种沟通、交流形式，其目的是将调查结果、战略性的建议以及其他结果传递给管理人员或其他担任专门职务的人员。

调研报告的功能很广泛，因调研目的的不同而各异，一般而言，其功能主要有以下几个方面：

1.调研报告是科学决策的重要依据；

2.调研报告是推动工作的重要手段，是有关部门制定政策的参考；

3.调研报告是反映社情民意的重要载体；

4.调研报告是认识世界的重要工具。

四、调研报告的结构

一般来说，调研报告的内容大体有：标题、导语、概况介绍、资料统计、理性分析、总结和结论或对策、建议，以及所附的材料等。由此形成的调研报告结构，就包括标题、导语、正文、结语、落款和附件。

1.标题。好的调研报告标题尤其是“传神”的标题，能将报告的精华快速传递给读者。

2.导语。导语又称为引言，它是调研报告的前言，简洁明了地介绍调研的有关情况，或作为全文的引子，为正文作铺垫。

3.正文。它是以事实和数据为依据，对调研内容的一个详细、客观的分析。

4.结语。它是对调研所得结果的一个简单、精练的综合性概述，也有调研者的看法和建议。

5.落款。注明调研单位和调研者名字。

6.附件。包含问卷、图表、技术细节说明、统计输出结果显示、其他。

可以在此基础上结合调研项目删减、添加和适当改动。

五、调研报告的写作

(一)标题的写作

调研报告要用能揭示中心内容的标题,具体写法有以下几种:

1.公文式标题。这类标题多数由事由和文种构成,平实沉稳,如《关于知识分子经济生活状况的调研报告》;也有一些由调研对象和“调查”二字组成,如《知识分子情况的调查》。

2.一般文章式标题。这类标题直接揭示调研报告的中心,十分简洁,如《本市老年人各有所好》。

3.提问式标题,如《“人情债”何时了》。这是典型调研报告常用的标题写法,特点是具有吸引力。

4.正副题结合式标题。这是用得比较普遍的一种标题,特别是典型经验的调研报告和新事物的调研报告。正题揭示调研报告的思想意义,副题表明调查的事项和范围,如《深化厂务公开机制和创新思想政治工作方法———关于武汉分局江岸车辆段深化厂务公开制度的调查》。

(二)导语的写作

导语简要地叙述为什么对这个问题(工作、事件、人物)进行调查,调查的时间、地点、对象、范围、经过及采用的方法,调查对象的基本情况、历史背景以及调查后的结论,等等。这些方面的侧重点由写作者根据调研目的来确定,不必面面俱到。

1.简介式导语。对调查的课题、对象、时间、地点、方式、经过等作简明的介绍。

2.概括式导语。对调查报告的内容(包括课题、对象、调查内容、调查结果和分析的结论等)作概括的说明。

3.交代式导语。即对课题产生的由来作简明的介绍和说明。

开头的方法很多,有的引起读者注意,有的采用设问手法,有的开门见山,有的承上启下,有的画龙点睛,没有固定形式。但一般要求紧扣主旨,为主体部分展开做准备。文字要简练,概括性要强。

(三)正文的写作

正文,是调研报告的主干和核心,是导语的引申,是结语的依据。这部分主要写明事实的真相、收获、经验和教训,即介绍调研的主要内容是什么,为什么会是这样的。正文部分要包括大量的材料——人物、事件、问题、具体做法、困难障碍等,内容较多。所以要精心安排文章的层次,安排好结构,有步骤、有次序地表现主题。

调研报告中关于事实的叙述和议论几乎都写在这部分里，是充分表现主题的重要部分。一般来说，正文的结构大约有：

1.横式结构。即把调查的内容加以综合分析，紧紧围绕主旨，按照不同的类别分别归纳成几个问题来写，每个问题可加上小标题。而且每个问题里往往还有着若干个小问题。典型经验性质的调研报告，一般采用这样的结构。这种结构观点鲜明，中心突出，使人一目了然。

2.纵式结构。有两种形式，一种是按调查事件的起因、发展和先后次序进行叙述和议论。一般情况调研报告和揭露问题的调研报告多使用这种结构，有助于读者对事物发展有深入的全面的了解。另一种是按成绩、原因、结论层层递进的方式安排结构。一般综合性质的调研报告多采用这种形式。

3.综合式结构。这种形式兼有纵式和横式两种特点，互相穿插配合，组织安排材料。采用这种写法，一般是在叙述和议论发展过程时用纵式结构，而写收获、认识和经验教训时采用横式结构。

以上这几种方式是按照逻辑关系来安排文章结构的，还有一种是按照内容表达的层次来组成正文框架："情况—成果—问题—建议"式结构，多用于反映基本情况的调研报告；"成果—具体做法—经验"式结构，多用于介绍经验的调研报告；"问题—原因—意见或建议"式结构，多用于揭露问题的调研报告；"事件过程—事件性质结论—处理意见"式结构，多用于揭示案件是非的调研报告。

正文部分不论采取什么结构方式，都应该做到先后有序，主次分明，详略得当，联系紧密，层层深入，为更好地表达主题服务。

（四）结语的写作

结语是调研报告分析问题、得出结论、解决问题的必然结果。不同的调研报告，结语写法各不相同，一般来说，有以下五种：

1.对调研报告归纳说明，总结主要观点，深化主题，以提高人们的认识；

2.对事物发展做出展望，提出努力的方向，启发人们进一步去探索；

3.提出建议，供领导参考；

4.写出尚存在的问题或不足，说明有待今后研究解决；

5.补充交代正文没有涉及而又值得重视的情况或问题。

总之，结尾要简洁有力，有话则长，无话则短，没有必要也可以不写。

（五）落款的写作

调研报告的落款要写明调研者——单位名称和个人姓名，以及完稿的时间。如果标题下面已注明调研者，则落款时可省略。

六、范文解析

打造统一企业服务平台，是99%企业的愿望
——关于企业服务工作的调研报告

作者：李立波

企业是经济发展的主体，是一个地区经济社会发展最宝贵的资源之一。企业服务好不好、服务质量高不高，是决定能否实现高质量发展的重要因素。为进一步提升服务水平，构建区域经济高质量发展新优势，我们对企业服务工作情况进行了调研，现报告如下。

一、企业服务基本情况

一直以来，我区高度重视企业服务工作，服务体系加快完善，服务质量稳步提升，服务效果持续显现。2020年，我区新增企业、新引进重大产业化项目数量、营商环境测评情况均居全市前列。一是重走访。建立了“区领导每年2次带头走访、街道主要负责同志每季度带队走访、服务专员7×24小时无间断服务”的联系服务重点企业工作机制，切实帮助企业解决困难问题。二是转职能。将区投促局派出街道投资服务中心，调整为区发改局派出街道经济发展服务中心，下设投资促进部、企业服务部，负责街道经济工作的指导、协调、服务和监管等。三是定主体。按照企业税收1000万元以下、1000万元—2000万元以及2000万元以上三个量级，分别明确街道、行业部门和功能区管委会作为服务主体。四是强服务。针对重点企业、重点项目，分行业分领域设立服务专班，明确服务专员，为企业提供“一对一”“一对多”精准服务。五是搭平台。各单位积极通过微信群、公众号、座谈培训等形式搭建沟通交流平台，区经信局、区商务局、区新经济和科技局等部门还建设了行业服务平台，特别是功能区搭建的数字化企业服务平台也在微信小程序上线运行。

二、调研基本情况及问卷调查指标统计分析

（一）座谈走访情况。先后召集街道办事处、功能区管委会、相关区级部门以及24家企业代表进行了座谈交流，实地走访重点企业5家，全面梳理各部门单位服务企业情况，深入了解企业关心关注的服务需求，收集整理各方面问题建议180条。此外，我们还到企业赋能中心实地调研2次，参观学习了数字化展示大厅、企业服务大厅、企业共享空间和产教融合实训基地建设情况，详细了解了数字化企业服务平台运行情况，并就服务平台的功能定位、服务对象、模块设置、技术要求等问题与研发人员进行了沟通交流。该平台集成了政策服务、政务服务、政企互动、机会清单等多重功能，综合性、实用性、智能性和便捷性优势明显，且平台技术较为成熟、功能内容还未固化，完全能够升格为全区性的企业服务智慧平台。

（二）问卷调查情况。按照“企业需要什么、政府就提供什么”的导向，我们从企业视角出发，制作了《提升企业服务质效调查问卷》，通过设置平台建设、扶持政策、法律事务等12个问题，切实摸清楚“企业需要什么样的服务”。调查问卷共完成384份，调查对象主要为区内“四上”企业特别是已享受“一企一策”的重点企业，也包含部分中小微企业，数据真实有效。问卷调查指标统计情况如下：

1.关于智慧平台建设。一是在必要性方面，99.22%的企业认为我区有必要搭建全区企业服务智慧平台，仅0.78%的企业认为没有必要。二是在使用方式上，倾向通过微信小程序使用平台的达52.6%，选择通过门户网站、App应用程序使用平台的分别占28.39%、18.75%，另有0.26%的企业认为电脑端和手机端平台应同步搭建。三是在平台服务功能上，企业最期望的分别是政策服务、政务服务和诉求通道，统计情况如下图。

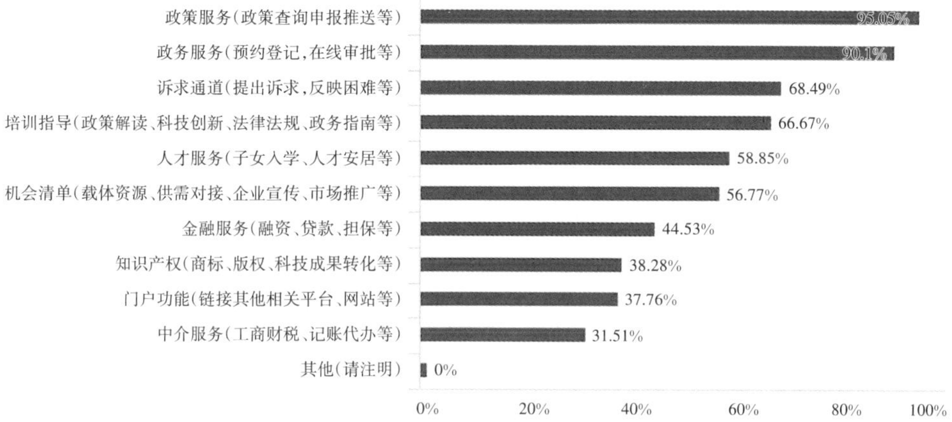

2.关于产业扶持政策。在回答“对目前我区制定的产业扶持政策，您最关心关注的是什么”时，占比前三的分别是简化申报程序（80.99%）、加大扶持力度（44.01%）和加强解读指导（40.89%），具体统计数据如下图。

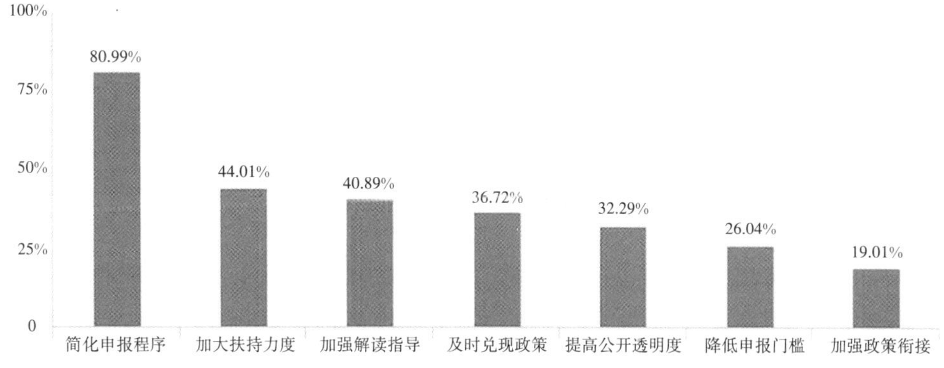

……

三、问题不足

(一)服务机制不健全,体系运行不顺畅。统筹协调方面,我区还未设立区级层面的企业服务工作领导协调机构,导致联动联勤不够、工作合力不足。考核评价方面,未实现督办、考核和评价工作的规范化、制度化,考核评价体系还需建立健全。服务对象方面,主要聚焦在重点企业、纳税大户上,对中小微企业关心关注不够。问题管理方面,未形成纾困解难全闭环管理机制,企业诉求"全响应"工作体系、企业困难"全链条"化解体系尚未完善。

(二)服务专员不充足,能力素质不匹配。从调研情况看,全区共有税收百万元以上企业××家,千万元以上企业××家,亿元以上企业××家。而从服务专员数量看,街道经济发展服务中心有服务专员××名(其中正编干部××名、聘用人员××名),功能区及相关部门共有专员××名,人少企多矛盾突出。专员专业素质还需提升,特别是在减税降费、产业扶持、科技创新、产业升级、审批服务、金融支持等涉企热点政策方面,服务能力还不能完全适应企业需求。

……

四、经验借鉴

(一)深圳市福田区。一是设立专职机构。设立区企业发展服务中心,整合集成各产业部门与企业对接的末端职能、涉企事务,彻底打通政企沟通渠道。二是健全标准体系。形成涵盖66项制度的政府服务企业标准管理体系,是全国首个政府服务企业标准化试点项目。三是搭建服务平台。为企业提供"一站式"产业政策项目申报、资金政策申请指引、政策咨询智能客服等多项服务。四是建强专员队伍。明确50名服务专员联系1000家重点企业,通过网络向36万多家企业直播企服中心述职大会,展现了真心服务企业的自信表达。福田区服务企业模式经验成熟、反响很好,深圳南山区、苏州昆山市等全国30多个市、区(县)直接复制,承德市、哈尔滨市更是在市和区(县)两级整体复制。

(二)山东省潍坊市。召开重点工作突破暨服务企业发展动员大会,发布《关于实行服务企业专员制度推动经济高质量发展的实施意见》,全面推行服务企业专员制度。一是明确人员职责。组织市县镇三级万名机关干部联系包靠企业和重点项目,明确摸清企业情况、宣传解读政策、收集上报问题等八项职责,确保责任落实。二是搭建智慧平台。建设全市统一的"潍企通"服务企业发展智慧管理平台,全方位收集问题诉求,全时段推送惠企政策。三是强力解决问题。建立问题收集、问题解决、督办考核"三位一体"工作运行机制,成立问题解决专项小组,专项小组无法解决的问题,由政府常务会议或党委常委会会议研究解决。

……

五、工作建议

（一）构建一个上下协同、左右联动的服务体系，解决“统筹不足、落实不力”的问题。一是加强统筹领导。建议成立全区企业服务工作领导机构，定期召开调度会议事决事、解决问题，推动企业服务向纵深发展。二是建立专职机构。建议借鉴福田区经验，组建区企业服务中心，牵头全区企业服务工作，构建起政企联系的统一端口。三是强化协调联动。建立“企业吹哨、专员报到”“专员吹哨、部门报到”机制，形成“领导机构—专职机构—部门单位—服务专员”四级联动机制，切实随叫随到、增强合力。

（二）搭建一个政策集成、服务综合的智慧平台，解决“渠道不畅、惠企不便”的问题。一是聚焦政策集成性。建议依托现有数字化企业服务平台搭建全区企业服务智慧平台，实现惠企政策“集成式获知”“菜单式呈现”“点单式选择”“一站式办理”，提高政策公开透明度、申报便捷度和可及可得度。同时，对“同步建设服务平台门户网站”进行论证，增强企业可选择性。二是聚焦服务综合性。建议按照“一个平台、统一归口、多项服务”的思路，进一步完善政策服务、问题咨询、政务服务等功能模块，将平台打造成“政策统一发布、诉求统一收集、事项统一办理”的全方位综合性平台。三是聚焦数据互通性。建议借鉴温江区做法，整合数据资源，推动企业服务智慧平台与天府市民云、企业诉求直通车以及区级部门行业服务平台联通对接，实现平台间数据流转、信息共享。

……

点评

该篇调研报告主题鲜明，观点明确，言之有物。全文用语精练准确，论理清晰严密，论据翔实充分，建议具体可行，从内容到形式等各方面，均较好地展现了作者的研究水平和写作水准。

一是内容完整，层次分明。全文分为企业服务基本现状、调研情况及指标分析、问题不足、经验借鉴、工作建议五个板块，内容全面、结构清晰，符合调研报告“提出问题—分析问题—解决问题”的基本逻辑。

二是深入实际，掌握实情。作者采取座谈走访和调查问卷相结合的方式，深入一线收集部门单位和企业的意见建议，并通过调查问卷了解企业实际需求，掌握了大量一手资料，为分析现状、揭示问题、提出建议提供了翔实的数据支撑。

三是图文结合，数据翔实。作者充分利用“问卷星”网络平台在线采集、汇总和分析数据等服务功能，直接截取统计图表，图文并茂进行指标统计分析，保证了报告数据真实准确。

四是借鉴得当，建议具体。结合存在的问题，针对性地选取国内先发地区典型经验做法，并作为借鉴写入了工作建议当中，使工作建议更加贴合区情实际，更加具有操作性和可行性，为领导决策提供了可靠的参考。

第二节　调查问卷的设计

一、调查问卷的定义

调查问卷又称调查表或询问表，是以问题的形式系统地记载调查内容的一种印件。问卷可以是表格式、卡片式或簿记式。设计问卷，是询问调查的关键。完美的问卷必须具备两个功能，即能将问题传达给被问的人和使被问者乐于回答。要完成这两个功能，问卷设计时应当遵循一定的原则和程序，运用一定的技巧。

二、调查问卷的设计原则

1.有明确的主题。根据主题，从实际出发拟题，问题目的明确，重点突出，没有可有可无的问题。

2.结构合理、逻辑性强。问题的排列应有一定的逻辑顺序，符合应答者的思维程序。一般是先易后难、先简后繁、先具体后抽象。

3.通俗易懂。问卷应使应答者一目了然，并愿意如实回答。问卷中语气要亲切，符合应答者的理解能力和认识能力，避免使用专业术语。对敏感性问题采取一定的技巧调查，使问卷具有合理性和可答性，避免主观性和暗示性，以免答案失真。

4.控制问卷的长度。回答问卷的时间控制在20分钟左右，问卷中既不浪费一个问句，也不遗漏一个问句。

5.便于资料的校验、整理和统计。

三、调查问卷的设计程序

问卷的设计包括下列几个步骤：

（一）把握调查目的和内容

问卷设计的第一步就是要把握调研的目的和内容，这一步骤的实质其实就是规定设计问卷所需的信息。这同时也就是方案设计的第一步。对于直接参与调研方案设计的研究者来说，他们也可以跳过这一步骤，而从问卷设计的第二步骤开始。但是，对那些从未参与过方案设计的研究者来说，着手进行问卷设计时，首要的工作是要充分地了解本项调研的目的和内容。为此需要认真讨论调研的目的、主题和理论假设，并细读研究方案，向方案设计者咨询，与他们进行讨论，将问题具体化、条理化和操作化，即变成一系列可以测量的变量或指标。

(二)搜集调查的资料

设计不是简单的凭空想象,要想把问卷设计得完善,研究者还需要了解更多的东西。问卷设计是一种需要经验和智慧的技术,没有什么科学的原则来保证得到一份最佳的或理想的问卷,与其说问卷设计是一门科学,还不如说是一门艺术。虽然也有一些规则可以遵循以避免错误,但好的问卷设计主要来自熟练的调研人员的创造性。

搜集有关资料的目的主要有三个:其一是帮助研究者加深对所调查研究问题的认识;其二是为问题设计提供丰富的素材;其三是形成对目标总体的清楚概念。在搜集资料时对个别调查对象进行访问,可以帮助了解受访者的经历、习惯、文化水平等。我们很清楚地知道,适用于大学生的问题不一定适合家庭主妇。调查对象的群体差异越大,就越难设计一个适合整个群体的问卷。

(三)确定调查方法

不同类型的调查方式对问卷设计是有影响的。在面访调查中,被调查者可以看到问题并可以与调查人员面对面地交谈,因此可以询问较长的、复杂的和各种类型的问题。在电话访问中,被调查者可以与调查员交谈,但是看不到问卷,这就决定了只能问一些短的和比较简单的问题。邮寄问卷是自己独自填写的,被调查者与调研者没有直接的交流,因此问题也应简单些并要给出详细的指导语。在计算机辅助访问(CAPI和CATI)中,可以实现较复杂的跳答和随机化安排问题,以减小由于顺序造成的偏差。人员面访和电话访问的问卷要以对话的风格来设计。

(四)确定调查内容

一旦决定了访问方法的类型,下一步就是确定每个问答题的内容:每个问答题应包括什么,以及由此组成的问卷应该问什么,是否全面与切中要害。

在此,针对每个问题,我们应反问:

(1)这个问题有必要吗?

(2)是需要几个问答题还是只需要一个就行了?

我们的原则是,问卷中的每一个问答题都应对所需的信息有所贡献,或服务于某些特定的目的。如果从一个问答题得不到让人满意的数据,那么这个问答题就应该取消。

当然有些时候,还可以“故意”问一些与所需信息没有直接联系的问题。比如说在问卷的开头问一些中性的问题,可以让被调查者乐于介入并建立友善的关系,特别是当问卷的主题是敏感的或有争议的。有些时候“填充”一些问题来掩饰调查的目的或项目的资助(或委托)单位。

第一个原则是确定某个问题的必要性,第二个原则是必须肯定这个问题对所获取的信息的充分性。有时候,为了明确地获取所需的信息,需要同时询问几个问题。

在确定每个问题的内容时,调研者不应假设被调查者对所有的问题都能提供准确或合理的答案,也不应假定他一定会愿意问答每一个知晓的问题。对于被调查者"不能答"或"不愿答"的问题,调研者应当想法避免这些情况的发生。

"不能答"情况的发生,可能是被调查者"不知道""回忆不起来"或是"不会表达"。对于"不知道"的情况应在询问前先问一些"过滤问题",即测量一下过去的经验、熟悉程度,从而将那些不了解情况的被调查者过滤掉。

其次,被调查者可能对有些调查内容回忆不起来。研究表明,回忆一个事件的能力受三个因素的影响:(1)事件本身;(2)事件发生的时间跨度;(3)有无可能帮助记忆的其他事件。问卷中回忆的问题可以是无帮助的,也可以是有帮助的。无帮助的回忆一般会产生对实际情况低估的结果。

对有些类型的问题被调查者是不能表达其答案的。例如,询问他们喜欢到什么气氛的饭店吃饭,被调查者往往很难准确地表达。不过如果给出一些描绘饭店气氛的可供选择的答案,被调查者就可以指出他们最喜欢的那一种。否则如果他们不能表达,他们就可能忽视该问题并拒绝回答问卷的其余部分。因此应当提供一些帮助,如图片、地图、描述性词汇等,来协助他们回答。

被调查者"不愿答"的问题,有几种情况。其一是答卷人要花大力气来提供资料;其二是调查的某些问题与调查的背景不太符合(例如普通商品的消费与个人隐私问题放在同一问卷中就不相称);其三是调查的合理目的,被调查者不愿意提供没有合理目的的信息;其四是敏感的问题。

鼓励被调查者提供他们不愿提供信息的方法,有如下几种:

(1)将敏感的问题放在问卷的最后。此时,被调查者的戒备心理已大大减弱,愿意提供信息。

(2)给问题加上一个"序言",说明有关问题(尤其是敏感问题)的背景和共性——克服被调查者担心自己行为不符合社会规范的心理。

(3)利用"第三者"技术来提问题,即从旁人的角度涉入问题。

(五)确定调查问卷结构

一般来说,调查问卷的问题有两种类型:开放性问题和封闭性问题。

开放性问题,又称为无结构的问题,被调查者用他们自己的语言自由回答,不具体提供选择答案的问题。开放性问题可以让被调查者充分地表达自己的看法和理由，并且比较深入，有时还可获得研究者始料未及的答案。它的缺点有：搜集到的资料中无用信息较多，难以统计分析，面访时调查员的记录直接影响到调查结果，并且由于回答费时，可能遭到拒答。因此，开放性问题在探索性调研中是很有帮助的，但在大规模的抽样调查中，它就弊大于利了。

封闭性问题，又称有结构的问题，它规定了一组可供选择的答案和固定的回答格式。封闭性问题的优点包括以下几个方面：

(1)答案是标准化的，对答案进行编码和分析都比较容易。

(2)回答者易于作答，有利于提高问卷的回收率。

(3)问题的含义比较清楚。因为所提供的答案有助于理解题意，这样就可以避免回答者由于不理解题意而拒绝回答。

封闭性问题也存在一些缺点：

(1)回答者对题目理解不正确的，难以觉察出来。

(2)可能产生“顺序偏差”或“位置偏差”，即被调查者选择答案可能与该答案的排列位置有关。研究表明，对陈述性答案被调查者趋向于选第一个或最后一个答案，特别是第一个答案。而对一组数字(数量或价格)则趋向于取中间位置的。为了减少顺序偏差，可以准备几种形式的问卷，每种形式的问卷答案排列的顺序都不同。

(六)其他方面的问题

调查问卷的设计，还需要注意决定问题的措辞、安排问题的顺序、确定格式和排版、拟定问卷的初稿和预调查、制成正式问卷等方面的问题。这里不一一介绍。

四、范文解析

(一)针对问题

大学生的拖延症。

(二)具体设计

1.什么是拖延症？

2.为什么我们总是习惯拖延？

3.大学生拖延症形成的原因。

4.大学生拖延症的危害。

5.克服拖延症的方法。

(三)大学生拖延症情况调查问卷及统计结果

第1题:你的年级是［单选题］

选项	小计	比例
大一	48	85.71%
大二	5	8.93%
大三	1	1.79%
大四	2	3.57%
本题有效填写人次	56	

第2题:你的性别是［单选题］

选项	小计	比例
男	21	37.5%
女	35	62.5%
本题有效填写人次	56	

第3题:你认为自己有拖延症方面的问题吗?　［单选题］

选项	小计	比例
完全没有	1	1.79%
基本不会拖延	5	8.93%
有时会拖延	33	58.93%
基本都会拖延	17	30.36%
本题有效填写人次	56	

第4题:你认为你的拖延症程度是?　［单选题］

选项	小计	比例
没有拖延症	0	0%
偶尔	27	49.09%
经常	20	36.36%
严重	8	14.55%
本题有效填写人次	55	

第5题： 拖延程度测量 ［矩阵单选题］

非常不符合	不符合	不一定	符合	非常符合
喜欢赖床				
2(3.57%)	2(3.57%)	20(35.71%)	17(30.36%)	15(26.79%)
有整理个人空间的想法但迟迟未开始实施				
8(14.29%)	8(14.29%)	12(21.43%)	22(39.29%)	6(10.71%)
上课踩点到教室				
11(19.64%)	12(21.43%)	15(26.79%)	10(17.86%)	8(14.29%)
临近考试才开始复习				
4(7.14%)	8(14.29%)	9(16.07%)	23(41.07%)	12(21.43%)
赴约时经常迟到				
14(25%)	20(35.71%)	15(26.79%)	5(8.93%)	2(3.57%)
经常不能及时回复消息和电话				
11(19.64%)	15(26.79%)	17(30.36%)	8(14.29%)	5(8.93%)
承诺别人的事不及时处理				
10(17.86%)	21(37.5%)	20(35.71%)	4(7.14%)	1(1.79%)

第6题:拖延程度测量 ［矩阵单选题］

从不这样	极少这样	无所谓	偶尔这样	经常这样
喜欢把作业拖到最后期限				
4(7.14%)	10(17.86%)	4(7.14%)	19(33.93%)	19(33.93%)
有些事会因为没有早些做准备而后悔				
2(3.57%)	5(8.93%)	2(3.57%)	28(50%)	19(33.93%)
生活中有些事经常拖延,即使我知道不该这么做				
4(7.14%)	6(10.71%)	1(1.79%)	22(39.29%)	23(41.07%)
拖得太久对我的效率和身心健康带来了不必要的影响				
6(10.71%)	12(21.43%)	5(8.93%)	18(32.14%)	15(26.79%)
明明心里很着急,但行动起来就很困难				
4(7.14%)	11(19.64%)	5(8.93%)	16(28.57%)	20(35.71%)
我会合理安排自己时间				
1(1.79%)	4(7.14%)	12(21.43%)	26(46.43%)	13(23.21%)

第7题:若你有拖延症,你觉得你在哪方面拖延症比较严重? [单选题]

选项	小计	比例
学业方面	17	30.36%
生活社交方面	12	21.43%
社团和组织的工作方面	2	3.57%
各方面都有	25	44.64%
本题有效填写人次	56	

第8题:你拖延的主要原因是 [多选题]

选项	小计	比例
时间充裕不着急	17	30.36%
自身惰性,自控力不足	41	73.21%
喜欢逃避问题	23	41.07%
喜欢截止日期前完成任务的紧张感	14	25%
通过拖延来表达自己对于不得不完成的任务的反感	10	17.86%
拖延到最后可以参考别人的结果	9	16.07%
其他	6	10.71%
本题有效填写人次	56	

第9题:你有没有偏好于用某一项活动来拖延? [单选题]

选项	小计	比例
通过打游戏来拖延	11	19.64%
通过追剧来拖延	6	10.71%
通过购物来拖延	2	3.57%
没有特定的活动来拖延自己的任务完成进度	28	50%
没有拖延症	3	5.36%
其他	6	10.71%
本题有效填写人次	56	

第10题:你认为拖延行为对你而言是好事还是坏事? [单选题]

选项	小计	比例
好事	1	1.79%
坏事	35	62.5%
没有影响	5	8.93%
时好时坏	15	26.79%
本题有效填写人次	56	

第11题:你认为我们通常所说的拖延症是拖延行为习惯还是拖延的病症?［单选题］

选项	小计	比例
习惯	34	60.71%
病症	7	12.5%
两者没有什么差别	15	26.79%
本题有效填写人次	56	

第12题:你认为造成自己拖延的原因主要有哪些?　［多选题］

选项	小计	比例
完美主义,必须处于最佳状态才开始做事	16	28.57%
懒惰松散,做事没有计划	41	73.21%
负担的事情过多,压力太大	22	39.29%
享受最后一刻完成任务的快感,觉得拖到最后更有效率	9	16.07%
受周围环境(朋友同学家人)的影响	20	35.71%
自我怀疑,害怕失败	7	12.5%
其他	5	8.93%
本题有效填写人次	56	

第13题:你认为拖延行为的不利后果有哪些?　［多选题］

选项	小计	比例
耽误工作或学业	44	78.57%
影响情绪,破坏团队协作和人际关系	27	48.21%
造成心理上不安、焦虑、畏惧等	41	73.21%
生活中不能自律,造成拖延再拖延的恶性循环	24	42.86%
任何事情都拖延不做,失去社交能力,影响工作进程	6	10.71%
其他	4	7.14%
本题有效填写人次	56	

第14题:你想过改掉自身的拖延症吗?　［单选题］

选项	小计	比例
没有想过	2	3.57%
想过,但没实际行动	26	46.43%
想过,也做出了实际行动,但没有效果	10	17.86%
想过,做出了实际行动,也有效果	12	21.43%
没有拖延症	6	10.71%
本题有效填写人次	56	

第15题:如果你有拖延症,你有过好的方法解决吗? [多选题]

选项	小计	比例
制定详细计划,学会分配时间	32	57.14%
理性追求完美,不苛求自己	12	21.43%
让周围的人督促自己	22	39.29%
克服排斥、消极情绪	29	51.79%
正确认识自己的能力,自信面对	33	58.93%
通过查询APP等途径寻找解决方法	7	12.5%
其他	5	8.93%
本题有效填写人次	56	

(四)以问卷为基础写作的调研报告

大学生拖延行为的影响因素及解决方法

刘恩宇　何钰琼　胡家伟[①]

一、导语

我在什么方面最容易拖延?我是不是习惯在书面工作上拖延?我是否老是在冲突面前退缩?我在什么时候最容易拖延?感到压力大的时候,午餐之后,还是我面对一个复杂挑战的时候?问自己“为什么”,可以帮助我们更好地分析。为什么我在复杂的情形时容易拖延?为什么在截止期限临近时我才最容易坚持?为什么我要向自己许诺明天不可能完成的任务?为什么我拖延的时候总会为自己找种种借口?我在什么情况下拖延最容易被触发?让我转移注意力的活动是什么?我注意力转移后接着做了什么?我延迟的时间有多长?这些询问让我有哪些收获?“怎么样”这个问题针对的是最终结果。我如何摆脱拖延思维的控制?如何在情绪上渡过难关?如何使行为有所改变?

二、理论分析

首先,“拖延症”并不是一种“病”:所谓的“拖延症”目前并没有被纳入精神疾病体系中,也没有权威的定义,普遍指的是人们无谓地延长完成任务时间的行为,并且,这种行为往往会带来负面的后果。拖延更像是一种时代症状:在现代社会,我们会进行各种各样的拖延,就连晚上躺在床上都不愿意立刻入睡。(过去五十年的研究发现,我们在工作日晚上平均睡眠的时间已经缩短了1.5小时。)很多人容易把拖延的原因简单化:因为懒;因为你缺乏计划安排;因为你不把别人的时间当时间。

①本文作者为西华大学“写作与沟通”课程选课学生,指导教师李红梅。

但拖延的核心其实是自制力。

我们小组也在本校做了一个关于大学生“拖延症”情况的调查问卷，结果显示大约百分之九十的大学生都认为自己有拖延症，这也显示出了拖延是当代大学生普遍存在的现象。因此我们应该想办法去克服拖延，提高效率。

很多时候我们都认为拖延是时间管理上的问题，或者说是自我控制能力的问题，但这只是表面现象，拖延从根本上来说是一个复杂的心理问题。更要命的是，这个问题几乎从古至今都有，堪称人类的共有弱点。我们今天总说是市面上琳琅满目的电子产品吸引了自己的注意力，割裂了自己的时间，致使我们没有办法专注在要事上面，可那些没有电子产品的年代，大家的效率就很高吗？其实也不见得。在《拖延心理学》中，有人说：“拖延就像蒲公英，你把它拔掉，以为它不会再长出来了，但实际上它的根埋藏得很深，很快又长出来了。”

三、发展现状

现代社会马不停蹄地高速发展，然而却有越来越多的人转入了“蜗牛状态”，养成了“今日事，明日毕”的习惯，能拖则拖。这种情况在大学生群体中也很普遍，主要表现在学业、健康、情感和金钱等方面。“拖延”主要表现在各种小事上，但日积月累，特别影响个人发展，已经成为管理学家和心理学家研究的一个重要课题，也逐步升级为困扰青年人精神健康的一大隐性疾病。青年大学生更应该正视拖延问题，努力改正。大学是个人成长和独立生活的重要阶段，因而，大学生的拖延行为尤引人关注。加上时下正值入冬时节，人们的情绪大多处于低落状态，做什么事都提不起精神，更是加剧了拖延这种“蜗牛心态”。在校园里，我们常能听到这样的声音：“糟糕！还有很多作业没做，随笔明天就要交了，计算机作业还没做！”“下个月就要考四级了，可是单词一个都没背。”“又忘记回复飞信了！”最后期限赶作业，作业间隙玩手机，衣服堆起一周洗……“拖延”来袭，无声无息。学生常见的“拖延行为”，可以分为学业拖延、健康拖延、金钱拖延、情感拖延等。其中，学业拖延首当其冲，在日常作业和考试中表现得最为明显，这也是当代大学生首先要正视的问题。如老师布置一个作业，无论要求是一周还是两周后交，大部分同学都会选择在交作业的前一两天写，作业的书写时间和上交时间，总是相差三天，作业的准备时间不以其上交时间为转移。这些，都是大学生学业拖延行为的真实写照。究其原因，绝大多数的同学认为首先是自身惰性造成的，其次是因缺乏自信。种种迹象也表明，在大学这样相对宽松的环境中，自律能力差的人很容易养成拖延的习惯，进一步影响学习和办事的效率。大多数大学生能意识到拖延并非好习惯，但面对这种情况，许多人不是对拖延行为进行反思，而是绞尽脑汁为自己的拖延想出各种托词，在这消极的泥潭中无法找回自我，愈加懒散，愈加怠慢，愈加消极，愈加无望。“明日复明日，明日何其多，我生待明日，万事成蹉跎。”拖延，你还想拖多久？

四、原因分析

（一）内因

（1）不喜欢，没有兴趣，甚至厌恶，从心里抵触。

（2）缺乏自信，觉得很难，或者不知道该如何去做，于是，越想越乱，越想压力越大，越想越心烦，干脆先放松一下再说。

（3）自控力弱，注意力不集中，总是被手机、网页所吸引，刚要准备开始，却又不知怎么看起电影来了。

（二）外因

（1）总是干着相同的工作，枯燥无味，一想到要干活，就想躲起来，一味躲避。

（2）拼命干活，却总是无法获得表扬和奖励，觉得没意思，感觉自己不论怎么努力也得不到想要的结果。

（3）工作计划安排得满满当当，分不清任务的轻重缓急，没有一点余地，一想到那么多没有完成的任务就开始焦虑，内心深处想逃避。

五、应对措施

（一）改变环境

毫无疑问，外界的环境诱惑是你产生拖延的重要原因，特别是有关于娱乐方面的诱惑，各种娱乐设施（手机、电脑），休息设施（床、沙发），以及人为的影响（聊天）都会导致你产生拖延的心理。

所以，你需要远离这些拖延的环境，同时可以选择一个周围都是自律者的地方（如图书馆），在这样的氛围下，会更有效率。

（二）任务调整法

当你要做的事情越复杂，你越容易拖延，因为你觉得自己可能无法掌控这个任务。所以，你需要把任务划分成一个个简单的模块来进行。每次只做一点点，反而效率会提升很多。

同时，心理学研究表明，如果一个人认为他正在做的事情没有价值，那事情必会做得很差。当你遇到一些价值不高且不得不做的任务时，你需要给自己设置奖励来提高内心的驱动力。

（三）个人调整法

什么样子的人容易拖延？通常来说，低自尊和完美主义者容易产生拖延行为，前者因为不自信容易产生逃避心理，后者因为过于追求完美，会通过拖延来逃避将要发生的不完美的结局。

这两种人往往比较敏感。因此，自我催眠是个不错的选择，在你喜欢的事情和要做的任务间建立联系，将你的兴奋感转移。

比如你喜欢打游戏,你可以先幻想游戏中的场景,并把这种场景和做题联系在一起,每做一题就像打了个boss。当你的大脑模糊了两者之间的差别,基本上就成功了。

把“必须做”的想法,改编成“想要做”也能有效减少你的消极情绪。

(四)压力操控法

我们总说,临近截止日的前一天效率最高,因为此时巨大的压力已经让你不得不发挥出巨大的效率。因此,基于这种情况,我们可以人为地给自己施加压力。每当你想要拖延时,你可以先想象一下事情无法完成的悲惨后果,以及现在拖延随后几天的辛苦模样。你的心理压力瞬间就会变大,拖延的想法也会消失。

六、结论与展望

拖延症的成因往往较为复杂,而它却又在大学生中普遍存在。为了保证学生树立正确的人生观和价值观,以积极的心态投入到学习工作当中,我们必须采取各种措施摆脱因拖延带来的负面情绪,积极努力地学习和工作,使学生们积极主动地有所作为,减少拖延行为。

点评

该篇调研报告主题鲜明,观点明确,以“拖延症”这一问题为对象,切中了部分学生的现状。全文结构清晰,观点建立在充分的问卷调查及统计结果之上,从内容到形式等各方面均突出了调查问卷的重要性,在大学生拖延症这一具体问题上,提出问题—分析问题—解决问题的内容完整,层次分明,具有操作性和可行性,是一篇材料真实、分析充分的调研报告。

本章小结

本章共两节:第一节主要包括调研报告的基本知识、写法、例文阅读等内容,是一般调研报告写作的常态展示;第二节针对调查问卷的写作进行了问卷设计分析和范例展示,体现了调研报告形成的材料依据和操作过程。调研报告写作要求态度严谨、材料真实,从现象到本质的原因分析应实事求是、深入深刻,从问题现状的构成分析到解决问题的措施应具体、得体,具有操作性和可行性。这样,才能使调研报告为集体决策或个人决定提供真实依据,体现其文体价值和写作意义。

学习评价

请根据以下评价维度、项目、内容和标准,对自己的学习情况进行评价。

维度	项目	内容	标准(满分:100分)		
			不太了解	基本了解	完全了解
知识与技能	了解调研报告的定义和特点	对某一特定对象进行深入细致的调查及对调查了解的所有材料进行去粗取精、去伪存真、由此及彼、由表及里的分析研究,并得出理性的、规律性的认识后,所写出的书面报告。 具有应用性、针对性、真实性、典型性、求是性、对策性	3	6	10
	了解调研报告的功能与结构	调研报告是科学决策的重要依据;推动工作的重要手段,是有关部门决策制定政策的参考;反映社情民意的重要载体;认识世界的重要工具。 结果包括标题、导语、正文、结语、落款和附件	12	15	20
过程与方法	掌握调研报告的写作和调查问卷的设计	能掌握调研报告标题、导语、正文、结语、落款的写作方法。	6	12	20
		能掌握调查问卷的设计原则和程序	6	12	20
情感态度与价值观	培养写作调研报告和设计调查问卷的意识	注重事务性文书的时效性、实用性、真实性、专业性。	3	6	10
	养成正确的写作意识	将理论知识转化为切实可行的基本技能,提升工作效率。	3	6	10
	养成规范的文体意识	写作语言准确、简洁、凝练、规范。	3	6	10
自评得分					

推荐阅读

1.《2022大学生就业力调研报告》

2.《2022年高校学生心理健康状况与健康教育调查报告》

本章自测

1.填空题

(1)调研报告具有应用性、真实性、求是性、______、______、______的特点。

(2)调研报告的结构包括标题、导语______、______、______、落款和附件。

(3)调研报告的标题主要有______、一般文章式标题、提问式标题、正副题结合式标题四种。

(4)调研报告的导语类型主要有概括式导语、简介式导语、______三种。

(5)一般来说,调查问卷的问题有两种类型:______和开放性问题。

(6)研究表明,回忆一个事件的能力受三个因素的影响:事件本身、______、有无可能帮助记忆的其他事件。

2.简答题

(1)调研报告和调查报告有什么区别?

(2)设计调查问卷的原则有哪些?

(3)搜集调查问卷有关资料的主要目的有哪些?

3.论述题

简述调研报告的功能。

4.实践题

任意设计一个封闭型问答题。

第十二章　申论写作

本章概要

本章主要讲解申论文体的概念、考试特点、内容结构、答题技巧、备考要求等常识，及申论作文的审题立意和谋篇布局等。

学习目标

1. 了解申论文体的概念、考试特点、内容结构、答题技巧和备考要求等常识。
2. 提高申论写作的审题立意和谋篇布局能力。
3. 形成关心时事的意识和培养规范的写作意识。

学习重难点

学习重点

掌握申论写作审题立意的基本方法。

学习难点

提高申论写作谋篇布局的整体意识。

思维导图

- 申论写作
  - 申论文体
    - 申论的概念
    - 申论考试特点
    - 申论考试的内容结构
    - 申论答题技巧
    - 申论备考要求
  - 审题立意
    - 批评的指向
    - 预设的立场
    - 深层的动困
    - 综合的策略
  - 谋篇布局
    - 标题
    - 开头
      - 材料加观点
      - 阐释加提炼
      - 引用加分析
    - 主体
      - 好处与坏处
      - 原因与结果
      - 形式与性质
      - 方法与对策
    - 结尾
      - 总而言之式
      - 除此之外式
      - 反过来说式
      - 有鉴于此式

第一节　申论文体

一、申论的概念

作为近年来国家公务员选拔考试的一个科目，申论是指根据相关文字材料，在特定话题范围内提出自己的观点和见解并展开论述的一种文体，能综合检测应试人员的阅读能力、解析能力、发现和解决问题能力、交流和沟通能力以及文字表达能力等。

二、申论考试特点

（一）灵活性

申论考试的测试形式较为灵活，能力考查的维度较为多样，就写作的角度而言，既是对应试人员常规写作能力的一种初步考查，更是对应试人员公文写作水平的一种综合评估。

（二）综合性

申论考试中所给定的文字材料内容丰富，涵盖了政治、经济、文化、教育、农业、环保、气候、海洋、科技、人口与卫生等诸多方面的内容，所涉及的中外事例多种多样，所切入的理论角度各不相同，在文字表述上严谨、科学、准确、客观，要求考生能对给定的文字材料有一种综合性的权衡和把握。

（三）针对性

申论考试的考察目的较为明确，总是针对特定问题，在考查应试人员的阅读理解、分析概括、语言表达等能力的基础上，要求应试人员能就特定问题给出针对性强的解决方案和具体措施。

（四）前瞻性

申论考试要求应试人员能初步感知社会的迅速发展和变化，在内容设计上体现出一定的前瞻性，能以过去和现在为启迪，追踪将来发展趋势，能对事物的发展和演变有一定的预见能力，能合理推测事物的未来前景和发展态势。

三、申论考试的内容结构

申论考试的内容结构一直较为稳定、规范,总体上可分为三大部分。首先是注意事项,包括测试内容构成、作答具体时限、作答过程提示以及相应的指导性建议。其次是申论写作所给定的一组背景材料。这些材料或有关联,需要考生加以梳理。最后是作答要求,言简意赅,意旨明确。考生需要根据给定的文字材料,进行分析判断、归纳整理,由此及彼,由表及里,去粗取精,综合概括。在限定的篇幅和字数范围内,对主要问题进行解析,提出看法,在提出具有可操作性的解决方案的基础上,进一步阐释论证。

四、申论答题技巧

(一)了解申论考试性质

申论考试既是对应试人员驾驭文字材料能力的一种考查,也是对应试人员语言表达能力的一种测试。与高考作文相比,要求更多,难度更高,综合性更强。

(二)严守申论时间要求

在国家公务员考试中,申论考试时间一般为180分钟,其中:阅读材料的时间是50分钟,作答时间是130分钟。省级及以下公务员考试中,申论考试时间一般为150分钟,其中:阅读材料的时间是40分钟,作答时间是110分钟。

(三)明确申论作答顺序

申论考试中,一般都有多组题目,要求应试人员依次作答,最好不要顺序颠倒。答案书写于指定位置,对于阅读理解材料的作答,应当整体观照,寻求共性,把握重点,并注意答题速度和时间。

(四)把握申论主体内容

应试人员应当在规定时间内,整体阅读文字材料,全面把握文字材料的主题、重点、因果逻辑和关键语句等主体内容,揣摩其倾向性的意见和基本性的结论,形成一种总体上的理性判断。

五、申论备考要求

(一)关心社会热点

考生应定期阅读《人民日报》《光明日报》等中央级报纸,收看《新闻联播》等时事类新闻,关注近年来的社会发展热点和现状,掌握基本的人文社会科学理论知识,能对相应社会现象有一个较为深入的认知和全面的了解。

(二)积累写作素材

写作素材是文章构成的基本要素。在申论考试中,有没有积累丰富的写作素材,在很大程度上,决定了申论写作是否能做到言之有理、言之有序。写作素材既是形成特定观点的现实基础,也是考生表达见解的客观依据。考生在平时应当注重写作素材的积累,有助于在申论写作中信手拈来,言之有物。

(三)注重实战演练

申论是一门"阅读写作一体化"的考试,多写多练有助于申论写作水平的提高。考生只有通过实战演练,才能更好地了解考试要求、测查目标、试卷结构、内容构成、评分规则和答题标准等,在此基础上,进一步把握申论考试的命题风格和考查规律,能使备考复习更有成效。

(四)学会触类旁通

常言道,"熟读唐诗三百首,不会作诗也会吟"。考生熟读申论写作参考范文,是申论备考的基本步骤。但考生不能满足于对参考范文依照葫芦画瓢,而应当学会触类旁通,在对写作参考申论范文进行分门别类、整理总结的基础上,提炼出属于自己的答题思路和表达风格。

第二节　审题立意

申论作文在申论考试各类题型中占有最大的分值,它也是很多考生投入精力最多、训练时间最长的一道试题。近年来,申论作文对审题立意的要求似乎有逐渐提高的趋势,能否在申论写作中做到立意鲜明、内容具体、中心明确,是申论写作拿到高分的先决条件。

申论作文的审题立意,涉及到对给定文字材料的处理,考生既要能够据此提炼中心,又要善于抓取关键语句,都要面临一个怎样提炼中心或如何抓住关键语句的问题,最终都要回到具体的操作方法上来,这也正是申论作文审题立意训练的意义所在。为此,下面将以可操作性为基石,结合相关申论作文原题,从批评的指向、预设的立场、深层的动因和混搭的意识四个方面,详细阐释申论作文审题立意的基本范式，以便我们切实提高申论作文审题立意能力，做到切题而不偏题，对题而不跑题。

一、批评的指向

一些申论作文给定文字材料可能会涉及到一些批评性的文字，诸如批评某种社会现象，批评某种心理定式，批评某种不良思想等。如2021年国家公务员考试省级申论试题的第一则文字材料，就批评了小谷村人们的思想，村干部们“得过且过，有些怕事”。在面对类似的申论作文给定文字材料的时候，考生切不可被材料中的某些个别语句所蒙蔽，而应当在对材料予以整体性观照的前提下，刨根问底，归纳综合，考虑这些问题：这段文字究竟批评的对象是什么，指向的是一种什么样的思想弊病或社会痼疾？并充分意识到命题者隐藏在给定文字材料背后的实际意图，即批评了什么，也就是相应鼓励什么。比方说，给定文字材料批评村干部们得过且过，有些怕事，实际上就是鼓励我们要思想先行，主动争取，迎接挑战。也就是说，批评的指向一旦确定，申论作文的部分立意也就可以借此水落石出，只需要寻找“批评的指向”的对立面即可。

二、预设的立场

史家虽然追求秉笔直书，但孔子在撰作《春秋》时，却利用材料的筛选、不太明显的字眼等隐讳的写法或细节描写，委婉而曲折地表达主观看法和思想倾向。孔子所开创的这种描述写法被叫作“微言大义”或“春秋笔法”。我们在面对这种带有“春秋笔法”意味的文字材料时，有可能茫然不解，不知道立意在哪里寻找，这个时候，就需要我们根据文字材料，判断命题人的预设立场在哪里。如2021年国家公务员考试省部级申论试题的第六则文字材料，一方面指出“每日高速度、快节奏奔波忙碌成为城市工作、生活的主旋律”，另一方面又说“超时、超负荷工作严重地损害了人们的身心健康”，看似矛盾，实际上所指向的却是这则文字材料的最后一句，也就是命题人所预设的立场，“要‘慢下来’，因为自在有为的生活是急不得的”。

三、深层的动因

有些申论作文给定文字材料，它会在文字中出现“为什么”或“什么原因”等提示性字眼；又有些申论作文材料，它只是描述一种生活常识或客观现象，一般不明确批评什么，也较少涉及褒贬态度。无论是“批评的指向”也好，还是“预设的立场”也好，对这些给定文字材料都难有作为。在这种情况下，就可以考虑“深层的动因”，追问事件或现象背后的深层次的原因是什么。找到了事物或现象得以生发的真正原因，也就找到了申论作文的最佳立意。

四、综合的策略

在申论作文的审题立意过程中，有些文字材料可能会出现两组及多组关键词或关键性语句，我们可能会对此无所适从。在这种情况下，我们唯有采用综合策略，将两组或多组关键词糅合成一个中心议题，既可保立意无虞，更不至于影响到试场心理。如“全面依法治国是中国特色社会主义的本质要求和重要保障，是国家治理的一场深刻革命”，这一句申论作文命题材料，既谈到了“全面依法治国”，又谈到了“国家治理”，到底从哪个方面展开论述，的确让人举棋不定，担心中心命题可能失之偏颇。这时候，就可以采用综合策略，将这两组关键词结合起来立意，如“树立法治精神，推进国家治理”，能很好地规避偏题、跑题或论述不全面的隐患。

需要注意的是，申论作文命题材料本身具有丰富的意蕴，由此可以展开的立意很多，最佳立意也很有可能不止一个。这对我们来说，既是一种机遇，也存在着风险和挑战，极有可能在申论作文命题材料的多重意蕴中陷入迷惘。好在“批评的指向”“预设的立场”“深刻的动因”和“综合的策略”这四种申论作文审题立意的基本方式并不是互不相关、彼此孤立无援的。我们可以在对申论作文给定材料予以一种全面的审读后，仿照数学的集合概念相互印证，综合运用这四种审题立意的方法，既追问批评的指向及其对立面是什么，又判断材料中预设的立场是什么，最后寻求材料背后的深层的动因，从中寻找交集，适时综合，能更进一步增进我们审题立意的准确性和深刻性。

第三节　谋篇布局

申论作文在申论试卷中所占有的分值最大，所要求的字数最多，写作难度也最高，在一定程度上，决定着考生该次考试的得分高低和最终成败，是我们在公务员考试复习备考的重心所在。需要对此高度重视，并对申论作文的一些基本的写作方法做到熟稔于心。

申论作文的基本框架包括标题、开头、主体和结尾。

一、标题

申论作文的命题类型灵活多样，既有全命题作文，也有半命题作文和自命题作文。尤其是半命题作文和自命题作文，是对考生内在功底的一种考查，需要考生根据要求酌情处理，取一个既与材料高度关联又能突显中心命题的优秀标题。

二、开头

申论作文的常见开头方式主要有以下三种。

1.材料加观点。所谓材料加观点，是指考生对给定文字材料加以概括，然后在此基础上，顺势引出文章的中心观点，这属于论述文中典型的开门见山式的开头方式，也是申论考试作文写作中一种较为常见的开头方式。材料加观点的操作，能够让考生简明扼要地进入正题，避免了在对给定材料进行转述时的拖泥带水，又有利于考生旗帜鲜明地亮出所要论述的主要观点。

2.阐释加提炼。所谓阐释加提炼，是指考生在对给定文字材料的阐明、陈述和解释中，顺势提炼出自己的中心命题，以此作为文章的开头。申论考试作文，说到底还是要通过对给定文字材料的理解和分析来阐明自己的看法和见解，需要对给定文字材料的某一方面或者总的方面进行深入挖掘、详细解释、综合概括，从中提炼出考生自己的中心命题或主要论点。

3.引用加分析。所谓引用加分析，是指考生在开头时，先引用给定文字材料并加以分析，以此来表明自己的观点和看法。一般来说，以引用加分析为开头方式，既可以使文章开头言简意赅，增强论述上的说服力、准确度和权威性，也能够增加语言上的文采和表现力。这也是申论考试作文写作中比较常见的开头方式。

三、主体

申论考试作文的主体部分以论述为主要表达方式，侧重于对考生思辨能力的考查。在具体的写作过程中，考生可以从好处与坏处、原因与结果、形式与性质、方法与对策等角度予以展开，扩充论证。

1.好处与坏处。好处与坏处属于一种感官判断，是指某一命题、某一事物或某种社会现象，从对人、对物的角度而言，它有哪些坏处，哪些不良后果，它又能产生多少实际的利益和好处，这是一种最朴素、最简单的思维判断，但相对而言，也具有容易理解、容易接受、易于说服的特质。在申论考试作文的写作中，从“好处与坏处”的角度展开思考，辨析其“好”的一面或“坏”的一面，是提高申论写作水平的基础性一步。

2.原因与结果。考生对于一个问题、一个事物或一种社会现状的讨论，应当建立在对其发展脉络、背后动因做出相应了解的基础之上，首先要探讨的就是“为什么”，以及在此基础上的后续发展结果的问题。这种从原因与结果的角度所展开的论述是一种较为普遍的论证思维，可操作性较强。

3.形式与性质。形式与性质所思考、探析的是人、事物或现象的表现形式与其相关性质。需要考生在全面把握给定文字材料的基础上，加以辨析和思考，论述相应命题的表现形式是什么、其本质究竟何如之类深层次性的问题。

4.方法与对策。申论考试作文,不仅要求考生能够发现问题,能对具体问题进行具体分析,还要求考生具有解决问题的能力,能尝试着寻求解决问题的方法,提出具有可操作性的、针对性强的对策。

四、结尾

申论考试作文的常见结尾思路主要有以下四种。

1.总而言之式。申论考试作文的第一种结尾方式,可以概括为总而言之式,相类似的表述还有“总之”“总的来说”“一言以蔽之”等,即在结尾时,用“总而言之”作为结尾段的基本思路,对前文的已有观点加以转述、罗列即可。有必要在此指出的是,总而言之式的结尾,因为是对已有论点的照搬和重复,它具有一种内在的缺陷,既不能丰富文章内容,也不能深化议论。但考虑到考场中,考生写作时间有限,来不及细想,部分考生又确实缺乏较高的写作技巧和能力。那么,总而言之式的结尾,仍然不失为一种可供选择的结尾方式。因为它简单,可操作性极强,这无疑减轻了考生的考场写作压力。而且,一般结尾所具有的照应开头、首尾呼应、卒章显志等功能,它也基本具备。

2.除此之外式。第二种申论考试作文的结尾思路,姑且叫作除此之外式。相类似的表述还有“此外”“另外”“还有”等。在申论写作中,分论点是从属于中心论点并为阐述和证明中心论点服务的若干个思想观点,它对于中心论点的阐述或证明,未必就那么充分而全面。事实上,考生在正文部分对几个主要的分论点阐述结束之后,还可以从不同角度,或者哪怕是从相同的角度,提炼出更多的分论点,一一罗列,作为结尾的主要内容。

3.反过来说式。第三种申论考试作文的结尾思路,叫作反过来说式。很多考生在写作中,习惯于站在正面的立场提炼论点,以最简洁、最有力的方式来佐证中心命题的正当性与合理性,然而在结尾的时候,是不是也可以从反面的角度来说明问题呢?反过来说式的结尾思路就是对前文相关论点的另外一种相反的可能加以论述,它同样能够证明中心命题,并体现出写作者熟练运用对比论证的能力。

4.有鉴于此式。第四种申论考试作文的结尾思路,叫作有鉴于此式。有鉴于此,有建议、劝勉之意,意思是根据某个观点或某件事情作出某种决策、举措或找到拟用的解决办法。它实际上相当于在回答中心命题的可能性。

五、范文解析

例题:

2022年10月16日,习近平总书记在中国共产党第二十次全国代表大会开幕会上作报告时说,教育、科技、人才是全面建设社会主义现代化国家的基础性、战略性支撑。我们要办好人民满意的教育,全面贯彻党的教育方针,落实立德树人根本任务，培养德智体美劳全面发展的社会主义建设者和接班人。

问题：请你联系现实，对如何办好人民满意的教育谈谈自己的看法。

办好人民满意的教育

中国共产党第十八次全国代表大会以来，习近平总书记发表了一系列关于教育的重要论述，充分肯定了教育对于提高人民综合素质、促进人的全面发展方面所发挥的重要作用和实现民族振兴、推动社会进步的社会功能。在党的二十大开幕会上，习近平总书记再一次强调，“教育、科技、人才是全面建设社会主义现代化国家的基础性、战略性支撑。”加快建设教育强国，办好人民满意的教育，是积极贯彻习近平新时代中国特色社会主义思想和党的二十大精神，全面贯彻党的教育方针、落实立德树人根本任务的内在要求和推进文化自信自强、铸就社会主义文化新辉煌的必然举措。

办好人民满意的教育，要充分发挥教师的主体作用。苏联教育学家加里宁曾说过，“教师是人类灵魂的工程师”。作为人类科学技术和历史文化知识的继承人和传播者，教师承担着潜心教书育人、传承人类文明的历史重任，是教育事业发展的第一资源，也是国家富强、民族兴旺、社会和谐、人民幸福的重要保证。正所谓“百年大计，教育为本；教育大计，教师为本”。办好人民满意的教育，就是要发挥教师的主体作用，加快加强教师队伍建设，营造浓厚尊师重教氛围，让教师乐教、懂教、善教，成为真正意义上的立教之本、兴教之源。

办好人民满意的教育，要坚持以学生为中心。教师不能采用过去的那种满堂灌、填鸭式的教学方法，也不能止步于科学文化知识的简单讲解和浅显复述，而应当注重教学实效，以学生的学习和终身发展为中心，突出学生在学习过程中的中心地位。要充分了解学生学情，根据学生已有的知识经验，结合学生现有的文化兴趣点，让教学内容贴近学生生活实际和智力发展水平，易于被学生理解和认可。通过学校教育，激发学生内心深处的家国意识和主人翁意识，厚植爱国主义情怀，为全面建设社会主义现代化国家新征程凝聚社会共识和全民力量。

办好人民满意的教育，还要面向社会生活，注重社会实践。教育活动不能完全局限于校园之中，更不能局限于课堂上那一小块方寸之地，而应该面向社会现实生活，有计划、有目的地组织学生进行具体实践活动，发挥学生的主观能动性和创造性。教师不仅要善于“走出去”，通过开展研学旅行，带领学生走出教室、走出学校，走向田间地头，走进工厂车间，走到社区广场，走入居民家里，家校结合，产教联合，引导学生在祖国的大好河山和盛世的国泰民安中，亲身感悟丰沛的民族文化底蕴及其重要功用，在社会生产实践活动和劳动教育过程中提高自身本领；还要善于“引进来”，邀请知名人士、专家学者、民间艺人和非物质文化遗产传承人等社会人士进入课堂现身说法、现场示范，培养学生的高尚情操、美好品德和道德价值观念。

总之，办好人民满意的教育，建设教育事业强国，是中华民族伟大复兴的基础工程。习近平总书记曾经指出："教育兴则国家兴，教育强则国家强。"我们应当毫不动摇地坚持党的教育方针，牢记光荣使命，培育中华优秀儿女，让祖国的花朵们德智体美劳全面发展，成为新时代中国特色社会主义事业的合格建设者和可靠接班人。

点评

第一段是文章的开头部分，作者以给定的命题材料为契机，顺势切入中心命题。这属于典型的"材料加观点"的开头方式。随后，作者在主体部分多点论述，分别从发挥教师的主体作用、坚持以学生为中心和面向社会生活、注重社会实践三个方面，对"办好人民满意的教育"这个中心论点进行了深入阐释。最后在结尾时再一次作出总结，"我们应当毫不动摇地坚持党的教育方针，牢记光荣使命，培育中华优秀儿女"。文章论证充分，行文严谨，结构清晰，语言简明，对策的提出具有较强的针对性，是一篇优秀的申论作文。

本章小结

申论是指根据相关文字材料，在特定话题范围内提出自己的观点和见解并展开论述的一种文体，能综合检测应试人员的阅读能力、解析能力、发现和解决问题能力、交流和沟通能力以及文字表达能力。申论考试具有灵活性、综合性、针对性、前瞻性等特点。在申论备考过程中，应当关心社会热点，积累写作素材，注重实战演练，学会触类旁通。申论作文审题立意，可以从批评的指向、预设的立场、深层的动因和综合的策略四个方面展开。申论考试作文的基本框架包括标题、开头、主体和结尾。

学习评价

请根据以下评价维度、项目、内容和标准，对自己的学习情况进行评价。

维度	项目	内容	标准(满分:100分)		
			不太了解	基本了解	完全了解
知识与技能	了解申论的概念	申论是指根据相关文字材料，在特定话题范围内提出自己的观点和见解并展开论述的一种文体	3	6	10
	了解申论考试的特点	灵活性、综合性、针对性、前瞻性	3	6	10

续表

维度	项目	内容	标准(满分:100分)		
			不太了解	基本了解	完全了解
知识与技能	了解申论考试的内容结构	注意事项、背景材料、作答要求	3	6	10
	了解申论的答题技巧	了解申论考试性质,严守申论时间要求,明确申论作答顺序,把握申论主体内容	3	6	10
	了解申论考试的备考要求	关心社会热点,积累写作素材,注重实战演练,学会触类旁通	3	6	10
过程与方法	掌握申论写作审题立意的基本方法。	批评的指向、预设的立场、深层的动因、综合策略	3	6	10
	掌握申论写作的谋篇布局	标题、开头、主体、结尾	3	6	10
情感态度与价值观	养成关心时事的意识	关注社会热点	3	6	10
	树立正确的思想意识	善于发现问题,解决问题,树立为人民服务、为群众排忧解难的思想意识	3	6	10
	培养规范的写作意识	掌握申论写作要点,提高申论写作能力	3	6	10
自评得分					

推荐阅读

岳海翔.公文写作教程(第三版)[M].北京:高等教育出版社,2021.

本章自测

1.填空题

申论考试的特点包括________、________、________、________等。

2.简答题

(1)申论的答题技巧主要有哪些?

(2)申论考试的备考要求是什么?

(3)申论考试作文的主体部分以论述为主要表达方式,可以从哪些角度予以展开?

3.论述题

申论考试作文的常见结尾思路主要有哪几种？请举例说明。

4.实践题

2022年10月16日，习近平总书记在中国共产党第二十次全国代表大会开幕会上作报告时说，教育、科技、人才是全面建设社会主义现代化国家的基础性、战略性支撑。我们要办好人民满意的教育，全面贯彻党的教育方针，落实立德树人根本任务，培养德智体美劳全面发展的社会主义建设者和接班人。

问题：请你联系现实，对如何办好人民满意的教育谈谈自己的看法。

要求：

(1)观点明确，见解深刻；

(2)思路清晰，语言流畅；

(3)字数1000～1200字。

参考文献

[1] 岳海翔.公文写作教程(第三版)[M].北京:高等教育出版社,2021.

[2] 帅泽兵.提高作文思辨性的若干向度——以“鄙视链”话题作文为例[J].语文建设,2019,(7).

[3] 帅泽兵.新闻时评的常见开头方式[J].新闻论坛,2019,(5).

资料链接

“申论”一词最早出自清朝《四库全书御制读史记儒林传》，书中有“申而论之”的明确表述。但以“申论”作为官吏选拔考试方法，最早出现在西汉初年。

(1)汉文帝曾采用“对策”作为官吏选拔的考试方法，“诏有司举贤良学士”。

(2)汉文帝之后，“策论”的考试有所发展，出现了“对策”和“射策”两种方法。

(3)刘勰在《文心雕龙》中对“策论”的文体特征进行了概括，策论应该紧密联系国家时事，提出解决问题对策。

——岳海翔.公文写作教程(第三版)[M].北京:高等教育出版社,2021.

第十三章　公文处理

本章概要

本章主要讲解公文处理中有关公文格式、制发程序、收文办理和公文归档的基本知识。公文格式包括一般公文格式和命令、信函、纪要等特殊公文格式。公文的制发程序分为拟制程序和发文程序。发文程序由复核、登记、印制、核发四个环节组成。收文办理包括签收、登记、初审、承办、传阅、催办、答复七个环节。公文归档分为纸质文件归档和电子文件归档两部分。认真学习本章内容,将有助于全面了解公文处理的相关知识,并深得公文处理的要领。

学习目标

1. 了解公文处理工作,掌握公文拟制、收文办理和公文归档的工作程序。

2. 理解公文处理的原则、内容和要求,掌握公文拟制、收文办理和公文归档各环节的流程和操作要点。

3. 掌握公文处理的工作要领,掌握公文处理工作技能,培养公文处理的规范意识、责任意识和保密意识。

学习重难点

学习重点

1. 理解公文处理的内容与程序。

2. 掌握公文处理的工作要领。

学习难点

掌握发文与收文处理以及公文归档的工作要领。形成公文处理的规范意识、责任意识和保密意识。

思维导图

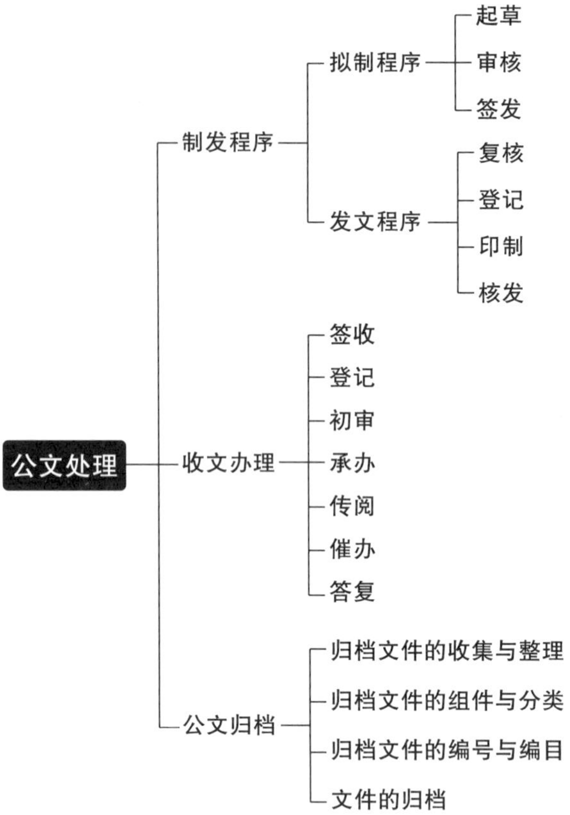

公文处理是指机关单位在日常工作中围绕公文的拟制、办理、管理所进行的一系列工作。其核心就是运用现代化、科学化的手段推动文书的运转，以提高工作效率。公文的处理主要由机关或职能主管部门的文秘部门、办公厅（室）负责。[1]《条例》第二十九条规定："党政机关公文由文秘部门或者专人统一管理。设立党委（党组）的县级以上单位应当建立机要保密室和机要阅文室，并按照有关保密规定配备工作人员和必要的安全保密设施设备。"

公文处理是一项程序性很强的工作，具有不可逆性。它包括公文拟制、发文办理、收文办理和公文归档四大环节。每一个大环节内又包含许多工作程序，是一个内容复杂的系统。[2]

公文处理必须遵循一定的原则，才能更好地发挥公文的作用，提高公文处理的工作效率。《条例》第二十八条规定："各级党政机关应当建立健全本机关公文管理制度，确保管理严格规范，充分发挥公文效用。"因此，公文处理应遵循以下原则：

①赵志强，方明星．秘书理论与实务［M］．北京：对外经济贸易大学出版社，2013：154.
②杨素华．秘书学［M］．郑州：河南人民出版社，2006：133.

一、准确性原则

1.文意要准确。不能让人误解、曲解，要能准确地反映客观情况，准确地表达发文机关的真实意图。

2.文种要准确。不能把请示写成报告，把通告写成公告，或把通知写成通告等。

3.传递要准确。不能错投、错送、错传，以免造成不必要的损失。

4.主送抄送要准确。主送主要受理机关，抄送需要执行或知晓内容的其他机关，有利于提高工作效率。

二、及时性原则

1.形成要及时。当反映或解决某一问题的时机成熟时，要及时地形成并发出相应的文件，以求得工作上的主动。

2.传递要及时。文件形成后，要通过邮寄、专人递送、电话、电传、电子邮件等方式及时递送。

3.处理要及时。对收到的文件，要根据内容的轻重缓急，及时处理，不积压，不拖延。一般收文不过夜，急件即到即办。

三、安全性原则

1.物质上的安全。要保护好文件，使文件不受损坏。

2.政治上的安全。要确保文件不丢失，不被盗，不失密，不泄密。

四、统一性原则

1.渠道要统一。公文的收发必须由专门的公文处理机构办公厅（室）统一处理。《条例》第七条规定："各级党政机关办公厅（室）主管本机关的公文处理工作"。

2.格式要统一。公文的用纸、格式要严格按照《党政机关公文格式》（以下简称《格式》）执行。

3.书写工具要统一。公文处理必须用黑色钢笔或签字笔，不能用铅笔或圆珠笔。

4.立卷（件）要统一。公文、用于公务的电报要统一立卷。①

---

① 杨素华.秘书学[M].郑州：河南人民出版社，2006：179-181.

第一节　公文格式

一、公文格式的含义、作用和内容

（一）公文格式的含义

公文格式是公文各要素的编排规则和外部组织形式。公文格式是公文标准化、规范化的重要标志，是公文的法定权威性和组织约束力在形式上的表现。

（二）公文格式的作用

公文格式的作用在于实现公文的标准化、规范化，保证公文的质量，并提高公文处理效率。

（三）公文格式的内容

根据《格式》有关规定，公文格式的内容包括公文通用的纸张要求、排版和印制装订要求、公文格式各要素的编排规则和公文的式样。

二、公文用纸幅面尺寸及版面要求

1.幅面尺寸

公文用纸采用GB/T9704-2012中规定的A4型纸，其成品幅面尺寸为：210 mm×297 mm。

2.版面

（1）页边与版心尺寸

公文用纸天头（上白边）为37 mm±1 mm，公文用纸订口（左白边）为28 mm±1 mm，版心尺寸为156 mm×225 mm。

（2）字体字号

如无特殊说明，公文格式各要素一般用3号仿宋体字。特定情况可以作适当调整。

（3）行数和字数

一般每面排22行，每行排28个字，并撑满版心。特定情况可以作适当调整。

（4）文字的颜色

如无特殊说明，公文中文字的颜色均为黑色。

二、公文格式各要素编排规则

1.公文格式各要素及划分

《条例》第九条规定，公文一般由份号、密级和保密期限、紧急程度、发文机关标志、发文字号、签发人、标题、主送机关、正文、附件说明、发文机关署名、成文日期、印章、附注、附件、抄送机关、印发机关和印发日期、页码等组成，共计18个要素。

《格式》将版心内的公文格式各要素（共17个要素）划分为版头、主体、版记三部分。公文首页红色分隔线以上的部分称为版头；公文首页红色分隔线（不含）以下、公文末页首条分隔线（不含）以上的部分称为主体；公文末页首条分隔线以下、末条分隔线以上的部分称为版记。

页码位于版心外。

2.版头部分

版头部分由份号、密级和保密期限、紧急程度、发文机关标志、发文字号、签发人等6要素组成。其中，发文机关标志和发文字号是版头部分必备要素。

（1）份号

份号是公文印制份数的顺序号。涉密公文应当标注份号。如需标注份号，一般用6位3号阿拉伯数字，顶格编排在版心左上角第一行。不足6位数的，编虚位补齐（如000001）。

（2）密级和保密期限

密级和保密期限指公文的秘密等级和保密的期限。涉密公文应当根据涉密程度分别标注“绝密”“机密”“秘密”和相应的保密期限。

如需标注密级和保密期限，一般用3号黑体字，顶格编排在版心左上角第二行；保密期限中的数字用阿拉伯数字标注。密级和保密期限之间用“★”隔开。

（3）紧急程度

紧急程度是对公文送达和办理的时限要求。根据紧急程度，紧急公文应当分别标注“特急”“加急”，电报应当分别标注“特提”“特急”“加急”“平急”。

如需标注紧急程度，一般用3号黑体字，顶格编排在版心左上角；如需同时标注份号、密级和保密期限、紧急程度，按照份号、密级和保密期限、紧急程度的顺序自上而下分行排列。

（4）发文机关标志

发文机关标志由发文机关全称或规范化简称加“文件”二字组成，也可以使用发文机关全称或者规范化简称。联合行文时，发文机关标志可以并用联合发文机关名称，也可以单独用主办机关名称。

发文机关标志居中排布，上边缘至版心上边缘为35 mm，推荐使用小标宋体字，颜色为红色，以醒目、美观、庄重为原则。

联合行文时，如需同时标注联署发文机关名称，一般应当将主办机关名称排列在前；如有“文件”二字，应当置于发文机关名称右侧，以联署发文机关名称为准上下居中排布。

(5)发文字号

发文字号简称文号，是发文机关年度发文的顺序编号，由发文机关代字、年份、发文顺序号组成。发文机关代字是发文机关统一编制的能代表本机关特征的规范化缩写，如“渝府〔2018〕13号”，“渝府”是重庆市人民政府的机关代字。

联合行文时，使用主办机关的发文字号。

编排在发文机关标志下空二行位置，居中排布。年份、发文顺序号用阿拉伯数字标注；年份应标全称，用六角括号“〔〕”括入；发文顺序号不加“第”字，不编虚位(即1不编为01)，在阿拉伯数字后加“号”字。

上行文的发文字号居左空一字编排，与最后一个签发人姓名处在同一行。

(6)签发人

上行文应当标注签发人姓名。签发人必须是能代表发文机关审核公文并签名的领导人。签发人由“签发人”三字加全角冒号和签发人姓名组成，居右空一字，编排在发文机关标志下空二行位置。“签发人”三字用3号仿宋体字，签发人姓名用3号楷体字。

如有多个签发人，签发人姓名按照发文机关的排列顺序从左到右、自上而下依次均匀编排，一般每行排两个姓名，回行时与上一行第一个签发人姓名对齐。

(7)版头中的分隔线

发文字号之下4 mm处居中印一条与版心等宽的红色分隔线。

3.主体部分

主体部分由标题、主送机关、正文、附件说明、发文机关署名、成文日期、印章、附注、附件等9要素组成。

(1)标题

标题由发文机关名称、事由和文种组成。其基本格式为“××××关于××××××的×××”，其中，介词“关于”连接发文机关名称和事由，助词“的”连接事由和文种。标题一般不含两个及以上的介词“关于”或助词“的”。文种词前一般不加修饰语，如《中共中央关于教育体制改革的决定》。标题三要素的具体组合形式有四种：发文机关名称+事由+文种；发文机关名称+文种；事由+文种；文种。

标题一般用2号小标宋体字，编排于红色分隔线下空二行位置，分一行或多行居中排布；回行时，要做到词意完整，排列对称，长短适宜，间距恰当，标题排列应该使用梯形或菱形。

(2)主送机关

主送机关是公文的主要受理机关,应当使用机关全称、规范化简称或同类型机关统称。公文尤其是上行文,一般只写一个主送机关。

主送机关编排于标题下空一行位置,居左顶格,回行时仍顶格,最后一个机关名称后标全角冒号。如主送机关名称过多导致公文首页不能显示正文时,应当将主送机关名称移至版记。标注方法见“版记”抄送机关部分。

(3)正文

正文是公文的主体,用来表述公文的内容。一般一文一事,由缘由、事项和结语三部分构成,要求结构严谨,层次分明,标点正确。

公文首页必须显示正文。正文一般用3号仿宋体字,编排于主送机关名称下一行,每个自然段左空二字,回行顶格。文中结构层次序数依次可以用“一、”“(二)”“1.”“(1)”标注;一般第一层用黑体字、第二层用楷体字、第三层和第四层用仿宋体字标注。公文层次序数可以由第一层“一、”到第三层“1.”进行跃层编排,但不得逆向使用。

当公文正文排版后所剩空白处不能容下印章或签发人签名章、成文日期时,可以采用调整行距、字距的措施解决。

注意:数字和年份不能回行。使用阿拉伯数字时,有些定型语言(如“三四个月”“三令五申”“初十”)不能改变。

(4)附件说明

附件说明对公文附件的顺序号和名称进行说明。附件说明不是附件。公文如有附件,在正文下空一行左空二字处编排“附件”二字,后标全角冒号和附件名称。如有多个附件,使用阿拉伯数字标注附件顺序号(如“附件:1.×××××”);附件名称后不加标点符号。附件名称较长需回行时,应当与上一行附件名称的首字对齐。

(5)发文机关署名、成文日期和印章

发文机关署名要署发文机关全称或规范化简称。一般位于正文(或附件说明)右下方。

成文日期是公文发出或生效的日期,一般署会议通过日期或者发文机关负责人签发的日期。联合行文时,署最后签发机关负责人签发的日期。成文日期用阿拉伯数字将年、月、日标全,年份应标全称,月、日不编虚位(即1不编为01)。成文日期多数位于发文机关署名下一行,一般右空四字编排。

公文中有发文机关署名的,应当加盖发文机关印章,并与署名机关相符。有特定发文机关标志的普法性公文和电报可以不加盖印章。用印页(发文机关署名页)至少应有二行正文,不能采用页首加圆括号标注“此页无正文”字样。

①加盖印章的公文

印章用红色,不得出现空白印章。

单一机关行文时,一般在成文日期之上、以成文日期为准居中编排发文机关署名,印章端正、居中下压发文机关署名和成文日期,使发文机关署名和成文日期居印章中心偏下位置,印章顶端应当上距正文(或附件说明)一行之内。

联合行文时,一般将各发文机关署名按照发文机关顺序整齐排列在相应位置,并将印章一一对应,端正、居中下压发文机关署名,最后一个印章端正、居中下压发文机关署名和成文日期,印章之间排列整齐、互不相交或相切,每排印章两端不得超出版心,首排印章顶端应当上距正文(或附件说明)一行之内。

②不加盖印章的公文

单一机关行文时,在正文(或附件说明)下空一行右空二字编排发文机关署名;在发文机关署名下一行编排成文日期,首字比发文机关署名首字右移二字。如成文日期长于发文机关署名,应当使成文日期右空二字编排,并相应增加发文机关署名右空字数。

联合行文时,应当先编排主办机关署名,其余发文机关署名依次向下编排。

③加盖签发人签名章的公文

单一机关制发的公文加盖签发人签名章时,在正文(或附件说明)下空二行右空四字加盖签发人签名章,签名章左空二字标注签发人职务,以签名章为准上下居中排布。在签发人签名章下空一行右空四字编排成文日期。

联合行文时,应当先编排主办机关签发人职务、签名章,其余机关签发人职务、签名章依次向下编排,与主办机关签发人职务、签名章上下对齐;每行只编排一个机关的签发人职务、签名章;签发人职务应当标注全称。

④特殊情况说明

当公文排版后所剩空白处不能容下印章或签发人签名章、成文日期时,可以采取调整行距、字距的措施解决。

(6)附注

附注用于注释公文印发传达范围等需要说明的事项。公文如有附注,居左空二字加圆括号编排在成文日期下一行。

(7)附件

附件是公文正文的说明、补充或参考资料。公文如有附件,应当另页编排,并在版记之前,与公文正文一起装订。“附件”二字用3号黑体字顶格编排在版心左上角第一行。有顺序号时应加序号,序号后不再加标点符号。附件标题居中编排在版心第三行。附件顺序号和附件标题应当与附件说明的表述一致。附件格式要求同正文。

如附件与正文不能一起装订，应当在附件左上角第一行顶格编排公文的发文字号并在其后标注“附件”二字及附件顺序号。

4.版记

版记部分由抄送机关、印发机关和印发日期等2要素组成。

（1）抄送机关

抄送机关是除主送机关外需要执行或知晓公文内容的其他机关，应当使用机关全称、规范化简称或者同类型机关统称。公文如有抄送机关，一般用4号仿宋体字，在印发机关和印发日期之上一行、左右各空一字编排。“抄送”二字后加全角冒号和抄送机关名称，回行时与冒号后首字对齐，最后一个抄送机关名称后标句号。抄送机关名称一般按照上级、不相隶属、下级的顺序排布。

如需把主送机关移至版记，除将“抄送”二字改为“主送”外，编排方法同抄送机关。既有主送机关又有抄送机关时，应当将主送机关置于抄送机关之上一行，之间不加分隔线。

（2）印发机关和印发日期

印发机关和印发日期是公文的送印机关和送印日期。印发机关和印发日期一般用4号仿宋体字，编排在末条分隔线之上。印发机关左空一字，印发日期右空一字，用阿拉伯数字将年、月、日标全，年份应标全称，月、日不编虚位（即1不编为01），后加“印发”二字。

版记中如有其他要素，应当将其与印发机关和印发日期用一条细分隔线隔开。

（3）版记中的分隔线

版记中的分隔线与版心等宽，首条分隔线和末条分隔线用粗线（推荐高度为0.35 mm），中间的分隔线用细线（推荐高度为0.25 mm）。首条分隔线位于版记中第一个要素之上，末条分隔线与公文最后一面的版心下边缘重合。

5.页码

页码是公文页数顺序号。页码一般用4号半角宋体阿拉伯数字，编排在公文版心下边缘之下，数字左右各放一条一字线；一字线上距版心下边缘7 mm。单页码居右空一字，双页码居左空一字。公文的版记页前有空白页的，空白页和版记均不编排页码。公文的附件与正文一起装订时，页码应当连续编排。

上述公文格式为公文的一般格式。

三、公文的特定格式

1.信函格式

发文机关标志使用发文机关全称或规范化简称，居中排布，上边缘至上页边为30 mm，推荐使用红色小标宋体字。联合行文时，使用主办机关标志。

发文机关标志下4 mm处印一条红色双线（上粗下细），距下页边20 mm处印一条红色双线（上细下粗），线长均为170 mm，居中排布。

如需标注份号、密级和保密期限、紧急程度，应当顶格居版心左边缘编排在第一条红色双线下，按照份号、密级和保密期限、紧急程度的顺序自上而下分行排列，第一个要素与该线的距离为3号汉字高度的7/8。

发文字号顶格居版心右边缘编排在第一条红色双线下，与该线的距离为3号汉字高度的7/8。

标题居中编排，与其上最后一个要素相距二行。

第二条红色双线上一行如有文字，与该线的距离为3号汉字高度的7/8。

首页不显示页码。

版记不加印发机关和印发日期、分隔线，位于公文最后一面版心内最下方。

2.命令（令）格式

发文机关标志由发文机关全称加“命令”或“令”组成，居中排布，上边缘至版心上边缘为20 mm，推荐使用红色小标宋体字。

发文机关标志下空二行居中编排令号，令号下空二行编排正文。

签发人职务、签名章和成文日期的编排同“加盖签发人签名章的公文”说明。

3.纪要格式

纪要标志由“×××××纪要”组成，居中排布，上边缘至版心上边缘为35 mm，推荐使用红色小标宋体字。

标注出席人员名单，一般用3号黑体字，在正文或附件说明下空一行左空二字编排“出席”二字，后标全角冒号，冒号后用3号仿宋体字标注出席人单位、姓名，回行时与冒号后的首字对齐。

标注请假和列席人员名单，除依次另起一行并将“出席”二字改为“请假”或“列席”外，编排方法同出席人员名单。

纪要格式可以根据实际制定。

四、式样

《条例》规定，公文的版式按照《党政机关公文格式》国家标准执行 。

《格式》给出了公文的式样，包括A4型公文用纸页边及版心尺寸、公文首页版式、联合行文公文首页版式1、联合行文公文首页版式2、公文末页版式1、公文末页版式2、联合行文公文末页版式1、联合行文公文末页版式2、附件说明版式、带附件公文末页版式、信函格式首页版式、命令（令）格式首页版式等12个式样，详见附录《党政机关公文格式》（GB/T 9704-2012）“式样”说明。

第二节　制发程序

公文的制发程序包括公文的拟制程序和发文办理程序。

一、拟制程序

公文拟制程序包括起草、审核和签发。

(一)公文的起草

公文的起草即是公文承办人员根据领导交付或批办的意见草拟文稿的过程,这是公文处理的第一个工作环节,也是一个关键环节。公文的起草包含拟写与修改两个方面。《条例》第十九条规定,公文起草应当做到:

1.符合国家法律法规和党的路线方针政策,完整准确体现发文机关意图,并同现行有关公文相衔接。

2.一切从实际出发,分析问题实事求是,所提政策措施和办法切实可行。

3.内容简洁,主题突出,观点鲜明,结构严谨,表述准确,文字精练。

4.文种正确,格式规范。

5.深入调查研究,充分进行论证,广泛听取意见。

6.公文涉及其他地区或者部门职权范围内的事项,起草单位必须征求相关地区或者部门意见,力求达成一致。

7.机关负责人应当主持、指导重要公文起草工作。

公文拟写完毕后,公文承办人员要对拟写好的文稿进行修改。通过修改,不仅可以提高拟写的质量,又能从中提高文字表达能力和写作水平,而且还能为审核签发打下良好的基础。修改的内容应包括主题思想是否正确,主题的论述是否集中,挖掘是否深刻;文种的选用是否恰当;发文对象与发文目的是否明确,依据是否充分;语言表达是否符合文体特征的要求;材料选择和结构安排是否合理;标点符号的使用是否正确;体式是否规范等方面。此外,修改时还要注意修改符号的正确使用。

公文拟制的目的是解决实际问题,因此必须做到:

1.主题正确、鲜明

公文撰写前,首先应明确发文对象,即给什么人看;其次要明确发文目的,即解决什么问题。主题正确是公文写作的基本要求。公文的主题必须符合党和国家的路线、方针、政策,法律法规;必须有针对性地解决实际工作中存在的问题,所提出的政策措施和办法切实可行,对工作具有指导、促进作用。

2.语言准确、精练

公文的特点决定了其用语必须准确平实、简明精练。公文的撰写应根据主题需要选择恰当的词语,力求词义的单一性,不使用带有歧义的词语或句子;使用标准书面语,不用俚语、俗语和方言;语言的特点与叙述、说明、议论等表达方式相结合,做到表述精确,文字精练。

3.文种正确、体式规范

文种的选用要正确。要正确地区分各文种的细微差别,不能混用、乱用、错用,如:不能把通告写成公告,不能把通告写成通知,不能把通告写成通报,不能把函写成请示,等等。严格遵循公文制作体式,体现公文的权威性、规范性和法定性。

(二)公文的审核

审核是指起草的文稿在送交领导签发或会签前,先行对文稿的内容、体式进行全面核对检查。公文的审核一般由发文机关办公厅(室)负责人或具有丰富经验、较高水平的办公室人员负责,这是一项确保公文质量的把关工作,同时也可以节省领导在审阅和修改公文时所花费的时间和精力。[①]《条例》第二十条规定,审核的重点是:

1.行文理由是否充分,行文依据是否准确。

2.内容是否符合国家法律法规和党的路线方针政策;是否完整准确体现发文机关意图;是否同现行有关公文相衔接;所提政策措施和办法是否切实可行。

3.涉及有关地区或者部门职权范围内的事项是否经过充分协商并达成一致意见。

4.文种是否正确,格式是否规范;人名、地名、时间、数字、段落顺序、引文等是否准确;文字、数字、计量单位和标点符号等用法是否规范。

5.其他内容是否符合公文起草的有关要求。

(三)公文的签发

签发是指发文机关负责人对办公厅(室)送达的文稿进行审批的过程。文稿一经领导签发后就成为定稿,也就具有了法定效用。

《条例》第二十二条规定:公文应当经本机关负责人审批签发。重要公文和上行文由机关主要负责人签发。党委、政府的办公厅(室)根据党委、政府授权制发的公文,由授权机关主要负责人签发或者按照有关规定签发。签发人签发公文,应当

①郑典宜.秘书基础与实务[M].成都:电子科技大学出版社,2008:140.

签署意见、姓名和完整日期；圈阅或者签名的，视为同意。联合发文由所有联署机关的负责人会签。

签发公文是机关负责人行使职权的一个重要表现，是一件极其严肃的事情，因此，在签发中应该注意以下几个问题：

1.必须确认所签文件的内容是否属于自己职权范围，不可错签和越级签发。凡以机关名义发出的公文，必须由机关负责人签发：凡重大或涉及面广的问题，须经会议或机关领导集体讨论或依次审阅后，由机关主要负责人签发；凡属一般业务、事务性的问题可由分管该项工作的机关负责人或授权办公部门负责人如办公厅（室）主任签发；以机关内某个部门名义发出的文件，可由部门负责人签发，但内容涉及方针、政策及重大问题的，或本部门把握不准的发文要送分管该项工作的机关负责人审阅、加签后再发出。

2.必须对所签文件的内容和文字表述作严格的审阅修改。由于对所签文件的正确性负完全责任，机关负责人必须把好文件的文字关，以保证所发文件的严肃性、正确性与有效性。《条例》第二十一条规定：经审核不宜发文的公文文稿，应当退回起草单位并说明理由；符合发文条件但内容需作进一步研究和修改的，由起草单位修改后重新报送。

3.审批同意发出时，签发人应当签署意见、姓名和完整日期。如需要送机关负责人审阅的，要写明“请某某领导同志审阅后签发”。若审批人圈阅或者签名的，应当视为同意。受领导委托代行签发职责的，要注明“某某代签”。

4.多个机关或部门联合发文，一般应由主办该文件的单位负责送请有关联署机关或部门的负责人会签。

5.单独发文的成文日期，应以负责人签发的日期为准；联合发文的成文日期，应以会签的最后一位负责人签发的日期为准。

二、发文程序

《条例》第二十五条规定：发文办理主要程序是：

（一）复核。已经发文机关负责人签批的公文，印发前应当对公文的审批手续、内容、文种、格式等进行复核；需作实质性修改的，应当报原签批人复审。

（二）登记。对复核后的公文，应当确定发文字号、分送范围和印制份数并详细记载。

（三）印制。公文印制必须确保质量和时效。涉密公文应当在符合保密要求的场所印制。

（四）核发。公文印制完毕，应当对公文的文字、格式和印刷质量进行检查后分发。

从上述发文处理程序中可知，公文处理部门在发文处理过程中应注意以下事项：

（1）文稿虽然已经过相关负责人核查签发，但在印制前应当再仔细对打印稿清样进行核对校正，以修改和消除书写和排版上出现的错误。印制出的正本有无差错，与校对工作有直接的关系。因此，校对人员一定要把好校对质量关。校对完毕后，应对文件的格式，尤其是文头、文尾的格式进行全面复查，避免印制时出现要素错位。

（2）登记就是对复核后的公文作详细记载，以保证文件的发出和处理工作顺序进行，主要是便于文件的管理与查找。登记的项目主要有发文日期、发文字号、公文标题、份数、文件去向等。

（3）印制是对已经负责人审批签发的定稿进行排版印制正本的过程。定稿是印制正本的唯一依据，具有法定效力。印制时应注意：

①要忠于定稿，不能擅自改动或变换定稿内容。如确有必要修改，须经办公厅（室）同意方能更改。

②印制要做到版面设计美观大方，文字准确无误，页面整洁清晰，字体使用得当，标题醒目居中，排列疏密适宜，符合公文的用纸与排版要求。

③要避免末页无正文现象，如确实出现末页无正文，应采取调整行距、字距的方式加以解决，务使落款与正文同处一页，不得采取在末页首行注明“此页无正文”字样。

④印制过程要注意保密，不得让外人随意翻阅定稿和正本。密级文件应由专人负责送达指定印刷厂印制。凡与原稿相关的所有文字材料、图片、数据以及清样、底版、废页等要加强监管，该存档的则留存，该销毁的则及时销毁。

（4）如果是涉密公文，在核发时应通过机要通道进行传递，以防泄密。《条例》第二十六条规定：涉密公文应当通过机要交通、邮政机要通信、城市机要文件交换站或者收发件机关机要收发人员进行传递，通过密码电报或者符合国家保密规定的计算机信息系统进行传输。

第三节　收文办理

收文就是公文的主要办理部门办公厅（室）收进外单位发送来的所有文件材料。收文处理就是指公文管理部门收到文件材料后，在机关内部及时运转直到阅办完结的过程。组成这一过程的一系列相互衔接的环节称为收文处理程序，主要有签收、登记、初审、承办、传阅、催办、答复七个环节。

一、签收

签收是收文处理的第一步，一般由办公厅（室）人员办理。签收时首先要对收到的公文逐件清点，核实文件的份数，然后检查是否误投、误送，是否破封、毁坏，是否急件、密件，核对无误后在发文通知和登记簿上签字或盖章以表明收到文件，并注明签收时间。[①]《条例》第二十四条第一款规定："对收到的公文应当逐件清点，核对无误后签字或者盖章，并注明签收时间。"

签收的作用，一是为明确交接双方的责任提供一种凭证，二是保证公文运转的安全可靠。[②]

二、登记

登记是指办公厅（室）按照一定的形式对收受的公文的主要信息和办理情况等进行记载的环节。登记时必须将公文的主要信息，如收文时间、来文机关或单位、发文字号、文件标题或摘要、密级、紧急程度、份数及承办单位、复文号、归入卷号、备注等情况逐项登记清楚，以备查询，以保证文件的收受和处理工作顺序进行。[③]《条例》第二十四条第二款规定，登记就是"对公文的主要信息和办理情况应当详细记载"。

登记是文件管理人员对文件进行管理和保护的必要措施，也是保障迅速办理文件的措施，是一项重要的制度。登记便于对文件的管理和保护，防止积压和丢失；便于对目标文件的查找和利用；便于统计和催办；便于对文件的核对和交接。[④]

公文登记的范围主要有：第一，上级机关文件，包括指导性、参阅性和需要办理的文件；第二，下级机关文件，包括呈报性文件，如请示和报告等；第三，重要的密级刊物和资料；第四，其他机关商洽问题和需要答复的文件；第五，上级机关召开会议印发的会议文件材料等。[⑤]

三、初审

初审是指办公厅（室）对收到的需要办理的公文进行审核的环节。《条例》第二十四条第三款规定："对收到的公文应当进行初审。初审的重点是：是否应当由本机关办理，是否符合行文规则，文种、格式是否符合要求，涉及其他地区或者部门职

---

①肖兴辉，刘新萍．文书与档案管理［M］．北京：对外经济贸易大学出版社，2014：89.

②纪如曼，王广宇．文书处理与档案管理［M］．上海：上海财经大学出版社，2015：69.

③纪如曼，王广宇．文书处理与档案管理［M］．上海：上海财经大学出版社，2015：70.

④赵志强，方明星．秘书理论与实务［M］．北京：对外经济贸易大学出版社，2013：156.

⑤郑典宜．秘书基础与实务［M］．成都：电子科技大学出版社，2008：134.

权范围内的事项是否已经协商、会签，是否符合公文起草的其他要求。经初审不符合规定的公文，应当及时退回来文单位并说明理由。”

四、承办

承办是收文处理工作的重要环节，是指办公厅（室）人员在收文登记后，按照文件的内容、性质和办理要求，及时准确地分送有关领导、有关部门阅办。《条例》第二十四条第四款规定：“阅知性公文应当根据公文内容、要求和工作需要确定范围后分送。批办性公文应当提出拟办意见报本机关负责人批示或者转有关部门办理；需要两个以上部门办理的，应当明确主办部门。紧急公文应当明确办理时限。承办部门对交办的公文应当及时办理，有明确办理时限要求的应当在规定时限内办理完毕。”

五、传阅

传阅是指办公厅（室）部门负责人根据领导批示和工作需要将公文及时送给传阅对象阅知或者批示的办理环节。[①]办公厅（室）人员按传阅者的批示或意见做好催办、注办工作。《条例》第二十四条第五款规定，传阅是“根据领导批示和工作需要将公文及时送传阅对象阅知或者批示。办理公文传阅应当随时掌握公文去向，不得漏传、误传、延误”。

属于传阅的文件主要有：上级机关的指导性文件或重要会议文件；需要几位领导共同批办的文件，下级机关的请求，以及上级机关和有关部门的专项业务文件，机关领导在文件上有重要批示，需要其他领导和部门阅知阅办的文件。[②]

六、催办

依据公文的办理时限，办公厅（室）人员要对承办工作进行检查和督促，防止公文处理漏办或延误。[③]《条例》第二十四条第六款规定，催办是“及时了解掌握公文的办理进展情况，督促承办部门按期办结。紧急公文或者重要公文应当由专人负责催办”。

催办的形式可以采用上门口头催办、书面催办、电话催办和邮件催办几种。催办是避免办理拖沓、文件积压，加强文件运转，提高工作效率的重要措施。

七、答复

答复工作由办公厅（室）人员依据来文的具体情况，采用纸质（发文）或电话等

①纪如曼，王广宇.文书处理与档案管理[M].上海：上海财经大学出版社，2015：71.

②赵志强，方明星.秘书理论与实务[M].北京：对外经济贸易大学出版社，2013：157.

③徐明友.文书与档案管理[M].成都：电子科技大学出版社，2014：66-67.

方式，及时、准确、具体告知来文机关来文的处理情况。《条例》第二十四条第七款规定："公文的办理结果应当及时答复来文单位，并根据需要告知相关单位。"

在15个法定公文中，需要及时答复办理结果的文种有请示、函，其答复文种分别是批复和(复)函。答复公文办理结果时应注意以下几点：

(1)答复要及时，以免贻误工作时机，造成不必要的损失。

(2)答复事项必须是本机关或部门职责范围内的事务，不属于本机关或部门内的事务，不得随意答复；对于不熟悉的事务，要通过调查研究后再行答复。

(3)答复要有针对性。要针对来文所提出的具体事项进行答复，不要答非所问，也不要问而不答；来文没有涉及的事项不得答复。

(4)答复问题必须明确，不能含糊不清，模棱两可，使来文单位无所适从。

(5)必须一文一答复，一事一答复，不能采取多份文件集中答复的方式。

(6)涉及其他相关单位的事务，在答复来文单位时，根据需要同时答复其他相关单位。

第四节　公文归档

公文归档是机关公文处理部门将已经办理完毕、具有一定查考利用价值的、应作为档案保存的文件材料，按照它们在形成过程中的联系和一定的规律，以"件"或"卷"为单位，进行装订、分类整理，并装盒归档，使之有序化的过程。[①]公文归档是公文处理的最后一个环节。《条例》第二十七条规定："需要归档的公文及有关材料，应当根据有关档案法律法规以及机关档案管理规定，及时收集齐全、整理归档。"公文归档包括纸质文件归档和电子文件归档。

文件归档程序包括收集与整理、组件与分类、编号与编目、归档环节。

一、归档文件的收集与整理

(一)归档文件的收集

收集是公文整理归档的前提。机关档案管理应当做到收集齐全完整，没有收集齐全完整的文件材料，整理归档就不能很好地反映立档单位的历史面貌和工作情况。《机关文件材料归档范围和文书档案保管期限规定》规定的机关文件材料归档范围是：

①纪如曼，王广宇.文书处理与档案管理[M].上海：上海财经大学出版社，2015：82-83.

1.反映本机关主要职能活动和基本历史面貌的,对本机关工作、国家建设和历史研究具有利用价值的文件材料;

2.机关工作活动中形成的在维护国家、集体和公民权益等方面具有凭证价值的文件材料;

3.本机关需要贯彻执行的上级机关、同级机关的文件材料;下级机关报送的重要文件材料;

4.其他对本机关工作具有查考价值的文件材料。

(二)归档文件的整理

《归档文件整理规则》规定,整理是将归档文件以件为单位进行组件、分类、排列、编号、编目等(纸质归档文件还包括修整、装订、编页、装盒、排架;电子文件还包括格式转换、元数据收集、归档数据包组织、存储等),使之有序化的过程。文件整理的原则是:

1.归档文件整理应遵循文件的形成规律,保持文件之间的有机联系。

2.归档文件整理应区分不同价值,便于保管和利用。

3.归档文件整理应符合文档一体化管理要求,便于计算机管理或计算机辅助管理。

4.归档文件整理应保证纸质文件和电子文件整理协调统一。

二、归档文件的组件与分类

(一)组件

公文组件,是指机关文书部门将已经办理完毕的、具有一定查考利用价值的文件材料,按照它们在形成过程中的联系和一定的规律进行组件。它是文书部门整理与保存文件的一种重要方法。做好文书组件工作,把分散的单份的文件材料,经过系统整理组合成档案盒保存,这对于文书工作和档案工作都具有重要的意义。

《归档文件整理规则》规定,归档文件一般以每份文件为一件。正文、附件为一件;文件正本与定稿为一件;转发文与被转发文为一件;原件与复制件为一件;正本与翻译本为一件;中文本与外文本为一件;报表、名册、图册等一册(本)为一件(作为文件附件时除外);简报、周报等材料一期为一件;会议纪要、会议记录一般一次会议为一件,会议记录一年一本的,一本为一件;来文与复文(请示与批复、报告与批示、函与复函等)一般独立成件,也可为一件。

归档文件排序的原则是:正文在前,附件在后;正本在前,定稿在后;转发文在前,被转发文在后;原件在前,复制件在后;不同文字的文本,无特殊规定的,汉文文本在前,少数民族文字文本在后;中文本在前,外文本在后;来文与复文作为一件时，复文在前，来文在后。有文件处理单或发文稿纸的，文件处理单在前，收文在后；正本在前，发文稿纸和定稿在后。

（二）分类

《归档文件整理规则》规定，立档单位应对归档文件进行科学分类，同一全宗应保持分类的一致性和稳定性。一般采用年度—机构（问题）—保管期限、年度—保管期限—机构（问题）等方法进行三级分类。

规模较小或公文办理程序不适于按机构（问题）分类的立档单位，可以采取年度—保管期限等方法进行两级分类。

归档文件应在分类方案的最低一级类目内，按时间结合事由进行排列。同一事由中的文件，按文件形成先后顺序排列。会议文件、统计报表等成套性文件可集中排列。

三、归档文件的编号与编目

（一）编号

归档文件应依分类方案和排列顺序编写档号。档号编制应遵循唯一性、合理性、稳定性、扩充性、简单性原则。档号的结构宜为：全宗号-档案门类代码·年度-保管期限-机构（问题）代码-件号。

归档文件应在首页上端的空白位置加盖归档章并填写相关内容。电子文件可以由系统生成归档章样式或以条形码等其他形式在归档文件上进行标识。归档章应将档号的组成部分，即全宗号、年度、保管期限、件号，以及页数作为必备项，机构（问题）可以作为选择项。

（二）编目

归档文件应依据档号顺序编制归档文件目录。编目应准确、详细，便于检索。归档文件应逐件编目。归档文件目录设置序号、档号、文号、责任者、题名、日期、密级、页数、备注等项目。

归档文件目录推荐由系统生成或使用电子表格进行编制。归档文件目录除保存电子版本外，还应打印装订成册。装订成册的归档文件目录，应编制封面。封面设置全宗号、全宗名称、年度、保管期限、机构（问题），其中全宗名称即立档单位名称，填写时应使用全称或规范化简称。归档文件目录可以按年装订成册，也可每年区分保管期限装订成册。

四、文件的归档

归档就是根据国家有关规定，将属于归档范围的公文进行系统整理后，定期移交机关档案室或档案人员集中保管。公文归档必须遵循归档制度。

归档文件经文书或业务部门整理完毕后，纸质公文归档时间应按照《机关档案工作条例》第十三条规定，机关文书部门或业务部门一般应在第二年上半年向档案部门移交档案。电子公文在办理完毕后，及时向档案部门归档移交。对于专门性的公文或驻地分散的个别业务单位的公文，为了便于日常查用，也可以根据实际情况商定适当的归档时间。采用办公自动化或其他业务系统的，应当随办随归。

归档时交接双方根据移交目录清点核对，并履行签字手续。机关档案实现随办随归的，还应当按规定履行登记手续，记录电子文件归档过程元数据。任何部门和人员不得将应归档材料据为已有或拒绝归档。

归档文件材料应当为原件。电子文件需要转换为纸质文件归档的，若电子文件已经具备电子签名、电子印章，且电子印章按照规定转换为印章图形的，纸质文件不需再行实体签名、实体盖章。不具有永久保存价值或其他重要价值的电子文件，以及无法转换为纸质文件或缩微胶片的电子文件可以仅以电子形式进行归档。

归档文件应符合归档公文的质量要求。一是应归档的公文材料齐全完整；二是公文和电报按其内容的联系，合并整理立卷；三是归档的公文材料，保持它们之间的历史联系，区分保存价值，分类整理立卷，案卷标题简明确切，便于保管和利用。

关于电子文件归档与电子档案管理的具体规定，参考《电子文件归档与电子档案管理规范》(GB/T 18894-2016)、《党政机关电子公文归档规范》(GB/T 39362-2020)。

五、案例解析

【案例1】

2021年，××大学校长办公室主任李成到省教育厅办事时带回五份文件，办完工作后，他将上述文件锁进文件柜中。第二年进行2021年度文件立卷归档时，李成告诉档案室2021年没有收到上级机关发来的文件，只将本部门的发文整理后，立卷归档。2022年，学校又要进行职称评审工作，评审标准仍沿用2021年的文件。主任李成已于前一个月调到×省财政局工作，新来的秘书小刘找不到原来的文件。

点评

此案例反映了办公室人员在公文处理过程中存在的问题。首先办公室主任李成应该按照规定填写收文登记表和文件处理单，并在分办环节根据文件内容将带回的文件分发到相关职能部门。其次是李成应该按照规定将文件分类归档，在年度立卷归档时，将重要文件移交档案室，并做好记录。

【案例2】

某公司实习秘书周扬整理公司文书准备归档，把文书按照不同文种加以分类，在每类中按时间排列。还把文件后的附件一一分离出来，单独装订。在每份文件上标上页号，在文件左侧统一用订书机装订。最后把这些文件按照时间顺序依次装入档案盒中，填好档案名称，然后移交给档案室。

点评

此则材料反映了文秘人员周扬在公文归档整理过程中的错误做法，表现在以下几个方面：

(1)无须对文件进行文种的区分，因为文件在排列时只考虑事由、时间和重要程度等因素。

(2)文件整理中公文附件一般不单独成件，而是和公文正文一起组成一件。

(3)取消立卷以后，文件归档不需要再编页号。

(4)文件采用何种方式装订要考虑是否会破坏档案的原貌或能否长期保存，订书针对永久或长期保存的档案不太合适，因为容易锈蚀。

(5)文件排列时，首先要考虑事由因素，同一事由的应排在一起，同一事由内部按时间顺序或重要程度排列，不同事由按时间顺序或重要程度排列。

(6)文件排列好后要加盖归档章。

(7)文件装盒前要考虑档案的分类方案，不同保管期限的档案不能装入同一盒中。

本章小结

公文格式是公文各要素的编排规则和外部组织形式。公文格式的作用在于实现公文的标准化、规范化，保证公文的质量，并提高公文处理效率。公文格式内容包括公文通用的纸张要求、排版和印制装订要求、公文格式各要素的编排规则和公文的式样。

公文处理是机关单位在日常工作中围绕着公文的拟制、办理、管理所进行的一系列工作，其核心是运用现代化、科学化的手段推动文书的运转，以提高工作效率。公文处理由制发程序、收文处理和文件归档三大环节构成。制发程序包括公文的拟制程序与发文程序。发文程序包括复核、登记、印制、核发四个环节。收文办理由签收、登记、初审、承办、传阅、催办、答复七个环节构成。公文归档是公文运转的最后环节，包括纸质文件归档和电子文件归档。归档程序包括文件的收集与整理、组件与分类、编号与编目、归档。

学习评价

请根据以下评价维度、项目、内容和标准,对自己的学习情况进行评价。

维度	项目	内容	标准(满分:100分)		
			不太了解	基本了解	完全了解
知识与技能	了解公文格式的含义、作用、内容 了解公文用纸幅面尺寸及版面要求 了解公文的特定格式	公文格式是公文各要素的编排规则和外部组织形式。公文格式的作用在于实现公文的标准化、规范化,保证公文的质量,并提高公文处理效率。公文格式内容包括公文通用的纸张要求、排版和印制装订要求、公文格式各要素的编排规则和公文的式样 公文用纸采用A4型纸 公文用纸天头(上白边)为37 mm±1 mm,订口(左白边)28 mm±1 mm,版心尺寸为156 mm×225 mm 公文格式各要素一般用3号仿宋体字。公文中文字的颜色为黑色 公文的特定格式有信函格式、命令(令)格式、纪要格式三种。其要素编排规则参照《格式》有关规定执行	4	9	15
	了解制发程序、收文办理的程序、公文归档的内容与程序。	公文的制发程序包括公文的拟制与发文程序。拟制包括公文的起草、审核与签发。发文程序包括复核、登记、印制与核发。知道收文办理的环节:签收、登记、初审、承办、传阅、催办、答复 归档可以分为纸质文件归档和电子文件归档,包括立卷、编目、整理、归档。电子文件归档比纸质文件归档更复杂,难度更大	4	3	15
过程与方法	掌握公文格式各要素编排规则 掌握公文拟制的要领	公文一般由18个要素组成 《条例》规定,公文的版式按照《党政机关公文格式》国家标准执行 。《格式》给出了公文的12个式样图	3	6	10

续表

维度	项目	内容	标准(满分:100分)		
			不太了解	基本了解	完全了解
过程与方法	掌握发文办理程序和要领	版头部分由份号、密级和保密期限、紧急程度、发文机关标志、发文字号、签发人等6要素组成。主体部分由标题、主送机关、正文、附件说明、发文机关署名、成文日期、印章、附注、附件等9要素组成。版记部分由抄送机关、印发机关和印发日期等2要素组成。公文格式各要素的编排规则参照《条例》和《格式》有关规定执行	3	6	10
	掌握收文办理的程序和要领	签收、登记、初审、承办、传阅、催办、答复。签收要核对无误,登记要详细,初审要仔细,承办要及时,传阅要掌握去向,催办要落实,答复要及时	3	6	10
	理解公文归档的程序	收集与整理、组件与分类、编号与编目、归档	3	6	10
情感态度与价值观	养成公文处理的规范意识	注重管理的科学性、规范性	3	6	10
	养成文件处理的责任意识	促进文件的高效运转	3	6	10
	养成文件处理的保密意识	做好档案的保密管理	3	6	10
自评得分					

推荐阅读

[1]耿云巧,马俊霞.现代应用文写作(第四版)[M].北京:清华大学出版社,2018.

[2]高玲,段轩如.应用文写作教程(第三版)[M].北京:中国人民大学出版社,2017.

[3]赵丽颖,芦利萍,张晨燕.档案管理实务与资料整理[M].长春:吉林人民出版社,2021.

[4]赵娜,韩建春.信息化时代的档案管理精要[M].天津:天津科学技术出版社,2018.

[5]张端,刘璐璐,杨阳.新编档案管理实务[M].成都:电子科技大学出版社,2017.

本章自测

1.填空题

(1)公文一般由________、________、________、________、________、________、________、________、________、________、________、________、________、________、________、________、________和页码等组成。

(2)版心内的公文格式各要素可分为________、________、________三部分。

(3)公文版头部分由________、________、________、________、________和签发人等6要素组成。

(4)涉密公文应当根据涉密程度分别标注“________”“机密”“________”和保密期限。

(5)公文处理应遵循(　　)、(　　)、安全性原则和统一性原则。

(6)收文处理程序包括(　　)(　　)(　　)、承办、传阅、催办、(　　)七个环节。

(7)发文办理程序与收文办理程序共有的程序是(　　)。

(8)公文归档包括(　　)和(　　)。

2.简答题

(1)请简答公文发文字号的含义,并举例说明其编排规则。

(2)公文的管理归档程序包含哪些工作环节?

3.论述题

(1)如何理解《格式》关于加盖印章公文的发文机关署名、成文日期、印章等要素的编排规则。

(2)论述公文处理工作的程序和内容。

4.实践题

根据《格式》有关规定,用A4型公文用纸制作包括版头、主体、版记三部分各要素的完整式样。

参考文献

[1]郑典宜.秘书基础与实务[M].成都:电子科技大学出版社,2007.

[2]杨素华.秘书学[M].郑州:河南人民出版社,2006.

[3]赵志强,方明星.秘书理论与实务[M].北京:对外经济贸易大学出版社,2013.

[4]陆瑜芳.秘书学概论[M].上海:复旦大学出版社,2005.

[5]饶士奇,曾诚.秘书学概论[M].武汉:湖北科技大学出版社,1997.

[6]中国国家标准化管理委员会.电子文件归档与电子档案管理规范[S].北京:中国标准出版社,2016.

[7]纪如曼,王广宇.文书处理与档案管理[M].上海:上海财经大学出版社,2015.

[8]肖兴辉,刘新萍.文书与档案管理[M].北京:对外经济贸易大学出版社,2014.

[9]徐明友.文书与档案管理[M].成都:电子科技大学出版社,2014.

[10]赵丽颖,芦利萍,张晨.燕档案管理实务与资料整理[M].长春:吉林人民出版社,2021.

后记

去年接到这本《应用写作》编写任务时，大家正遇上罕见的酷热天气，然后又经受了严峻的疫情考验，其他甘苦更是一言难尽。尽管如此，所有作者无不全力以赴，因为我们都为如今大学生“没有最难，只有更难”的就业压力感到焦灼。作为教师，我们能做的，就是设法教会学生最过硬的本领，以尽快适应人才市场的激烈竞争。

刘勰《文心雕龙》曾言，“操千曲而后晓声，观千剑而后识器”。

在遴选编写人员时，我们要求不仅要有丰富的应用写作教学经验，还要有在党政机关、社会组织、企事业单位的写作实践经历。所以本书区别于目前大多数应用写作教材的特色和亮点是，理论性与实践性得到了较好的结合。多数编写人员都实际参与了部分范文的初稿撰写工作，而这些稿件均被正式采用并产生了比较重要的价值。

本书是全国十多所高校应用写作教师集体智慧的结晶。具体分工如下：

主编姜飞、周毅共同拟定了本书框架和编写原则。第一章公文基础、第十章政务信息、后记由四川大学周毅执笔。第二章知照类公文和第十三章公文处理导论及第二节制发程序、第三节收文办理、第四节公文归档由重庆工商大学派斯学院徐涛执笔。第三章商洽类公文、第十三章公文处理第一节公文格式由重庆文理学院刘宏梁执笔。第四章指挥类公文由西华师范大学廖秀花、粟斌执笔。第五章会议类公文由南昌师范学院叶琦执笔。第六章规范类公文由攀枝花学院郑辉执笔。第七章事务类文书第一节计划、第二节总结、第三节简报、第四节建议由浙江金融职业学院曹雪萌执笔；第五节合同由四川大学周毅及傅熙、银天宝两位律师执笔。第八章礼仪类文书由攀枝花学院王春梅执笔。第九章策划方案由西华大学蒋林欣执笔。第十一章调研报告由西华大学王万洪执笔。第十二章申论写作由怀化师范高等专科学校帅泽兵执笔。

正式编写之前，我们认真拜读和研习了杨霞、夏海波、岳海翔、曾文芳、干天全、刘迅、张放、姬瑞环、侯波、张浩等数十位专家教授上百部公文写作教材和专著，无不受益良多，颇受启发。虽然借鉴和引用之处均在注释和参考文献中明确标注，但是我们还是想借此机会再次向他们表示衷心感谢。撰写过程中，遇到各类专业问题，我们还多次向刘晓远、李立波、谯洁等项目方案策划、调研报告写作方面的专家及傅熙、银天宝等知名律师请教。刘晓远、李立波、谯洁还与本书主编、副主编一起，参与了部分范文的撰写和点评。在此一并致谢。同时，还要特别感谢对我写作训练曾给予悉心指导的陈思广教授、靳明全教授和中国国际贸易促进委员会成都市分会、成都市博览局(原成都会展业发展办公室)的陈琳、何明宇、史玲等各位领导。

最后，我们期待更多的专家加入到应用写作教学与研究的大家庭来，一起探索，共同进步，帮助大学生、职场新人更快掌握各类应用写作的要领和规范，把写作能力真正转化为对社会进步、城乡发展、产业振兴的实际推动力。

周毅

2024年5月